Ludwig Witzani; Der Garten der Welt
Reisen durch Thailand, Burma, Laos
Kambodscha und Vietnam

("Weltreisen" Band V)

D1662524

Lektorat: Tilman Griebenow
epubli Verlag, Berlin 2016
www.ludwig-witzani.de
ISBN 978-3-7375.9316.8

1

für
Gaby,
Annette,
Christa,
Michael und Wolfgang
meine Begleiter auf den
Reisen zwischen Rangun und Hanoi

Ludwig Witzani

Der Garten der Welt

Reisen durch Thailand, Burma, Laos Kambodscha und Vietnam

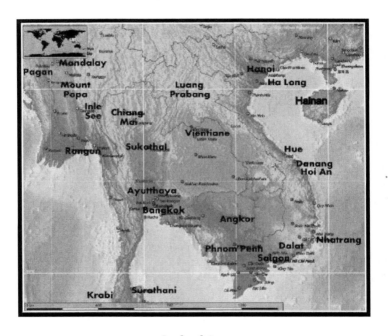

Indochina

INHALTSVERZEICHNIS

5

Burma 80

Laos 158

Kambodscha 190

Vietnam 226

Statt eines Nachwortes:

Anhang

Der Garten der Welt

„Im Laufe meines langen Lebens habe ich mir einen Sport daraus gemacht, sämtliche Länder dieser Erde zu bereisen", schrieb Peter Scholl Latour kurz vor seinem Tod. *„Das ist mir auch gelungen, mit Ausnahme von ein paar Atollen im Pazifik und ein paar winzigen Eilanden in der Karibik. Ich war stets auf der Suche nach der Authentizität fremder Kulturen und den Spuren ihrer oft brutalen Exotik. Immer wieder wurde mir die Frage gestellt, wo ich mich denn am wohlsten gefühlt, welche Region mich am tiefsten beeindruckt und in ihren Bann gezogen hat. Die Antwort war stets die gleiche, und sie kam immer spontan: 'Indochina, mon amour'".*

Tony Wheeler, der Gründer des Lonely Planet Verlages und einer der Väter der internationalen Backpackerkultur, wurde einmal gefragt, wo in der Welt es für ihn am schönsten sei. *Von allen Gegenden der Welt, die ich gesehen habe, möchte ich keine missen,* antwortete der Meister sinngemäß. *Wenn ich aber einen Weltteil als den schönsten auswählen sollte, dann wäre es Indochina.*

Nirgendwo in der Welt existieren auf so engem Raum derartig exotische und zugleich atemberaubende Zeugnisse großer Geschichte. Angkor Wat und Pagan, Sukothai, Luang Prabang und Ayutthaya vereinen die Monumentalität des Erhabenen mit der Melancholie der Vergänglichkeit. Die Landschaftsszenerien von Hoa Lu, Ha Long und Phang Nga gehören zu jenen Plätzen auf der Welt, an denen man un-

9

willkürlich den Eindruck gewinnt, hier hätte sich ein göttlicher Schöpfer an seinem eigenen Werk berauscht. Und die Palmenstrände von Ko Samui, Krabi, Nhatrang und Phi Phi Island scheinen dem Archetypus des idealen Strandes, den ein jeder in sich tragen mag, in eindringlicher Evidenz zur Erscheinung zu verhelfen. Wer aber nur von Tempeln und Landschaften, Stränden und Städten spricht, wird der Vielfalt Indochinas nicht gerecht. Indochinas Menschen und ihre Feste, Riten und ihre Gastfreundschaft finden in der Welt nicht ihresgleichen. Wo andere Völker in stolzer Distanz sich ihren Besuchern verschließen und wieder andere ihre Vielfalt nicht teilen wollen, breiten Thais und Khmer, Vietnamesen, Laoten und Burmesen ihre Alltagskultur wie einen großen Gabentisch vor den Besuchern aus und heißen sie willkommen. Damit sollen Probleme, die auch in diesen Ländern existieren, nicht schön geredet werden. Abgesehen von einigen Halunken, die es überall gibt, aber habe ich es genau so erlebt. Der „Garten der Welt" besitzt die Menschen, die zu ihm passen.

Umso bedauerlicher, dass diese Menschen im „Garten der Welt" in den letzten beiden Generationen so viel haben leiden müssen. Denn in den Siebziger Jahren, als mit Tony und Maureen Wheelers Erstling „South East Asia on a Shoestring" der internationale Backpackertourismus begann, gingen rund um Thailand die Lichter aus. Der Vietnamkrieg endete mit dem Sieg des kommunistischen Nordens, und für die verratenen Menschen im Süden begann die lange Nacht der Unterdrückung. In Kambodscha ermordeten die Roten Khmer anderthalb Millionen Menschen. In Burma, das ab 1989 Myanmar genannt werden wollte, herrschte eine inkompetente Militärjunta, die jeden Ansatz einer demokratischen Opposition verfolgte.

Aber der Wind des Wandels, der in den späten Achtziger und frühen Neunziger Jahren des letzten Jahrhunderts die Weltgeschichte durcheinander wirbelte, blieb auch in Indochina nicht ohne Folgen. Vietnam rief „Doi Moi", die Erneuerung, aus und hat inzwischen, zumindest in wirtschaftlicher Hinsicht, den Kommunismus praktisch abgeschafft. Zwar herrscht noch immer nur eine einzige Partei im Land, doch die Menschen zwischen Hanoi und Saigon sind dabei, ihr individuelles Schicksal selbst in die Hand zu nehmen. Eine der wenigen Friedensmissionen der Vereinten Nationen, die von Erfolg gekrönt war, schuf in den frühen Neunziger Jahren die Voraussetzungen für eine fragile, aber zählebige kambodschanische Demokratie. Sogar Laos, das Land hinter dem Mekong, beendete seine Abschottung und folgte, wenngleich zaghafter, dem vietnamesischen Weg. Nur Burma erwies sich trotz der bewundernswerten Widerstandsleistung der Friedensnobelpreisträgerin Aug San Kyi lange Zeit als Hort der Despotie. Erst in den letzten beiden Jahren scheinen sich nun auch in Rangun die Verhältnisse zu verändern, auch wenn die Entwicklungen noch unklar und unübersichtlich sind.

Das sind gute Nachrichten für Reisende in einer Welt, deren Bereisbarkeit zwar im Hinblick auf die Transportmittel zunimmt, aber wegen politischer Unwägbarkeiten schrumpft. Es sind aber schlechte Nachrichten für Reisende, die es lieben, ein Land in seiner Ursprünglichkeit zu entdecken. Denn nach Thailand sind nun auch Burma, Vietnam, Kambodscha und selbst das abgelegene Laos vom internationalen Fernreisetourismus entdeckt worden. Wo es für mich in den Neunziger Jahren unmöglich war, von Pegu in Burma aus zum fliegenden Felsen von Kyiathko zu fahren, weil in der Monsunzeit die Lehmpisten schlicht unpassierbar waren, fahren heute klimatisierte Busse bis in die hintersten Winkel der Berge. Dafür hat sich der Umkreis der Pagode in einen einzigen Rummelplatz verwandelt, auf dem sich jeden Tag tausende Besucher auf den Füße treten und jede Magie zum Teufel geht. Ein Beispiel von vielen. Mit Mandalay, Hoa Lu oder Luang Prabang verhält es sich ähnlich.

Aber das ist bei weitem nicht der einzige Wandel, der sich im Garten der Welt ergeben hat. In nur einer Generation hat sich die Gesamtbevölkerung der fünf Länder, die in diesem Buch unter dem Begriff „Indochina" zusammengefasst werden, von gut 125 Millionen Menschen auf fast eine Viertel Milliarde Menschen erhöht. Kann man unter diesen Umständen überhaupt noch von einem „Garten" sprechen? Ich habe diesen Wandel in den fünfundzwanzig Jahren, in denen ich Indochina bereise, in einer ganz eigentümlichen Weise erlebt. In den Neunziger Jahren begann ich meine Reise als noch relativ junger Mann auf der Suche nach alten Kulturen. Inzwischen durchreise ich als reifer Mensch die Territorien junger Völker, deren Bevölkerungsmehrheit unter 20 Jahre zählt.

Ich habe die Länder, die in diesem Buch beschrieben werden, jeweils mehrfach und ausgiebig bereist – und zwar immer selbstorganisiert. Weit davon entfernt, organisierte Reisen kulturell interessierter Menschen gering zu achten, glaube ich doch, dass man ein Land, das man kennenlernen möchte, möglichst nahe an sich heranlassen muss. Man sollte es fühlen, auch wenn es gelegentlich schmerzt, man sollte es riechen, auch wenn es stinkt, seine Gewürze auf den Märkten, den Muff seiner Zimmer, die Abwässer in den Unterstädten und den besonderen Duft der Garküchen. Die Vorstellungswelt, die auf diese Weise entsteht mag richtig oder falsch sein, auf jeden Fall ist sie voller Leben und Abenteuer, und das ist es doch, was wir vom Reisen erwarten.

Das vorliegende Reisebuch erhebt deswegen keinerlei Anspruch auf Vollständigkeit. Es ist, wie alle Reisebücher durch und durch subjektiv, redlicherweise aber auch der Idee verpflichtet, dass Subjektivität nicht einfach nur Beliebigkeit bedeutet, sondern auch die Offenlegung einer bestimmten Perspektive, die im besten Falle ihre eigenen Scheuklappen mit reflektiert. Ob mir das immer gelungen ist, kann ich nicht beurteilen. Ich habe es aber immerhin versucht. In diesem Sinn wünsche ich eine gute Reise durch den „Garten der Welt."

Uferlandschaft am südchinesischen Meer

13

Königstemepl von Ayutthaya / Thailand

14

THAILAND

Einleitung

„Was zuerst in den Topf kommt, danach schmeckt er",
sagten die Römer. Genauso verhält es sich mit Thailand. Die
meisten Indochina-Reisenden beginnen ihre Erkundung
dieses Weltteils in Thailand, einfach weil die Verkehrsan-
bindungen die günstigsten sind und Unterkunft und Transport am wenigsten Schwierigkeiten bereiten. Auch die erste
Traveller-Szene, ja, die erste interkontinental agierende
Zentrale des weltweiten Backpackertourismus entstand in
Thailand, genauer gesagt, in der Khao San Road von Bangkok, die im Kapitel „Wie daheim, nur schön weit weg" vorgestellt wird.

Auch ich habe mein außereuropäisches Reiseleben in der
Khao San Road begonnen, und ich entsinne mich noch ganz
genau an das Erstaunen darüber, wie einfach und unkompliziert sich der Eintritt in die wunderbare Welt der Tropen
von der Khao San Road aus darstellte. Von hier aus ließ sich
problemlos ganz Thailand erkunden, und als die Nachbarländer Schritt für Schritt ihre Grenzen öffneten, starteten
von der Khao San Road aus die Backpacker als Trendsetter
mit der Erkundung von Burma, Lao, Kambodscha und Vietnam. Der „ordentliche" Tourismus kam später.

Eigentlich gibt es in Thailand drei Anlaufpunkte, auf die sich der größte Teil des seriösen Tourismus konzentriert. Bangkok, die Stadt der Engel, die in den letzten Jahren auch immer mehr eine Stadt der Sünde geworden ist, die wunderbaren Inseln und Strände des südchinesischen Meeres und der Norden um Chiang Mai und Chiang Rai, wohin es die Thailand-Novizen zieht, die in Indochina nicht nur beachen sondern auch ein wenig trekken wollen. Davon handelt der Bericht „Lächeln nur gegen Bares".

Wer sich die Mühe macht, von Chiang Mai aus nicht direkt, sondern etappenweise nach Bangkok zurückzufahren, kann seine Tour wie eine Zeitreise gestalten. Zuerst nach Sukothai, zur ersten Hauptstadt Thailands, dann nach Ayutthaya, der zweiten Hauptstadt, um schließlich in Bangkok, der aktuellen Metropole, anzukommen. „Für Buddha sind tausend Jahre wie in Tag" beschreibt eine solche Reise durch die thailändische Geschichte.

In Bangkok aber endet das Begreifen. Gegenüber der ausufernden Zehnmillionen-Metrople am Chao Praya versagen die Verständniskategorien. So oft habe ich mich in Bangkok aufgehalten, ohne wirklich einen dauerhaften Zugang zu dieser Stadt zu finden. „Bangkok, du machst mich fertig" spiegelt diese Hilflosigkeit ein wenig wieder.

Ein deutscher Bundespräsident hat die Menschen seines Landes einmal in „Helldeutschland" und „Dunkeldeutschland" eingeteilt. Wenn man so will, gibt es auch in Thailand einen „dunklen" Bereich, der aber vielleicht mehr über einen bestimmten Typ von Besucher als über das Land selbst aussagt: Pattaya, eine der weltweit bekanntesten Anlaufadressen des Sextourismus. „Melancholie am Golf von Siam" beschreibt eine Begegnung mit Pattaya und dem mit dieser Stadt unauflösbar verbundenen Sextourismus.

Seine zauberhafteste Seite aber zeigt Thailand zweifellos in seinem Süden, in der Wunderwelt der Berge von Phangh-Nga, in Phi-Phi-lsland, das sich inzwischen von den Verheerungen des großen Tsunamis erholt hat, in Krabi, Surathani oder auf den Inseln des südchinesischen Meeres. Einen Einblick in diese Welt der Strände von Ko Samui, Ko Tau, Krabi oder wie immer diese Orte auch heißen mögen, werden sie in diesem Buch nicht finden, weil es an diesen Stränden vornehmlich um die Touristen und nicht um Thailand geht. Einen alternativen Einblick in die Tropenregion des Südens bietet stattdessen das Kapitel über „Die Affenschule von Surathani."

Seenlandschaft in Phang Nga / Südthailnd

19

20

BANGKOK, du machst mich fertig

Ein Stoßseufzer

„Den ganzen Tag sieht man Buddhas" schreibt Ces Nooteboom über Bangkok „In der Halle des Hotels, im stinkenden Bus oberhalb des Rückspiegels, im Süßwarenladen, in der Vitrine." Ach, wenn es doch so wäre! Die Wahrheit ist: in Bangkok sieht man viel mehr Automobile als Buddhas. Scheppernde, lackierte, rostige, zerbeulte, aufgemotzte, überfüllte, hupende Fortbewegungsmittel auf zwei, drei oder vier Rädern, die sich wie eine bösartige Prozession über die Hauptverkehrsstraßen quälen - das ist der erste Eindruck, den der Besucher auf seiner Fahrt vom Don Muang Airport in die Innenstadt erhält. Wo er das Land des Lächelns erwartete, empfangt ihn der permanente Verkehrskollaps, und statt des ewigen Frühlings erwartet ihn die Schwüle einer Zehn-Millionen-Stadt.

Bangkok, Du Schöne, wo dereinst die keusche Anna mit dem König flirtete - was ist aus Dir geworden? „Ein gigantischer mobiler Parkplatz", sagen die einen, denn die Gesamtheit der zugelassenen und nicht zugelassenen Fahrzeuge ergibt aneinandergereiht die zwanzigfache Länge des städtischen Straßensystems. „Die Welthauptstadt der üblen Gerüche" ergänzen die anderen, denn wo früher am Chao Phraya Grünflächen die schmucken Häuser umgaben, da stinkt der träge Strom heute beinahe so zum Himmel wie die Abgase aus Millionen Auspufftöpfen. Hochstraßen, die entweder nicht fertig werden oder wegen der Mautgebühren nur von wenigen befahren werden können, Hochhausruinen, die seit der Asien-Krise des Jahres 1998 verrotten, Energie-, Müll- und Abwassersysteme, die unter der Beanspruchung der Millionen regelmäßig zusammenbrechen - man kann es drehen und wenden wie man will: aus Bangkok, der zauberhaft-verschlafenen Hauptstadt der siamesischen Hinterwelt, ist ein urbaner Moloch geworden, der im eigenen Blech und Beton zu ersticken droht. Trotzdem besuchen alljährlich Millionen ausländischer Touristen vollkommen freiwillig und ganz ohne Bezahlung die Stadt. Wie ist das möglich?

Mit den Touristen, die eine Stadt besuchen, verhält es normalerweise wie mit den Gästen, die in einem Lokal verkehren - man passt irgendwie zusammen, ohne dass man recht weiß, wieso. Nicht so in Bangkok, das zwar millionenfach besucht wird, mit seinen Touristen aber in Wahrheit genauso wenig am Hut hat wie diese mit der Stadt. Die meisten Pauschalurlauber erleben von Bangkok ohnehin nur die Prospektfassade: Tempelbesuche, Klong-Ausflüge, Sightseeing-Touren und der Besuch der unsäglichen schwimmenden Märkte von Damnoen Saduak bestätigen in ihrer Gesamtheit genau die Klischees, die die Besucher vom exotischen Siam erwarten. Gehorsam wie eine Herde Lämmer verspeisen sie in Touristenlokalen ihr grotesk überwürztes Thai-Food, lassen sich von ihren Fremdenführern in Souvenirläden schleppen und sind heilfroh, endlich ihren vorgebuchten Badeurlaub in Phuket oder Kosamui anzutreten. Die Individualtouristen haben mit der Stadt genauso wenig im Sinn. Als würden ganze Nester dieser juvenilen Spezies in Bangkok ausgebrütet, wohnen sie zu Tausenden in und um die Khan San Road, legen vor oder nach anstrengenden Reiseetappen durch Java, Burma oder Vietnam in der exzellent organisierten Travellerszene von Bangkok die Beine lang und lassen sich vom musikalischen, sprachlichen und kulinarischen Ambiente der fernen Heimat verwöhnen. Je mehr Länder diese weitgereisten Westler auch gesehen haben, desto mehr scheinen sie sich zu gleichen: ärmelloses T-Shirt, Germanenschwänzchen, Reispflückerhose, Sandalen und Bauchtasche - so sitzen die Kinder von Tony Wheeler und Paul Theroux in den Restaurants und achten mit Argusaugen darauf, dass kein Baht zu viel in den Taschen der Frauen landet, die ihnen die Wäsche waschen, das Essen kochen und die Zimmer schrubben.

Werden die Pauschalurlauber mit ihren eigenen Klischees und die Individualreisenden mit den Vibrationen ihres eigenen Milieus befriedigt, bleiben für die Sextouristen, die in unbekannter aber sicher beachtlicher Zahl tagaus tagein in Bangkok einfallen, nur die Fiktionen. Im Umkreis des Rotlicht- und Vergnügungsviertels rund um die Patpong Road ist nichts wirklich das, was es zu sein vorgibt: die Thai-Boxer präsentieren nichts weiter als eine artistische Show, und die jungen Frauen, die die Getränke ausschenken, machen den westlichen Dickbäuchen schöne Augen. Umlagert von rösigen Junggesellengemeinden aus Bombay, Hamburg oder Taipeh tanzen blutjunge Mädchen in völlig verspiegelten Sälen, die Lichtorgel flackert, die Bässe dröhnen und über der ganzen Szene liegt eine derartige Aura der Tristesse dass man heulen könnte: wie seelenlose Barbiepuppen agieren die Frauen, und die Gier steht der internationalen Kundschaft wie ein Kainsmal im Gesicht geschrieben.

Gibt es denn in Bangkok außer der Khao San und der Patpong rein gar nichts zu sehen? Doch schon, aber nur wenn es nicht zu heiß ist und wenn man genügend Zeit mitbringt. Aber Hand aufs Herz: wer findet wirklich einen Bezug zu den steinernen Tempelwächtern, den Mandalas und all den

Glöckchen an den Klostersimsen? So eklektisch und elektrisch wie den Wat Phra Keo stellen sich die meisten Touristen die Regierungssitze von Aliens vor, und fast schon wieder sehenswert in seiner scheußlichen Geschmacklosigkeit ist der Königspalast neben dem Wat Phra Keo, ein schrilles Neuschwanstein, in dem die Touristengruppen in ihren grellen Klamotten einherwandeln wie eine farblich abgestimmte Staffage. Weltsehenswürdigkeiten wie die Schwedagon-Pagode in Rangun oder den Bayon Tempel in Angkor wird man in Bangkok vergeblich suchen- allenfalls am Wat Arun, dem Kloster der Morgenröte, oder auf der Aussichtsempore des Wat Saked auf dem Goldenen Hügel, wird man kurz nach Sonnenaufgang und in der Abenddämmerung ein wenig von jenem Glück empfinden können, das Asien seinen Besuchern in so reichem Maße schenken kann.

Doch was die Touristen auch immer treiben mögen, die überwiegende Mehrheit seiner Bewohner kümmert es wenig. Marktfrauen und Tuk-Tuk-Fahrer, Busschaffner, Garküchenköche, Schuhputzer, Lastenschlepper - all die Menschen, die im Unterschied zu den touristischen Dienstleistern nicht vom ausländischen Besucherstrom profitieren, haben genug damit zu tun, sich von morgens bis abends um den eigenen Lebensunterhalt zu sorgen. Sie kämpfen alle Tage mit dem chaotischen Verkehrsgewühl und geben doch nie die Hoffnung auf, einmal im Leben eine wirkliche Abkürzung zu erwischen. Sie leiden nicht weniger als die Touristen im April unter den Hundstagen des Vormonsuns und danken doch Buddha für jedes Gewitter, das sich während der Regenzeit über der dampfenden Stadt entlädt und Smog und Schmutz wenigstens für eine glückliche Stunde davon schwemmt. Und auch wenn sie ein blindes Geschick in eine der unwohnlichsten Großstädte der Erde verschlagen hat, schmücken sie alljährlich zu Songkran, dem buddhistischen Neujahrsfest, ihre Geisterhäuser und danken Buddha für die kleinen Freuden des vergangenen Jahres „Krung Tep Mahanakhon", die „großen Stadt der Engel", ist Bangkoks offizieller Name, und die einzigen wirklich guten Geister in der großen Stadt findet man unter ihren Bewohnern.

Khao San Road / Bangkok

26

Wie daheim, nur schön weit weg

Die Khao San Road in Bangkok

Man stelle sich in ferner Zukunft eine große Stadt in Deutschland vor, vielleicht Köln mit Blick auf den Dom oder Berlin in unmittelbarer Nachbarschaft zum Kurfürstendamm, in der nur Asiaten logieren, die von deutschen Bäckern, Fleischern, Hoteliers, Schneidern, Taxifahrern auf das Emsigste hofiert werden. Deutsche Küche wird nur am Rande serviert, dafür füllen Angebote wie Sate Ayam, Schweinefleisch mit Bambussprossen, Schlangensteaks oder Chicken Curry die in Hindi, Thai oder Chinesisch geschriebenen Speisekarten. Die zum Teil erstaunlich jungen Inder oder Chinesen, mit Rucksack und bequemer Kleidung angereist, testen gerne auch mal die deutsche Lederhose oder das Tiroler Hütchen, während die deutschen Schneider oder Fremdenführer sich der besseren Geschäftsanbahnung wegen in Turban oder Sarong präsentieren. Und weil man so scharf auf Rupies, Baht oder Renmimbi ist, durchstreifen deutsche Frauen in eindeutiger Absicht die Lokale, und wer von den Asiaten keine Lust verspürt, im Air-Con-Bus allein den Schwarzwald oder Heidelberg zu besuchen, kann sich für ganz kleines Geld ein blondes Mädel mit auf die Reise nehmen.

Ein befremdliches Bild? Das genaue Gegenteil gibt es bereits: eine Straße in Bangkok, in der die dienstwilligen Einheimischen lange Hosen und europäische Hemden tragen und sich die westlichen Touristen in völliger modischer Freiheit aus dem Arsenal des asiatischen Kleiderschrankes

27

bedienen und in Saris, Longhies oder Reispflückerhosen über die Straßen laufen: die Rede ist vor der Khao San Road im Stadtbezirk Banglamphoo, der größten Anlaufstelle des Individualtourismus weltweit.

Auf den ersten Blick ähnelt die Khao San Road einer beliebigen asiatischen Großstadtstraße, nur dass das Gewirr der Stromkabel über den Straßen, die Verschachtelung der Fassaden und das Wirrwar der Reklameschilder womöglich noch eine Spur trostloser ist. Erst der zweite Blick lenkt die Aufmerksamkeit auf die fast lückenlose Reihe von Guesthäusern, Garküchenrestaurants, Internetcafés, Textil- und Ledergeschäften, Kurzwarenläden, Seidenschneidereien, Reisebüros Wäschereien, Fotoshops und Stempelfälschern – kurz: auf einen leistungsfähigen touristischen Mikrokosmos, in der nahezu jeder, der eine Asienreise auf eigene Faust unternimmt, irgendwann einmal integriert wird.

Die Geschichte der Khao San Road reicht zurück bis in die Anfänge des internationalen Backpackertourismus. Als sich in den Neunzehnhundertsechziger und -siebziger Jahren die damals noch spärlichen Anlaufstellen für Individualreisende schnell zu üblen Treffpunkten von Drogenhändlern und Prostitution entwickelten, begann unter dem Druck polizeilicher Razzien der Umzug der seriösen Anbieter in die Khao San Road in der unmittelbaren Nachbarschaft des Democracy Monuments in der Radjamnoen Klang. Hier entstand in den nächsten zehn Jahren eine in ihrer Art damals einzigartige Enklave der westlichen Welt, ein effizientes Dienstleistungszentrum, dessen preiswerte Zuverlässigkeit sich im Zuge des anhebenden Backpacker- und Fernreisetourismus schnell herumsprach.

28

Zuerst erscheinen die notorischen Asien-Fans, die von diesem Kontinent nie genug gesehen haben werden und die in Thailand inzwischen nur noch wie bei einer lieben, aber etwas langweiligen Tante auf dem Weg von Flores nach Goa Station einlegen. Zur Befriedigung der oft recht komplizierten Reisepläne dieser vagabundierenden Klientel entstanden die ersten leistungsfähigen Reisebüros, die sich auf die schnellstmögliche Beschaffung von Visas und Graumarkttickets konzentrierten. Wo zunächst gerade nur wenige Guesthäuser ihre Dienste anboten, ließ die Konkurrenz nicht lange auf sich warten, so dass der Reisende heute auf der Khao San Road und in den etwas ruhigeren Nachbarstraßen unter einer kaum noch überschaubaren Zahl von Anlaufstellen wählen kann. Die Kommunikationskanäle zwischen den unscheinbaren Reisebüros und den Airlines auf der einen und den Botschaften der Nachbarländer auf der anderen Seite funktionieren inzwischen so gut, dass es schon lange keinen schnelleren, bequemeren und preisgünstigeren Startplatz für die Durchreisung Asiens mehr gibt als in Bangkok.

Dementsprechend bilden die Gäste der Khao San Road einen multikulturellen und altersunspezifischen Querschnitt durch die Population westlicher Gesellschaften. Abiturienten auf ihrer interkontinentalen Jungfernreise ebenso wie gewiefte Asienenthusiasten, junge Familien mit Kindern, graue Panther mit einem Rucksack voller Erwartungen und noch unausgelebter Träume, Einzelreisende beiderlei Geschlechts, Hetero- und Homosexuelle, Gutbetuchte und die sogenannten Low Budget Traveller, die jeden Baht dreimal umdrehen müssen, ehe sie ihn ausgeben können, geben sich auf den fünfhundert Meters dieser Straße ein immerwährendes Stelldichein. Zwar sind mit dem Ruhm der Straße auch die Preise gestiegen, aber noch immer gilt in der Khao

San Road die Schmerzgrenze von einhundert Baht (umgerechnet knapp drei Euro). Dafür erhält man alternativ ein
Bett im Schlafsaal, ein Essen eine strapazierfähige Baum-
wollhose, drei Paar Socken oder Unterhosen, einen Telefon-
anruf in die Heimat, einige raubkopierte Musikkassetten
oder die Komplettreinigung eines mittelgroßen Rucksackin-
haltes. Bettler und Prostituierte allerdings haben schlechte
Karten in diesem Ambiente. Nicht, dass ihre Bemühungen
gänzlich unnütz wären, aber einerseits erfordern die ambitionierten Reisepläne einen strikten Sparkurs und zum anderen gilt: Was man untereinander regeln kann, dafür
braucht man auch nicht zu bezahlen.

Auf die Farben und Lichter Asiens, die in der Nudelwer-
bung so vorteilhaft zur Geltung kommen, kann man in der
Khao San Road leicht verzichten, weil hier die internationale
Backpackerszene selbst für ausreichende Kolorierung sorgt.
Die vor einigen Jahren in den Feuilletons diskutierte These
von einer Rückkehr des Mittelalters und seiner extravertier-
ten Selbstdarstellung fände in den Freiluftrestaurants der
Khao San Road eine anschauliche Bebilderung. Da diskutiert
ein Brite mit einem prägnanten Germanenzöpfchen auf der
Glatze mit einem behaarten Deutschen, dem der Flachmann
aus der Tasche lugt. Eine bildschöne afroamerikanische
Studentin flirtet mit einem rothaarigen Australier, knalleng
sind ihre Radler Hosen, während ihr präsumtiver Partner
sein Gebein in einer grellgelben Ali-Baba-Hose verbirgt. In
dieser farbenfrohen Umgebung mit all den Saris, Seidenblu-
sen, Kurdenhosen, Lederhüten und philippinischen Käppis
wird sogar das milde Grau des Studienassessors neben dem
pechschwarzen Pagenschnitt einer japanischen Studentin
zum farblichen Kontrast, und wer es nicht geglaubt hätte,
wie weit und wie früh die Kinder der entwickelten westlichen Gesellschaften bereits in der Welt herumgekommen

sind, den belehrt ein einziger Blick durch das Restaurant von Wallys Guesthouse eines anderen: wie Positionsmarken einer imaginären Weltkarte lassen sich die typischen Weltreiserouten von den T-Shirts der Gäste ablesen. Hawaii und Ko Samui essen eine Nudelsuppe, Boracay nippt an einem Bier, während Goa und Hongkong (männlich) mit Columbia University (weiblich) flirten.

In den vormodernen Zeiten, als die juvenile Bildungsreise nicht weiter als bis nach Rom oder Neapel führte, hatte sich schon der junge Herder in seinem Reisejournal von 1769 über die eigentümliche „Verjüngung" gewundert, die immer dann eintritt, „wo die Seele mit einer großen Anzahl starker und eigentümlicher Sensationen hat beschwängert werden können". Auch wenn sich die klassische Bildungsreise inzwischen zur Grand Tour für jedermann gewandelt hat, bleibt das Ziel das gleiche: die Suche nach dem stimulierenden Elixier der Jugendlichkeit im starken Eindruck – nur dass an die Stelle des Forum Romanums die Riesentempel von Angkor Wat oder die Ruinen von Pagan getreten sind.

Man würde allerdings das Wesen des massenhaften Individualtourismus verkennen, sähe man darin den ernsthaften Versuch, sich die Grundzüge fremder Kulturen wirklich anzueignen. Abgesehen von einigen Ausnahmen durchreisen die Jünger von Tony Wheeler und Paul Theroux Rajastan, Bali oder Myanmar als stiegen sie in große Bilderbücher, in denen sie die asiatischen Riesenstädte, die prachtvollen Tempel, Palmen und Strände mit einer lustvollen Mischung aus Fremde und Geborgenheit erleben können – wobei sich der Genuss dieser Unmittelbarkeit nicht zuletzt aus der Gewissheit speist, dieses Fotoalbum jederzeit und sicher wieder verlassen zu können. Vom kolonialistischen Erbe der westlichen Welt will man nichts mehr wissen und reist doch in der komfortablen Membrane günstiger Wechselkursrelationen unbekümmert und preisbewusst durch den großen asiatischen Garten. Diese Art des Reisens, die die Vielfalt der Welt als Resonanzboden der eigenen Subjektivität benutzt, hat etwas von der Weltexplorierung neugieriger Kleinkinder, die die Mutter gleichwohl nie aus den Augen verlieren. Und so erstaunt es nicht, dass entlang der klassischen Fernreiserouten in Goa, Hikkaduwa, Kathamdu, Yogjakarta, Candi Dasa und neuerdings auch in Saigon und Phnom Penh jene Enklaven der Heimatlichkeit entstanden sind, deren größte und älteste die Khao San Road in Bangkok ist.

Sogar die Versorgung mit einheimischem Lesestoff wird in der Khao San Road organisiert: gegen einen kleinen Aufpreis tauschen die Traveller ihre ausgelesenen Schmöker gegen neues Lesefutter ein und hinterlassen so – ohne es zu wollen – in den Bücherregalen einen literarischen Fingerabdruck ihrer selbst. Mustert man die Bestände der Book-Shops auf der Khao San Road in dieser Hinsicht, wird man feststellen müssen, dass die weiten Reisen den literarischen Geschmack nicht wesentlich verfeinern, denn es dominieren die Saft- und Kraftschinken im Strickmuster der Clavell-, Ludlum und Robbins-Romane, aber immerhin – vielleicht als Bodensatz aus älteren Zeiten – existiert auch eine kleine Hesse Ecke in deutscher Sprache, in der der eine oder andere einfach mal aus alter Anhänglichkeit ein wenig blättert. „Auf allen Gesichtern lag eine traurige Öde und Gedämpftheit, jener Ausdruck von Welke und milder Apathie, die man nur bei Menschen trifft, die sehr viel auf Reisen sind, vereinigt mit der Mattigkeit und nervösen Unfrische, die den Weißen in den Tropen anhaftet", notierte Hesse als eine Impression seiner großen Asienreise im Jahre 1911, und bei der Fixierung seines ersten Eindrucks von Palembang

32

auf Java nahm er kein Blatt vor den Mund: "Zur Zeit der Ebbe aber ist diese Stadt eine schwarze Gosse, die kleinen Hausboote liegen schräg im toten Sumpf, braune Menschen baden harmlos in einem Brei von Wasser, Schlamm, Marktabfällen und Mist, das Ganze schaut blind und farblos in den unbarmherzig heißen Himmel und stinkt unsäglich."

Wie sehr sich die Zeiten und die Umstände des Reisens geändert haben, belehrt ein abendlicher Gang durch die Khao San Road. In den Gesichtern der zechenden jungen Gäste ist von Öde und Apathie nichts zu erkennen. Eng beieinander sitzend wie in der klassischen Schülerpinte nehmen sie ihr Abendessen unter der obligatorischen Musik- und Filmberieselung zu sich und fühlen sich rundum wohl. Terminator, Dirty Harry oder Darkman feuern ihre Salven gegen eine imaginäre Welt von Feinden, und draußen fährt ein asiatischer Langnese-Mann auf einem beleuchteten Fahrrad mit einer Drehorgel vorüber. Morgen oder übermorgen geht die Reise weiter, zum nächsten Bild im großen Garten der Welt, denn das asiatische Fotoalbum scheint unendlich, und die Heimat ist nicht weit.

River Rafting während des Chiang Mai Trekkings

Erlebnisreisen weltweit
Endlich wieder die Welt entdecken!

Die Abenteuer- und Reiselust kribbelt uns nur so in den Fingerspitzen. Wir von Djoser-Reisen können es kaum erwarten, endlich wieder mit Ihnen gemeinsam fremde Länder, faszinierende Landschaften, und neue Kulturen zu entdecken.

Auch in diesem Jahr haben wir es uns nicht nehmen lassen unser breites Portfolio durch neue, spannende Reiseziele zu ergänzen und unsere bestehenden Reiserouten zusammen mit unseren Agenturen weiter zu optimieren, um Ihnen die schönsten Reiseziele aus der unvergleichlichen Djoser-Perspektive bieten zu können.

Auf eine ganz besondere Gastfreundschaft, köstliche kulinarische Traditionen und reizvolle historische Tempel dürfen Sie sich während unserer Erlebnisreise durch Südkorea freuen. In der Türkei verbinden wir die kulturellen und geschichtlichen Höhepunkte des Landes mit erholsamen Momenten entlang traumhafter Küsten am Mittelmeer. Erleben Sie die einzigartige Naturwelt Nordamerikas während unseren Erlebnisreisen nach Kanada, Alaska oder in den Westen der USA. Hier trifft das Gefühl von unendlicher Freiheit und unbegrenzter Möglichkeiten auf

LÄCHELN NUR GEGEN BARES

Endlich die Wahrheit
über die berühmte Trekking-Tour
von Chiang Mai

Im „Rama Guesthouse" in Chiang Mai lief die Wirtin Chrissi zur Hochform auf. Stolz reichte sie Dankesschreiben und Grußadressen in den verschiedensten Sprachen von Tisch zu Tisch. Auf Schnappschüssen erkannte ich wackere Wanderer vor grünen Horizonten, ich sah Reisfelder, Opiumblüten, Elefanten, Flöße, Eingeborenendörfer. Wer konnte da widerstehen? Kurz entschlossen blätterte ich 1300 Baht (etwa 35 Euro) auf den Tisch des Hauses und wurde das achte Mitglied einer Gruppe, die noch heute zu einer dreitägigen Trekking-Tour in das thailändisch burmesische Grenzgebiete aufbrechen sollte. „Good Decision!" sagte Chrissi und klopfte mir auf die Schulter.

„Gallia est divisa in partes tres" hatte unser Lateinlehrer erzählt. Nun erkenne ich, dass auch Thailand dreigeteilt ist – in Bangkok, wo man auf den Putz hauen kann, in den Süden, wo die Touristen unter Palmen in der Sonne schmoren und in den Norden, wo gewandert, nein: wo *getrekkt* wird. Und nirgendwo wird mehr getrekkt als in der Umgebung von Chiang Mai. Gestern Abend war ich mit dem Nachtzug in Chiang Mai, der zweitgrößten Stadt Thailands, eingetroffen, und es hatte mir auf Anhieb gefallen. Hier gab es weniger Stress, Smog und Prostituierte als in Bangkok, die Temperaturen und die Preise waren niedriger, und sogar die Malaria soll in den letzten Jahren ausgerottet worden sein. Eine Gegend, in der ich mich von den Verlockungen Bangkoks erholen und mich asketisch trekkend revitalisieren wollte.

Ich war zum ersten Mal in Thailand und besaß von dem bevorstehenden Ausflug in den Dschungel nur ungenaue Vorstellungen. Ich wusste nur so viel: In Nepal benötigt der Trekker vor allem festes Schuhwerk, um durchzukommen, am Amazonas einen gesunden Magen, um die unvermeidliche Maniok-Suppe zu verdauen und im Hoggar Gebirge ist vor allem anderen das Wasser wichtig. Was aber brauchte ein Trekker, der sich von Chiang Mai aus in die Wildnis begab?

Einige Stunden später wartete unsere Gruppe vor dem Rama Guesthouse auf den Minibus, der uns in die Berge bringen sollte. Unser Führer Ray erschien, ein thailändischer Twen mit einer asketischen Mönchsfigur, der jedem zuerst die Hand schüttelte und uns dann so bedeutungsvoll in die Augen schaute, also prüfe er, ob wir den Belastungen dieser Trekking-Tour auch gewachsen wären. Ein älterer Japaner war mit festen Hochgebirgsschuhen zum Treffpunkt erschienen. Auf seinem Rücken trug er einen mittelgroßen Rucksack, in dem sich alles befand, was für das Überleben im Dschungel von Nutzen sein könnte: Schwimmweste, Taschenmesser, Wasserflasche und Fernglas ebenso wie Mikropur, Kompass und Tropenhelm. Sein jüngerer Gefährte gab sich erheblich unbekümmerter. Seine Ausrüstung bestand im Wesentlichen aus einer fabrikneuen, noch verpackten Billig-Kamera, die er sofort vor unseren Augen auspackte, um damit den stoisch dreinblickenden Ray zu fotografieren. Ihre Namen konnte sich kein Mensch merken, weswegen sie in den folgenden Tagen immer nur „Jap1" und „Jap2" gerufen wurden. Auch zwei Holländer waren mit von

36

der Partie. Sie hießen Marten und Wim und waren große, freundliche Brummbären in den späten Zwanzigern, die mit Sonnenhut und kurzen Hosen auf Tour gingen. Sie sollten in den nächsten drei Tagen jedermann freundlich zunicken, wenig sprechen und meistens über ihre Ohrsticks Rockmusik hören. Waren die Japaner und Holländer recht schweigsam, konnte man das von Elli, Jackie und Sue nicht behaupten. Elli, Jackie und Sue brabbelten in einem fort, wobei ihr Englisch kaum zu verstehen war, kicherten an jeder nur denkbaren Stelle, waren aber anstellig, belastbar und nur mit einem einzigen Rucksack unterwegs, den sie abwechselnd trugen. Wie zu erfahren war, hatten sie die Schule gerade erst abgeschlossen und von ihren Eltern so viel Geld erhalten, dass ein halbes Jahr Südostasien bereisen konnten. An ihnen war noch jede Menge Babyspeck, doch die Hitze Indochinas und die reishaltige Ernährung würde schon dafür sorgen, dass er am Ende der Reise verschwunden sein würde.

Eng zusammengepfercht fuhren wir in einem offenen Pickup in nordwestlicher Richtung der burmesischen Grenze entgegen, Ray mit zwei Begleitern vorne, wir acht im Fond des Wagens. Bald war Chiang Mai verlassen, und der Wagen raste über staubige Buckelpisten, die serpentinenartig in die Berge führten. Dass wir noch vor Beginn der Trekkingtour auf den unebenen Straßen kräftig durchgeschüttelt wurden, war in Ordnung, denn immerhin verließen wir die Zivilisation, und da musste man Unbequemlichkeiten in Kauf nehmen. Wim wechselte gerade die Batterien seines Walkmans, als wir in einem kleinen Dorf von einer Horde Kinder jubelnd begrüßt wurden. Wer hätte gedacht, dass die einheimische Bevölkerung uns so freundlich empfangen würde? Aber was wollten die Kinder mit den Eimern? Im nächsten Augenblick wurde der Innerraum des Pickups mit mehreren Eimern

Wasser geflutet. Elli, Jackie und Sue kreischten, nur unsere Begleiter lachten, denn sie wussten Bescheid: In diesen Tagen, in denen das thailändische Neujahrsfest Songkran gefeiert wurde, liebten es die Thais, sich gegenseitig möglichst überraschend mit Wasser zu begießen und Glück fürs neue Jahr zu wünschen. Und für Touristen wurden ganz offenbar keine Ausnahmen gemacht.

Die vermeintlich harte Tour durch unwegsames Gelände begann äußerst moderat. Da bereits der frühe Nachmittag angebrochen war, ließen wir das Gepäck im Auto und machten uns auf einen Spaziergang durch den Wald. Von Dschungel und Schlingpflanzen war nirgendwo etwas zu sehen, stattdessen bewegten wir durch so adretten Laubwald, wie ich ihn zuletzt in der Eifel durchwandert hatte. Auch Kompass und Machete würden wir für diese Tour nicht benötigen, denn vor uns hatten schon genügend andere Touristen einen breiten Trampelpfade gut ausgetreten. Bald erreichen wir einen kleinen Wasserfall, an dem gerade eine andere Trekking Gruppe das Feld räumte, um uns Gelegenheit zum Baden zu geben. Dass erinnerte mich an das Nationalmuseum in Kairo, in dem man die wichtigsten Exponate gruppenweise auch nur dann besuchen konnte, wenn die andere Gruppe das Feld räumte. Sollte es sich im thailändischen Mischwald ähnlich verhalten?

Nach einem kurzen Planschen unterhalb des Wasserfalls, wanderten wir zu einem Meo-Dorf, in dem wir auch übernachten würden. Von den Meos hatte ich in meinem ganzen Leben noch nie etwas gehört, nun erfuhren wir von Ray, dass die Meos ebenso wie die Akha, die Yao oder Lahu zu den chinesischstämmigen Bergvölkern Nordthailands gehörten. Noch weiter im Norden bezögen diese Bergstämme ihr Einkommen unter anderem aus dem Anbau und Verkauf von Opium, was der Regierung in Bangkok keine geringen Probleme bereitete. Das Meo-Dorf, in dem wir übernachten würden, sei jedoch „clean", so dass wir uns keine Sorgen zu machen brauchten.

Unser rauschgiftfreies Meo-Dorf lag auf einem Bergplateau mit einer malerischen Aussicht auf die dicht bewachsenen Hügel der Umgebung. Plärrende Kinder in farbenfrohen Trachten empfingen uns, gottlob ohne Eimer voller Wasser. Wir hatten unsere Unterkunft noch nicht erreicht, als uns bereits Jugendliche mit Coca-Cola- und Bierdosen hinterherliefen. Wir passierten einen Souvenirstand, an dem der Tee in Plastikbechern angeboten wurde, und als Jap2 einige Kinder fotografierte, musst er anschließend einige Baht herausrücken. Wir bezogen unser Quartier in einer auf Stelzen erbauten Holzhütte, auf deren Boden Matratzen ausgelegt waren. Von einer kleinen Veranda aus konnten wir die beachtlichen Müllhalden bestaunen, die so ein kleines Dorf im Dschungel produzierte. Den Hunden des Dorfes war es recht, denn laut kläffend kämpften sie um Nahrungsreste in den Abfallhaufen. Inzwischen hatte der Wagen unser Gepäck gebracht, und Jap1 begann mit seinem Kompass unsere genaue Position zu bestimmen. Ich schlenderte zusammen von Jap2 vom Hauptplatz aus in einige der staubigen Seitengassen, doch die abweisenden Gesichter der Meo-Frauen zeigten deutlich, dass es nicht gerne gesehen wurde, wenn die Besucher des Dorfes ihr vorgegebenes Domizil verließen. In der Abenddämmerung setzte ich mich auf den kleinen Holzbalkon unserer Unterkunft, trank Tee und sah zu, wie aus dem Tal nun schon die dritte Trekking Gruppe auf unser Dorf zusteuerte. Keiner der Wanderer mühte sich mit einem Rucksack ab, aber fast alle hatten Kopfhörer in den Ohren. Dieses Meo-Dorf war ganz offenbar ein Dschungel-Hotel für Trekker, in dem jede Nacht fast mehr Besucher als Einheimische schliefen.

Am anderen Morgen, als wir die Siedlung verließen, mussten wir unsere Rucksäcke dann doch selbst tragen, denn nun endeten sogar die Feldwege. Aber auch jetzt war keine Machete erforderlich, und ich musste meine Vorstellungen vom südostasiatischen Dschungel gründlich korrigieren. Hatte ich nicht in „Apokalypse now" Bilder von undurchdringlichen Wäldern gesehen, durch die man nur mit Kanonenbooten auf den Flüssen weiterkam? Nun aber wanderten wir durch lieblichen Mischwald, sprangen auf großen Steinen über sanft dahinplätschernde Bäche und atmeten die frische Luft des Hochwaldes.

Etwas exotisch wurde es aber dann aber doch noch, als wir nach zwei Stunden gemächlichen Dahingehens das sogenannte „Elefanten-Camp" erreichten. Dort blickten uns fünf Dickhäuter bereits teilnahmslos und startbereit entgegen. Sie waren schon mit Holzbänken gesattelt, was auf den ersten Blick komfortabel wirkte, sich in Wahrheit aber als eine Tortur herausstellte. Denn die Holzlehnen knallten einem bei jeder der wuchtigen Bewegungen, die das Tier vollführte, in den Rücken. Und auf unseren Hochsitzen hatten wir uns der Äste und Blätter zu erwehren, da wir als Lebendfracht der Elefanten gleichsam in der ersten Etage durch die Baumkronen geschaukelt wurden. Elli, Jackie und Sue kreischten auf ihrem Elefanten, als befänden sie sich in Lebensgefahr, doch Ray auf dem Leittier an der Spitze der Elefanten-Karawane reagierte nicht und führte uns immer tiefer in unebenes Gelände. Dabei entpuppten sich die Elefanten als überraschend wendige Tiere. Ganz gleich, ob sie an schrägen Lehmböschungen entlangliefen oder Böschungen erklimmen mussten, egal, ob es durch verschlammte

Flüsse oder mitten durch dichtes Gebüsch ging, flink preschten sie durch das Unterholz, ohne auf ihre zappelnde Fracht zu achten.

Schließlich erreichte die Elefantenkarawane einen knietiefen Fluss, an dessen Ufer wir vor einem sogenannten „River Rafting Camp" ausgeladen wurden. Elli, Jackie und Sue waren völlig fertig und blickten anklagend auf ihren Dickhäuter, der zusammen mit seinen Kumpels in einem Verschlag des Camps abgestellt wurde. Jap1 hatte die Tour gut überstanden, weil er aus seinem Rucksack einen Tropenhelm herausgezogen und aufgesetzt hatte. Drei einheimische Guides schaffen unser Gepäck in eine geräumige Schlafhütte, auf dem Holzbalkon neben der Schlafhütte stand der Tee bereit. Das war's für diesen Tag. Die Stunden vergingen entspannt und erholsam, Elli, Jackie und Susi schnatterten wieder, die Japaner schwiegen, und die beiden Holländer legten ihre Ohrhörer beiseite, um ein wenig im Fluss zu planschen. Währenddessen war unsere Crew gut beschäftigt. Ray und seine beiden Assistenten bereiteten das Abendessen vor, die drei Angestellten des Camps bauten aus Dutzenden langer Bambusstangen zwei kleine Flöße zusammen, auf denen wir morgen die letzte Etappe unserer Reise zurücklegen würden.

Der letzte Tag stand ganz im Zeichen des „River Raftings", doch wer dabei an haarsträubende Schlauchbootfahrten wie auf dem Colorado River dachte, lag falsch. Aber das wussten wir noch nicht, als uns auf den Flößen lange Bambusstangen in die Hand gedrückt wurden. Endlich kam ein wenig Abenteuerstimmung auf, als wir mit lautem Hallo vom Ufer abstießen. Kampfbereit und breitbeinig standen wir mit unseren Bambusstangen auf den Flößen und waren bereit, uns in

41

der Auseinandersetzung mit Stromschnellen und Klippen, Wasserfällen und Untiefen zu bewähren.

Doch diese Bewährung blieb uns erspart. Stattdessen trieben wir langsam dem sachte dahinfließenden kleinen Fluss entlang, und weil rein gar nichts geschah, legte sich die internationale Travellergemeinde nach und nach auf die Bambusplanken, zuerst die Holländer, dann die drei Mädchen und zuletzt die Japaner, und trieb sonnenbadend und entspannt der Endstation unserer gemütlichen Floßfahrt entgegen. Unsere Guides steuerten an malerischen Eingeborenendörfern vorbei, stoppten hier und dort um uns eine besonders fette Dorfsau oder ein besonders herausgeputztes Meo-Haus zu zeigen. Wir sahen die Wälder auf beiden Seiten des Flusses, hörten das Rauschen der Blätter im sanften Wind des Frühlingstages und wurden von anderen Trekker-Flotten überholt oder überholen selber welche.

Schließlich erreichten wir eine kleine Siedlung, an deren Ufer bereits Dutzende von Flößen befestigt waren. Beduselt vom stundenlangen Sonnenbaden stolperten wir an Land, wurden von freundlichen Guides begrüßt, die uns den Nachmittagstee reichten, und sahen bereits unseren Kleinbus am Straßenrand stehen.

Noch vor Anbruch der Dämmerung waren wir wieder im Rama Guesthouse von Chiang Mai. Dort trugen wir unter dem strengen Blick von Chrisi unsere Dankessprüche in das Gästebuch ein. Ich schrieb: „Dank Dir, Ray, für diese wichtige Erfahrung. Und hier mein Tipp für andere Trekker: Bloß nicht den MP3 Player und die Badehose vergessen!"

Für Buddha sind tausend Jahre
wie ein Tag

Eine Reise durch die thailändische Geschichte

Nicht nur die Gnus, die Zugvögel oder die australischen Krabben - auch ganze Völker wandern. Würde man die Menschheitsgeschichte aus der Weltraumperspektive im Zeitraffer abdrehen, so sähe man ein permanentes Kommen und Gehen. Die Germanen zogen nach Süden bis nach Nordafrika, die sibirischen Jäger überquerten die Beringstraße und ihre Nachkommen gelangten bis nach Feuerland. Die Bantus bevölkerten von Kamerun aus ganz Zentral- und Südafrika, und die Polynesier durchquerten tausend Jahre lang die Weiten des Pazifiks.

Wie aber verhielt es sich mit den Thais? Woher kamen sie und wie war es ihnen gelungen, sich in „Thailand" niederzulassen?

Die erste Frage hat die Forschung inzwischen beantwortet. Die Thais stammen als eine sino-tibetische Ethnie aus dem Süden des heutigen China. Im achten Jahrhundert lebten sie in im Reich von Nan-Chao in der heutigen chinesischen Provinz Yünnan. Chinesische Quellen beschreiben das Reich von Nan Chao als ein relativ hochentwickeltes Gemeinwesen, möglicherweise auch deswegen, weil Staatsaufbau und Kultur fast vollständig von den Chinesen übernommen wurden.

Merkwürdig, dass sie dann weiter nach Süden gezogen sind, denn Yünnan ist von allen chinesischen Provinzen eine der schönsten. Warm, aber nicht zu heiß, fruchtbar und in der Umgebung des Mekong von berückender landschaftlichen Schönheit. Warum wollten sie weg? War es ihnen zu langweilig und lockte sie das Abenteuer in fernen Ländern? Oder waren sie einfach zu zahlreich geworden, so dass sich ein Teil von ihnen wie die griechischen Kolonisten gezwungen sah, die zu Heimat verlassen?

Was immer auch die Gründe gewesen sein mochten, ab dem späten achten Jahrhundert kamen die Thais nach Indochina, blieben hier, raubten dort und zogen weiter, immer weiter nach Süden, der leicht abschüssigen Landschaft des nördlichen Indochina folgend, bis sie den Chao Phraya Fluss im heutigen Thailand und den Salween im heutigen Myanmar erreichten.

Dieser Route wollte ich folgen. Von Chiang Mai aus wollte ich nach Sukothai und Ayutthaya fahren, den beiden ersten Hauptstädten Siams bis nach Bangkok, der gegenwärtigen Metropole des Landes.

Aber das war leichter gesagt, als getan, denn die thailändische Eisenbahn streikte, und die Bahnverbindung zwischen Chiang Mai und Bangkok war blockiert. Lange Menschenschlagen standen an diesem Morgen vor den Ticketschaltern am Busbahnhof von Chiang Mai. Die gute Nachricht war, dass ich ein Ticket nach Phitsanulok erhielt. Die schlechte Nachricht war, dass der Bus über keine Klimaanlage verfügte, so dass es im Bus bald nach allen möglichen Gewürzen, nach abgepacktem Fleisch und verfaulten Bananen roch. Dann und wann zog auch ein Hauch von Kleinkinderschiss durch die Reihen, wobei mir auffiel, dass die Babys ihre Würstchen offenbar in aller Stille abdrückten und ihrer Umgebung gegenüber ein unschuldiges Gesicht zur Schau stellten. Ihre thailändischen Eltern waren derweil guter Dinge, schnatterten untereinander in einem fort und zeigten sich die eine oder andere Sehenswürdigkeit, die vom Busfenster aus zu sehen war. Ich notierte: der Thai ist eine extravertierte Person, meistens heiter und freundlich, weniger distanziert als der Chinese und größer gewachsen als der Khmer, aber immer hungrig, denn wir waren noch keine Stunde unterwegs, da wurde schon zum ersten Mal an einer Garküche gehalten, damit sich jedermann mit Essen versorgen konnte.

Waren die Thais auch schon so hungrig gewesen, als sie in Indochina einwanderten? Möglich, aber auf jeden Fall wurden es immer mehr, so dass die Wissenschaft heute zwei Gruppen von Einwanderern unterscheidet. Die erste Gruppe waren die sogenannten „großen Thai", die sich nach Myanmar wandten und sich am Salween Fluss niederließen, wo sie zu den Vorfahren der heutigen Shan wurden. Ihnen sollte ich später am Inle-See in Burma begegnen. Die zweite Gruppe erhielt von den Forschern das Etikett der „kleinen" Thai", was insofern irritiert, weil sie es waren, die im Laufe der folgenden Jahrhunderte das eigentliche Thailand gründen sollten. Soweit die Reiseführer und Geschichtswerke, angereichert mit zahllosen Details und Komplikationen, die man einfach entschlossen ausblenden muss, wenn man einen merkbaren Überblick über die geschichtlichen Abläufe erhalten will.

Inzwischen hatte der Bus den Norden verlassen. Fast unmerklich führte die Straße in tiefer gelegenes Gelände, es wurde wärmer, und die Landschaft links und rechts der Straße prangte in üppigem Lebensgrün. Wasserbüffel standen merkwürdig teilnahmslos im Schlick, Kinder rannten über Bewässerungsdeiche und ließen Drachen steigen, und hier und da ragten die Spitzen kleiner Tempelbauten über die Palmenkronen. Kein Wunder, dass es den frühen Thais in Zentralthailand auf Anhieb gefallen hatte. Im Unterschied zum schönen, aber recht gebirgigen Yünnan musste ihnen dieses Land zwischen Chiang Mai und Phitsanulok wie eine riesige Reisschüssel erschienen sein, so dass sie sich niederließen und sesshaft wurden.

Aber was war das für eine Welt, in der die Thais heimisch werden wollten? Indochina zur Jahrtausendwende war keineswegs ein leeres Land sondern eine bereits hochentwickelte Agrarregion, deren Bewohner mit Hilfe raffinierter Bewässerungstechniken beachtliche Überschüsse erzeugten. Die Mon im Süden Burmas, die Cham in Zentralvietnam, die Vietnamesen im Delta des Roten Flusses hatten bereits ihre ersten Staaten gegründet. Das bedeutendste und größte dieser Reiche war das Imperium der Khmer von Angkor, das zeitweise Laos, Kambodscha, den Süden Vietnams und den größten Teil Thailands bis an die burmesische Grenze beherrschte. Für die Gottkönige des Khmer-Reiches waren die Thais zunächst nicht mehr als Söldner, die man in den Dienst nahm, wenn man sie brauchte, oder herumstreifende Clans, die man aus dem Land jagte. Auf dem Tempelwänden von Angkor Wat tauchen die Thais als kriegerischer Haufen auf, der sich in Aussehen und Gehabe deutlich von den disziplinierten Khmer-Truppen unterscheidet.

Als der Bus nach einer gut vierstündigen Fahrt in der Stadt Phitsanulok stoppte, war von dieser Vergangenheit nichts mehr zu entdecken. Phitsanulok war eine lebhafte Provinzstadt auf halber Strecke in zwischen Chiang Mia und Bangkok, ein lauter und hektischer Verkehrsknotenpunkt, der allerdings mit einigen Attraktionen aufweisen konnte: dem Kloster des Goldenen Buddha, einem der stimmungsvollsten Nachtmärkte Thailands und eben der Nachbarschaft der Ruinenfelder von Sukothai.

Da es schon dämmerte, beschloss ich, in Phitsanulok zu übernachten, um mir den Goldenen Buddha anzusehen. Der Goldene Buddha von Phitsanulok, eine der berühmtesten Buddha Statuen des Landes, befand sich im Kloster Phra

Ratana Mahatat am Ufer des Nan Rivers im Norden der Stadt. Es handelte sich um einen überlebensgroßen, sitzenden Buddha in der Haltung der Erleuchtung (Bhumispasamudra) , was bedeutete, dass er im Schneidersitz auf einer Empore saß und dass seine rechten Hand beiläufig gen Boden wies Die Statue, ein Meisterwerk der thailändischen Plastik, entstammte dem 15. Jahrhundert und war über und über mit feinen Goldplättchen bedeckt. Positioniert war der Goldene Buddha in einem nicht sonderlich großen, von Säulen begrenzten Raum mit einem Marmorboden, der so spiegelblank war, als würde er jeden Tag gewienert. Da es im Tempel angenehm kühl war, setzte ich mich in eine Ecke des Raumes und beobachtete die Besucher. Die Atmosphäre war entspannt bis an die Grenze zur Heiterkeit, als würde der Anblick des Goldenen Buddha die Stimmung heben. Zugleich war diese Hochgestimmtheit durch zurückhaltende Devotion gedämpft, wenn sich die Besucher der Skulptur zuwandten und ihre Gaben zu Füßen des Buddha niederlegten. Gebetet oder meditiert wurde kaum, eher glichen die Besuche Stippvisiten bei einem freundlichen Hausgeist, den man in bestimmten Abständen einfach besuchen muss. Der Gegensatz zwischen der anspruchsvollen und durchgeistigten Lehre des Buddha und der freundlichen Beiläufigkeit seiner Verehrung verwunderte mich.

Warum der Buddhismus in seinen verschiedenen Varianten zur großen Weltreligion Asiens wurde, ist allerdings durch seine Lehre allein ohnehin nicht zu verstehen. In Wahrheit verdankt der Buddhismus seine Verbreitung seiner enormen spirituellen Elastizität, die ihm die Überwölbung und Assimilierung der unterschiedlichsten Traditionen gestattete. Unterhalb der buddhistischen Lehre von der Nichtigkeit der materiellen Welt gleicht der Buddhismus einer Leinwand, auf der die Völker über die Jahrhunderte

49

hinweg ihre religiösen Träume ausmalen und mühelos den ganzen Kanon ihrer eigenen Götter, Geister und Ahnen miteinbeziehen können. Von Indien aus gelangte der Buddhismus zuerst nach Sri Lanka, dann über Bengalen nach Indochina. Über den Himalaya und die Seidenstraße erreichte er Tibet und Zentralasien, schließlich China, Korea und Japan, um überall lokale Traditionen so intensiv in sich aufzunehmen, dass er eigentlich von Land zu Land ein anderer ist. Als die Thais Indochina erreichten, war der Buddhismus also bereits da, die Gottkönige von Angkor hatten den neuen Glauben angenommen und verbreiteten ihn in ihrem Reich.

Während meiner Anwesenheit zu Füßen des Goldenen Buddha zählte ich Dutzende Familien, die sich vor dem Goldenen Buddha versammelten, unbekümmert herumscherzten und sich dann umdrehten um sich, den Buddha gütig lächelnd im Hintergrund, gemeinsam ablichten zu lassen. Keine dieser Familien war ohne mindestens drei Kinder vor dem großen Buddha erschienen, meistens waren es mehr, und bei vielen war auch noch eine Großmutter mit von der Partie. Dem Augenschein nach waren die Besucher weder arm noch reich sondern völlig normale Thais, die in diesem Tempel das kostbarste präsentierten, was ihnen das Leben schenken konnte: ihre Kinder. An dieser Kostbarkeit herrscht in Thailand kein Mangel, im Gegenteil der Kinderreichtum des Landes hat sich zu einem seiner größten Probleme ausgewachsen. Aus den fünf Millionen Menschen, die in der Mitte des 19. Jahrhunderts in Thailand lebten, waren zum Beginn des 20. Jahrhunderts bereits zehn Millionen geworden. Im Jahre 1960 wurde die 25 Millionen-Marke überschritten, und nur 25 Jahre später hatte sich die Bevölkerung Thailands auf über 50 Millionen Menschen mehr als verdoppelt. Mittlerweile dürfte die Bevölkerung Thailands die Siebzig Millionen-Grenze erreicht haben.

Am nächsten Morgen fuhr ich mit dem Bus von Phitsanulok nach New Sukothai und nahm von dort ein Tuk-Tuk, das mich zum Ruinenfeld von Old Sukothai brachte. Obwohl sich die Ruinen der alten Königsstadt über einen ausgedehnten Bezirk erstreckten, konnte man die beeindruckendsten Ruinen innerhalb eines fußläufig zugänglichen archäologischen Parks besichtigen. Dieser Sukothai-Park bestand aus gepflegten Rasenflächen mit künstlichen Seen und Inseln, die über kleine, chinesisch anmutende Brücken miteinander verbunden waren. Merkwürdigerweise war ich ganz alleine auf dem Ruinenfeld, und es herrschte eine Ruhe, wie ich sie bisher in Thailand noch nicht erlebt hatte. Die Umrisse der Landschaft verschwammen im Dunst der mittäglichen Hitze, nur Vogelgezwitscher war zu hören, als ich mich in den Schatten setze, um ein wenig über Sokothai zu lesen.

Da die Einwanderung der Thai-Bevölkerung im 13. Jahrhundert immer mehr zunahm, wurde das Verhältnis zum Reich der Khmer zum Problem. Es kam zu Reibereien, ehe sich die örtlichen Thai-Stämme von Sukothai gegen die Khmer erhoben, die Besatzungstruppen davonjagten, um die Unabhängigkeit ihrer Stämme auszurufen. Nach der Genealogie der thailändischen Könige soll das im Jahre 1238 unter der Führung eines gewissen Sri Indradityas geschehen sein, dem die Legende als thailändischer Nationalheld zahlreiche mythische Züge andichtete.

Wirklich in das Scheinwerferlicht der Geschichte traten die Thais aber erst mit Indradityas jüngerem Sohn Ramkhamhaeng, dem dritten König von Sukothai (1279-1299), den die Thais bis auf den heutigen Tag als Begründer ihrer Nation verehren. Ramkhamhaeng befestigte Sukothai und begann mit dem Bau großer Tempel- und Bewässerungsanlagen. In seiner Regierungszeit entstand die Thai-Schrift, die wie alle Schriften Südostasiens eine Mischung aus alphabetischer und Silbenschrift darstellt. Ramkhamhaeng erhob den ohnehin schon vorherrschenden Buddhismus zur Staatsreligion und förderte die Missionstätigkeit srialankesischer Mönche, die alle Winkel des Landes durchwanderten, um auch den letzten heidnischen Thai zu missionieren. Am Ende seines Lebens soll König Ramkhamhaeng höchst selbst eine Tributgesandtschaft nach China geführt haben, wo er vom Nachfolger Kubilai Khans empfangen und bestätigt wurde. Da fast gleichzeitig die Mongolen die benachbarte burmesische Metropole Pagan zerstörten und sich das Reich der Khmer im Niedergang befand, gelang es Ramkhamhaeng fast das gesamte heutige Thailand unter seiner Herrschaft zu einigen.

Wenn die Herrlichkeit Sukothais auch kaum einhundert Jahre währte, wurde sie für die thailändische Kultur und Geschichte stilbildend. Aus dem Prang, dem Tempelturm der Khmer entwickelte sich der konisch zulaufende thailändische Tempelturm und schließlich die glockenförmige Chedi. Während im benachbarten Indien der Buddhismus unter den Schlägen islamischer Eroberer vernichtet wurde, erblühte er im Reich der Thai zu neuer Herrlichkeit. Nirgendwo in Asien gelangte die Figur des schreitenden Buddhas zu solch zauberhafter und filigraner Darstellung wie im Königspalast von Sukothai. Mehr schwebend als gehend scheint sich der schreitende Buddha über den Boden zu bewegen, vorbei an einer ganzen Galerie halbverfallener Säulen und einem überlebensgroßen Buddha an der Stirnseite des Tempels entgegen. Eine ganze Stunde saß ich im Schatten der Ruinen des Königspalastes und imaginierte die Bilder eines mittelalterlichen Reiches, seine turbulenten Alltagsszenen, die Ankunft der Heere, die die Khmer immer weiter nach Osten drängten, die Meditationen der srilankesischen Mönche und die Audienzen des Königs. Um mich herum blühte die Natur, Überreste zerfallener Skulpturen lagen im Unterholz, und ein Buddha Kopf mit der spitzen zulaufenden Krone der Erleuchtung auf dem Schädel ragte über den Rand der Bäume.

Auch während meiner weiteren Erkundung des Ruinenfeldes von Sukothai begegnete ich überall Buddha-Skulpturen. Sie standen, schritten, saßen oder schliefen, geradeso als wolle der Erleuchtete jede nur mögliche Körperhaltung probeweise mit der Mediation in Verbindung bringen. Unvergesslich blieb mir der fast fünfzehn Meter hohe Riesenbuddha im Wat Su Chum, einer kolossalen Gestalt, die noch übermächtiger wirkte, weil sie in von einem engen Gemäuer umgeben war. Diese Einschnürung des monumentalen Buddha erschien mir wie ästhetischer Ausdruck dafür, dass die Lehre des Buddha die Grenzen des Menschlichen sprengt. Aus diesem Grunde bezeichnet sich der srilankesische Buddhismus, der sich in ganz Indochina außer in Vietnam durchsetzte, als das „kleine Fahrzeug", weil er eingestand, dass seine Weltentsagung nur für eine kleine Zahl von Menschen lebbar war, wobei dem einfachen Gläubigen immerhin die Möglichkeit blieb, in der Verehrung dieser wenigen religiösen Virtuosen ebenfalls Verdienste zu erwerben. Der Mayahana-Budhdismus, der Buddhismus des „großen Fahrzeugs", der die Lehre des Erleuchteten mit Millionen Geistern und Göttern anreicherte, entstammte einer späteren Epoche und verbreitete sich auf einem anderen, einem zentralasiatischen Weg über die Seidenstraße nach China.

Am gleichen Abend kehrte ich nach Phithsanulok zurück und spazierte über den Nachtmarkt. Träge floss der Nan River unterhalb der Böschung nach Süden, große Hügel voller abgeholzter Bäume warten am Ufer auf ihren Abtransport. Die anhebende Dämmerung warf ihren Schatten über den Fluss, und an den Essenständen herrschte bereits Andrang. Viele thailändische Familien absolvierten ihren Abendspaziergang, auch Männergruppen, aber nur wenige Touristen waren unterwegs. Hoch schlug die Stichflamme aus den Pfannen der Garköche, die Speck, Bohnen, Fleisch, Fisch und allerlei undefinierbares Gemüse zum Kochen brachten. Erstaunlich viele Prostituierte standen im Halbschatten der Seitenstraßen und warteten auf Kundschaft, einige von ihnen von erschütternder Kindhaftigkeit. Obwohl Prostitution in Thailand offiziell verboten ist, gehört ihr Anblick zum festen Bestandteil des thailändischen Alltags. Längst hat sich die käufliche Liebe zu einem der größten Wirtschaftszweige des Landes entwickelt, nachgefragt nicht nur von westlichen Touristen in Bangkok oder Pattaya sondern massenhaft auch von der einheimischen Männerwelt in der thailändischen Provinz. Als ich mich in einer Garküche biederließ und ein Fischgericht bestellte, konnte ich beobachten, wie die Kontaktaufnahme zwischen Prostituierten und Freier ablief. Männern wie Frauen schienen die Verhandlungen peinlich zu sein, gerade so, als beherrsche sie eine Aversion gegenüber dem, was sie taten. Trotzdem wurde man sich schnell handelseinig und verschwand im Schatten einer Gasse. Der unbedarfte westliche Besucher, der so etwas zum ersten Mal erblickt, ist leicht geneigt, dieses Geschehen nach einem weitverbreiteten Standardklischee zu beurteilen, in dem Gut und Böse fein säuberlich getrennt sind. Danach prostituieren sich die hungernden Frauen aus purer Not, aus Hunger oder um ihre Familien zu ernähren. Nichts könnte falscher sein. Thailand ist kein reiches Land, und auch wenn die Lebensbedingungen unvergleichlich viel härter sind als in Europa oder Amerika, verhungert niemand mehr in Siam. Die Wahrheit ist viel prosaischer. Wer sich in Thailand prostituiert, will einfach schneller und leichter Geld verdienen, als dies für junge Frauen auf den Reisfeldern der in der Fabrik möglich ist. Dass diese Pläne dann oft nicht aufgehen, und dass die jungen Frauen schnell in das Räderwerk krimineller Zuhälterstrukturen geraten, ist dann wieder eine ganz andere Geschichte.

Der Bus brachte mich am nächsten Tag in einer fünfstündigen Fahrt von Phitsanulok aus zuerst nach Nakhim Sawan, dann über Ang Thong bis nach Ayutthaya, das sich nur noch eine gute Busstunde von Bangkok entfernt befindet. Um Treibstoff zu sparen, stellte der Busfahrer die Klimaanlage des Busses aus und behauptete, als die Fahrgäste protestierten, sie sei defekt. Jedermann riss die Fenster auf, doch nur um heiße Luft in den Bus zu lassen, der mit der Gewalt eines heißen Föhnstrahls durch die Reihen fegte. Als ich den Bus in Ayutthaya verließ, umgab mich die Hitze wie eine zweite, glitschige Haut. Augenblicklich brach mit der Schweiß aus, und ich flüchtete ins nächstbeste Hotel, dessen Außenwerbung eine Klimaanlage verhieß. „Kälte ist Zivilisation" heißt es in „Mosquito Coast". und manchmal ist sie genau das, was der Reisende in den Tropen mehr als alles andere braucht. Als ich aus dem Fenster blickte, sah ich, wie sich die Prostituierten für die Nachtschicht in Position brachten. Da blieb ich doch lieber im kühlen Zimmer und beschäftigte mich mit Ayutthaya.

Ayutthaya, heute eine nicht sonderlich bedeutsame Provinzstadt siebzig Kilometer nördlich von Bangkok war über vierhundert Jahre hinweg die glanzvolle Hauptstadt Thailands gewesen. Schon einhundert Jahre nach der Gründung Sukothais hatten die Fürsten von Aytuhia Macht, Einfluss, Ressourcen und Bevölkerung der alten Hauptstadt überflügelt. Ohne große Auseinandersetzungen wurde Sukothai in der Mitte des 14. Jahrhunderts wie als eine Art ältere Schwester in den Reichsverband von Ayutthaya einfach einverleibt. Da das einstmals so ruhmreiche Khmer-Reich seine besten Tage hinter sich hatte und es im benachbarten Burma drunter und drüber ging, konnten die Könige von Ayutthaya die Grenzen ihres Reiches bis nach Laos, Kambodscha und auf die malayische Halbinsel ausweiten. Aus der kleinen Garnisonsstadt in einer Flussschleife des Chao Praya entwickelte sich eine der größten Städte Asiens, umgürtet von einer gewaltigen Stadtmauer und mit zahllosen Tempeln und Palästen geschmückt. Von den Holländern, Engländern und Portugiesen, die ab dem 16. Jahrhundert an den Küsten erschienen, importierte man die Feuerwaffen, die man zur Abwehr der Burmesen brauchte und versuchte zugleich mehr schlecht als recht, sich den Zudringlichkeiten der europäischen Mächte zu entziehen. Europäische Kapitäne, Seeräuber, Händler oder Schmuggler suchten ihr Glück an den Grenzen Indochinas und waren in der Wahl ihrer Mittel alles andere als zimperlich. Einer von ihnen, den das Geschick in ganz besonderer Weise weit emporhob, um ihn dann umso tragischer abstürzen zu lassen, war der Grieche Konstantin Phaulkon, den ein abenteuerliches Seefahrerleben im Dienst englischen Ostindienkompagnie im Jahre 1675 nach Ayutthaya verschlug. Aufgrund seiner außergewöhnlichen Sprachbegabung stieg er schnell zum Dolmetscher am Hof König Narais auf, der an ihm einen Narren gefressen hatte und ihn schon nach kurzer Zeit zum Minister ernannte. In seiner Eigenschaft als privilegierter Ratgeber des Königs bereicherte sich Phaulkon so schamlos, dass es selbst den Mitgliedern des wenig zimperlichen Königshofes auffiel. Um sein Gastland gegen die Expansion der Engländer zu schützen, entsandte Phaulkon im Jahre 1684 eine siamesische Gesandtschaft zum Hof des Sonnenkönigs in

Versailles und erlaubte den Franzosen den Bau einer Befestigung im Stadtgebiet des heutigen Bangkok. Die sich andeutende katholische Mission und die Absinken Thailands auf den Rang einer französischen Kolonie wurde allerdings durch eine höfische Opposition unter der Führung des Adligen Petraja verhindert. Er ermordete den erkrankten König Narai und ließ Phaulkon gefangennehmen und hinrichten. Als neuer thailändischer König begründete Petraja nicht nur eine neue Dynastie sondern verfügte, dass alle ausländischen Mächte Thailand verlassen mussten, was bis 1690 auch geschah.

Ich las weiter bis spät in die Nacht, ehe ich einschlief. Mitten in der Nacht wachte ich auf. Die Klimaanlage war ausgefallen, es war stickig heiß im Zimmer, und ich war von Mücken gestochen worden. Ich versuchte den Ventilator anzustellen, doch er funktionierte nicht. Nachtlampe? Fehlanzeige. Draußen war es ruhig, dann hörte ich laute Stimmen im Hinterhof. Mit schepperndem Rappeln sprang der Generator an, kurz darauf setzte sich der Ventilator in Bewegung. Das Licht ging an, und ich schlug zwei Mücken tot. Eine Tropennacht, wie ich sie oft erlebt hatte.

Am nächsten Morgen lernte ich beim Frühstück die Japanerin Naiko kennen, eine junge Frau irgendwo zwischen zwanzig und dreißig, die völlig in schwarz gekleidet war und bei jedem Wort, das sie sagte, die Augen weit aufriss. Soweit ich ihr Englisch verstehen konnte, war sie Studentin, kam aus Osaka und befand sich auf ihrer ersten Asienreise, die sie bisher durch Vietnam, Laos und Kambodscha nach Thailand geführt hatte. Immerfort ratterte sie alle Sehenswürdigkeiten herunter, die sie schon gesehen hatte und schlug mir anschließend vor, mir ihr gemeinsam ein Tuk-Tuk zu mieten, das uns einige Stunden lang durch das weitausgedehnte Ruinengelände von Ayutthaya fahren würden.

Das war eine gute Idee, denn die Tuk Tuk Fahrer, die vor dem Hotel bereits auf Kundschaft warteten, forderten gesalzene Preise. Der junge Tuk-Tuk-Fahrer, den wir für unsere Ayutthaya-Tour auswählten, hatte von der Königsstadt zwar keine Ahnung, folgte aber gehorsam den Anweisungen, die ihm Naiko auf der Grundlage ihrer Ayutthaya- Karte gab und war ansonsten ein unauffälliger Geselle, der während unserer Besichtigungen geduldig wartete oder sich einfach in den Schatten zu einem Nickerchen verzog.

Die dreieinhalb Stunden, die ich mit Naiko und unserem somnabulen Tuk-Tuk-Fahrer auf dem Ruinenfeld von Ayutthaya verbrachte, gehörten zu den anschaulichsten Erlebnissen meiner Thailand-Reise. So weit verstreut die Ruinen auch im Gelände lagen, so waren doch fast alle prachtvoll herausgeputzt und manchmal wie eine Installation mitten in das Gesträuch drapiert. Hier und da waren moderne Steinbuddhas mit leuchtendgelben Gewändern einfach dazugestellt worden, damit sich der Anblick eines verfallenen Tempels oder Palastes auch effektvoll abrunde. Auch wenn ich wusste, dass Vieles, was ich sah, nicht original sondern unbekümmert nachgebauter Fake war, ergriff mich bald ein Gefühl, dass ein guter Freund aus Knabentagen das „Indianer Jones Feeling" genannt hatte, die Empfindung, sich in einer Umgebung aufzuhalten, in der Kultur und Natur, Fantasie und Realität auf das Anregendste ineinander über gehen, so dass man sich fühlt, als durchstreife man ein Märchenland im Modus eines glückhaften Traumes. Historiker mögen darüber die Nase rümpfen, Reisende wissen, was ich meine

Der größte und schönste Palast Ayutthayas, der Wat Si Saphet, war eine ursprünglich umzäunte Anlage, in deren Mitte sich drei beeindruckende Thai-Chedis erhoben. Zu Füßen der drei Pagoden befanden sich Skulpturengruppen, die den Erleuchteten im Kreis seiner Schüler zeigten. An einer andern Stelle saß ein Dutzend Buddhas wie die geklonten Mitglieder einer Nirwana-Armee in Reih und Glied ordentlich nebeneinander und blickten den Besuchern erwartungsvoll entgegen. Hier wie schon in Sukothai waren die Statuen mit gelben Mönchsgewändern bekleidet, die mir so sauber vorkamen, dass ich sicher war, sie würden jeden Tag gewaschen. Irgendwo im Wat Si Saphet sollte sich ein Fußabdruck Buddhas befinden, den Naiko unbedingt sehen wollte, so dass wir uns auf die Suche machten, ohne ihn zu finden. Dafür entdeckte ich jede Menge kleiner Warane, die sich im Tempelgras versteckten, einmal hörte ich sogar ein Zischen und machte, dass ich weiterkam.

Als nächstes lotste uns Naiko zum Riesenbuddha des Vihara Phra Monkoi Bopit. Bald standen wir vor einer rekonstruierten 14 Meter hohen sitzenden Buddha Statue, die in ihren Ursprüngen auf das frühe 16. Jahrhundert zurückging. Der Buddha, den wir sahen, hatte mit dieser ursprünglichen Skulptur aber wohl nur noch die Sitzhaltung und die Ausmaße gemein. Moderne Restauratoren hatten sie vergoldet und mit einem modernen Gebäude umgeben, das die Statue vor den Unbillen der Witterung schützen sollte.

Noch beeindruckender als der sitzende Riesenbuddha erschien mir der schlafende Buddha des Wat Loyala Suthram, eine vierzig Meter lange und acht Meter hohe Skulptur, die ohne schützende Ummantelung mittenl im Gelände lag. Ganz schwindelig konnte einem werden, wenn man dem hausgroßen Buddha-Kopf mit seinen geschlossenen Augen gegenüberstand, der auf vier stilisierten Lotosblumen ruhte. Da ich damals nur unzureichende Kenntnisse über die buddhistische Ikonografie des schlafenden Buddhas besaß, ließ ich nur das Erlebnis der puren Größe in eine naiver Ergötzung mir wiederhallen. Erst später erfuhr ich, dass manche Skulpturen, wie etwa der liegende Buddha von Gal Vihare in Sri Lanka, den ent-schlafenen Buddha kurz vor seinem Eingang ins Nirwana zeigen. Andere schlafende Buddhas gemahnen den Gläubigen daran, dass der Traum ein Trugbild ist, eine Vorgaukelung von Realität, der keiner Wirklichkeit entspricht. Ob es sich bei dem schlafenden Buddha des Wat Loyala Suthram um einen ent-schlafenden oder um einen träumenden Buddha handelte, hätte ich damals an der Fußstellung erkennen können. Liegen die Füße parallel, träumt der Buddha, ist der obere Fuß leicht über dem unteren Fuß gewölbt, ist er bereits im Nirwana angekommen.

Was war das Ende der Geschichte von Ayutthaya? So lang und glanzvoll sich die Epoche Ayutthayas im Rückblick auch darstellte, am Ende versank die Stadt in Feuer und Zerstörung. Nach jahrhundertelangen Kriegen, in denen sich die Thai immer nur mit Mühe gegen die Burmesen hatten wehren können, gelang den kriegerischen Nachbarn in Jahre 1769 ein überraschender Durchbruch. Ayutthaya wurde eingenommen und so gründlich zerstört, dass kein Stein auf dem anderen blieb. Diese Vernichtung ihrer glanzvollen Hauptstadt ist für die Thais bis auf den heutigen Tag ein nationales Trauma geblieben, an das sie mit einer Mischung aus Trauer und Zorn gedenken.

Obwohl die Thais die Burmesen kurz darauf aus dem Land drängten, bauten sie Ayutthaya nicht wieder auf sondern verlegten ihre neue Hauptstadt nach Thonburri/Bangkok direkt ans Meer. Eine neue Dynastie kam an die Macht, deren Könige seit 1782 ununterbrochen das Land regieren. Ein neues Kapitel der Geschichte wurde aufgeschlagen, in dem Bangkok zur alles überragenden Metropole des Landes wurde, so groß und expansiv, dass man im Schatten ihrer Wolkenkratzer fast vergessen könnte, dass Thailand auch eine Geschichte hat.

Königspalast von Ayutthaya

Strandpassage in Pattaya

Melancholie am Golf von Siam

Eindrücke aus Pattaya,
der Hauptstadt des asiatischen Sextourismus

Wenn die cholerischen Charaktere zum Oktoberfest nach München fahren, die Sanguiniker Trekking Touren durch den Himalaya unternehmen und die Phlegmatiker gleich ganz zu Hause bleiben, reisen die Melancholiker nach Pattaya. Das war mein erster Eindruck von der Hauptstadt des Sextourismus in Südostasien. Wo der Besucher, von verheißungsvollen Bildern in den Prospekten berauscht, bei seiner ersten Reise ein tropisches Kythera mit willigen Sirenen erwartet, trifft er auf ein tristes und verbautes Betonkonglomerat am Golf von Siam. Wie in den Gründerjahren des spanischen Massentourismus verlief zwischen dem schmalen Strand des Ortes und den verschachtelten Hotelgassen mit ihrem Stromleitungsgewirr eine unsägliche Strandstraße - stark frequentiert durch Jeeps, Busse, Motorräder und gesteuert von jenem lärmtoleranten thailändischen Menschenschlag, der zur Bewältigung komplizierter Wegverhältnisse allemal lieber die Hupe als das Lenkrad benutzt.

Aus dem winzigen Fischerdorf im Süden Bangkoks, das Anfang der Siebziger Jahre gerade einmal zwei Hotels mit einigen Dutzend Betten aufwies, ist eine Stadt mit gut fast einhunderttausend gemeldeten und zahllosen ungemeldeten Einwohnern geworden. Eine Metropole der Begierden ist entstanden, erstaunlich unansehnlich und noch immer wild wuchernd, auf der allabendlich immer das gleiche

Stück in tausendfachen Variationen gespielt, genossen und erlitten wird.

Die Einzelreisenden, die bei diesen nächtlichen Aufführungen als Protagonisten und Komparsen zugleich agieren müssen, blieben beim Frühstück lieber unter sich. In kleinen Gruppen oder alleine verspeisten sie verdrossen das Frühstücksei am Nachmittag, die Gesichter waren verknittert, die Haare ungekämmt. Noch von der Nacht schwer angeschlagen saßen zwei Freier aus Norddeutschland am Fenstertisch. Restalkoholisiert und unrasiert, mit Käppis über ihren schütteren Frisuren, blicken sie missmutig aneinander vorbei. Wolfgang, ein Versicherungsmakler aus Dortmund, und Ralf, Gymnasiallehrer aus Köln, waren dagegen gepflegte Enddreißiger und dem Augenschein nach keineswegs das, was man sich landläufig unter einem Sextouristen vorstellen mochte. Sie waren weitgereist; hatten keinerlei Schwierigkeiten mit Wortfindung und Artikulation und behandelten die Bedienung mit ausgesuchter Höflichkeit. So tadellos ihre Umgangsformen, so hoch ihre Ansprüche, und gerade deswegen waren sie als Dauergäste nicht mehr zufrieden mit dem Ambiente des Ortes. Die finanziellen Abstimmungen mit den Damen, die sich früher fast spielerisch als eine Form der Freizeitgestaltung vollzogen hatten, entarteten heute immer mehr zu einer Feilscherei, in deren Verlauf sich auch die letzten Illusionen exotischer Erotik verflüchtigen, so Ralf. Das Preis-Leistungsverhältnis, so Wolfgang, stimme nicht mehr, und er werde in Zukunft öfter mal nach Manila fahren. Ralf pflichtete ihm bei: es kämen immer weniger Touristen nach Pattaya und trotzdem stiegen die Preise, das sei doch *antizyklisch*. Sogar der Kaffee sei fast schon so teuer wie daheim.

Auch Prostituierte aller Altersklassen saßen an diesem Morgen beim Frühstück zusammen - müde, zerschlagen, ungeschminkt und alles andere als Akquise im Sinn. Aus ihrer Perspektive war das Geschäft in den letzten Jahren immer härter geworden, denn die Konkurrenz aus Chiang Mai und Bangkok strebt nach Pattaya, und immer mehr Kunden wollen für *special services* keine Aufschläge mehr berappen. Verbitterung und Härte lagen auf den Zügen der älteren Frauen, deren durchschnittliches Einkommen in der Zukunft nur noch sinken würde. Mit bitterem Ressentiment blickten sie auf die sechzehn- und siebzehnjährigen Konkurrentinnen an den Nebentischen, denen die Jugendlichkeit ihrer Körper so lange ein erkleckliches Einkommen garantieren wird, bis die ersten Falten den Abschied von der Jugend einläuten. Für die Mehrzahl der jungen Frauen, durchweg gutaussehende Mädchen mit perlweißen Zähnen, langen schwarzen Haaren und beachtlichen Englisch-Kenntnissen, stellten sich die Verhältnisse ganz anders dar. Insgeheim erhofften die meisten eine asiatische Variante „Pretty Woman" oder „Dornröschen und der Märchenprinz", die es hier öfter zu geben schien, als man dachte. Ampone stand in Briefkontakt mit einem Deutschen, einem Amerikaner und einem Engländer, dankbaren Kunden der letzten Jahre, die nichts voneinander wussten, aber regelmäßig Geld überweisen und bereit waren, die neunzehnjährige Kindfrau in ihre Heimatländer zu holen. Doch Ampone zögerte. Die Erfahrungen einer Freundin, die einem Pattaya-Gast nach Frankreich gefolgt war, gemahnten zur Vorsicht. Es gab nur Tränen, Streit und Einsamkeit, und nach einem halben Jahr hatte sich ihre Spur in der Halbwelt von Lyon verloren. Deswegen verfolgten viele Mädchen bescheidenere Ziele. Sie hofften nach einigen ertragreichen Jahren der Prostitution mit etwas

Geld in einem anderen Teil des Landes ein "normales" Leben beginnen zu können, was immer das heißen mochte. Leider gelingt das nur den wenigsten. Sei es die Gewalt der Zuhälter, seien es Drogen, Krankheiten oder Kriminalität - die meisten Frauen verbleiben im Milieu und werden ihrerseits zum Publikum für die nachwachsende junge Konkurrenz. Jedermann kannte diesen Gang der Dinge, aber niemand wollte diese Aussichten auf sich selbst anwenden. Warum auch? Das Geschäft lief, und noch war der überwiegende Teil der ausländischen Kundschaft einfach zu durchschauen, leicht zu erfreuen, zu lenken und abzukassieren. Dort, wo die eine oder andere junge Frau mit einem Freier das späte Frühstück verspeiste, fühlte man sich an Brecht erinnert: Frau Puntilla nippte am Tee und ihr Knecht Matti hatte die Dollars.

Sobald die Sonne hinter dem Horizont der zersiedelten Bucht ganz verschwunden war, eröffneten die Strandkrähen mit schrillem Dämmerungsgeschrei die Rush-hour von Pattaya. Die Tische vor den Biergärten wurden herausgestellt, und in den Homosexuellenlokalen begann die kontaktintensive Phase des Billardsspiels. Schlepper postierten sich auf den Straßen und verteilten bebilderte Broschüren ortsansässiger Massagesalons. Mädchen hinter Glas mit Nummern an den Schultern können in diesen Massagesalons 24 Stunden täglich besichtigt und gemietet werden. Vor dem *Bavaria- Haus,* in dem sich die deutschen Urlauber auf die Nacht mit Spanferkel und Sauerkraut vorbereiteten, nahmen junge Thais in Krachlederhosen Aufstellung und offerierten Speisekarten in deutscher Sprache. Feiner und zugeknöpfter ging es in der gegenüberliegenden "Bierkutsche" zu, hier konnte der Besucher bei dezenter Beleuchtung Sauerbraten ordern und aus angemessener Distanz hinter Glas das nächtliche Treiben beobachten. Erstaunlich viele Urlauber saßen alleine an den Tischen. Entweder wollten sie keine Gesellschaft, weil sie zu prompt und wohlfeil zu haben war, oder ihnen grauste vor einer sprachlosen Mahlzeit zu zweit. Trist und traurig sah es aus, wie der Homosexuelle mit seinem Boyfriend oder der alternde Single mit einem Barmädchen im "Cowboy Steak House" herumsaßen, fein herausgeputzt wie zu einem Fest, und sie hatten sich nichts zu sagen.

Nirgendwo ließ sich das "Gesetz vom abnehmenden Grenznutzen" so eindrucksvoll studieren, wie bei einem nächtlichen Rundgang durch die   Go-Go-Bars von Pattaya. "Die Größe ein und desselben Genusses nimmt, wenn wir mit der Bereitung des Genusses ununterbrochen fortfahren, fortwährend ab, bis zuletzt Sättigung eintritt." Ohne selbst jemals in Pattaya gewesen zu sein,   lieferte der deutsche Psychologe Hermann Heinrich Gossen vor fast anderthalb Jahrhunderten in seinem Hauptwerk mit dem vielsagenden Titel "Entwicklung der Gesetze des menschlichen Verkehrs" den Schlüssel zum Verständnis der nächtlichen Trübsal von rotem Dämmerschein und wohlfeiler Haut. Möglich, dass dem Neuling der erste Anblick d e r   n ä c h t l i c h e n   G l i t z e r w e l t   v o n   P a t t a y a a uf eine beunruhigende Weise   erregend erscheinen mochte, aber spätestens nach   dem   dritten Barbesuch war jeder Funke Erotik zum Teufel. In   rötlich-dunklen, völlig verspiegelten Sälen tanzten die Mädchen schichtweise, Stunde um Stunde, Tag und Nacht mit gelangweilten Mienen auf den Emporen, hundertfach abgetastet durch die Blicke der ausländischen Junggesellen, die sich allabendlich zu Füßen der blutjungen Tänzerinnen an kreisrunden Bartresen versammelten und   die Lage sondierten - rösig und aufgedreht-heiter die einen, ganz offensichtlich peinlich berührt und zugleich fasziniert die anderen. Mit der affektiven Neutralität eines Baumarktkunden baten die

Gäste einzelne Mädchen von der Tanzfläche herunter, spendierten den so genannten "Lady's Drink", und fragten nach Konditionen und Preisen. Die Kellner berieten und kassierten, während die jungen Mädchen mit so unbeteiligtem Mienenspiel dabeistanden, als ginge es um den Kauf einer Zugfahrkarte.

Flüchtete sich der Besucher vor dieser deprimierenden Wiederkehr des Gleichen in die großen Biergärten, geriet er unvermittelt in ein schwer durchschaubares Reich der Fiktion. Hier war nichts wirklich das, was es zu sein schien: Die Thai-Boxer, die sich in großen Boxringen oberhalb der langen Biertheken gegenseitig gegen Köpfe und Schultern traten, kämpften nur im Konjunktiv. Es wurde geklatscht und gestöhnt, doch alle Muskelkraft verpuffte in einer artistischen Leere. Die Touristen, die an den Tresen hockten, taten so, als würden sie den Thai-Boxern zuschauen, und die Mädchen, die die Getränke ausschenkten, gebärdeten sich, als könnten sie sich spontan in jeden westlichen Biertrinker verlieben. Die langen Thekenkarees waren auf Familien aufgeteilt, bei denen die Mütter den Ausschank überwachten und die Töchter munter zapften und bedienten - kokett und frivol eine jede, doch längst nicht jede stand auch zur Prostitution zur Verfügung, eine Tatsache, die manch ein Tourist erst bemerkte, wenn er an eben der Theke eine gehörige Rechnung hatte auflaufen lassen. Was hier abging, war routiniertes Geschäft, und je deutlicher ein Urlauber sich seine Begierde anmerken ließ, desto stärker würde er trinken und löhnen müssen.

Diese Begierde stand am Anfang der Erfolgsgeschichte Pattayas, und ihre Monomanie ist es, die den Ort in die Sackgasse geführt hat. Die verlockenden Nachrichten von willigen Thai-Mädchen, die für kleines Geld auch den Busfahrer, Tankwart oder Schulmeister in einen Märchenprinzen unter Palmen verwandeln, hatten der Expansion des ehemaligen Fischerdorfes seit der Mitte der Achtziger Jahre eine gewaltige Schubkraft verliehen. Längst ging die Zahl der Übernachtungen jährlich in die Millionen, wenngleich die Pro-Kopf-Ausgaben des durchschnittlichen Pattaya-Touristen zu sinken schienen. Waren es früher überwiegend zahlungskräftige Kurzzeiturlauber, die die Korken knallen ließen, kommen nun immer mehr Auswanderer mit bescheidenem Budget nach Pattaya. Auch die Ostasiaten und Inder, die mittlerweile in großer Zahl Pattaya besuchen, sind nicht gerade als besonders freigiebig bekannt. Außerdem litt der Ort immer stärker unter der Abwerbekraft der inländischen Konkurrenz, denn in Phuket, Krabi und Kosamui waren die jungen Prostituierten nicht weniger willig, die Preise aber moderater und die Sonnenuntergänge beeindruckender als in Pattaya.

Die Tourismusverantwortlichen der Stadt wollten diese Erklärungen nicht gelten lassen. Sie machten die negative Berichterstattung der ausländischen Presse für den touristischen Niedergang Pattayas verantwortlich. Jeder Unfall, jede Schlägerei oder Todesfall müsse dafür herhalten, immer die gleichen Vorurteile wiederzukäuen. Auch die alten Geschichten von einer deutschen Mafia und dem sogenannten "Herzunfall von Pattaya" (ein Euphemismus für den Rauschgifttod) würden maßlos übertrieben. Im Tourismusbüro von Pattaya lagen inländische Zeitungen aus, die in großer Aufmachung über die Zerschlagung zahlreicher Mädchenhandler-Banden zwischen Bangkok und Pattaya berichteten. Doch diese Erfolge blieben im Ausland nahezu unbeachtet. In Wahrheit sei Pattaya längst dabei, eine *clean City* zu werden, versicherten die Verantwortlichen, ein verlockendes Ziel für neue Nachfragegruppen, und die ersten Schritte auf dem Weg zu diesem Ziel seien bereits mit Erfolg gemeistert worden.

Tatsächlich konnte die Tourismus-Behörde seit einigen Jahren auf nachhaltige Anstrengungen verweisen. Eine spezielle Touristenpolizei kümmerte sich neuerdings um nichts anderes als die Belange und Beschwerden der ausländischen Gäste. Mit beachtlichem Kapitaleinsatz wurden neue touristische Sehenswürdigkeiten etabliert: So können Besucher, die ihren Urlaub nur in Pattaya verleben, im Freizeitpark *Little Siam d i e u n t e r s c h i e d l i c h e n* Attraktionen Thailands im Miniaturformat betrachten. Es gibt einen *Rock Garden,* eine *Crocodile Farm, e i n e Alcazar-Transvestiten-Show,* und auch auf Elefanten kann man außerhalb der Stadt ein wenig reiten. Internationale Tennisprofis schwingen alljährlich ihr Racket bei den *Pattaya Open,* und beim alljährlichen Pattaya-Marathon wird auf Kosten der Stadt Läuferprominenz aus allen Erdteilen eingeflogen, um für eine fette Siegprämie zur Erbauung der Urlaubsgäste mit interessierten Sextouristen um die Wette zu rennen.

Allerdings erbrachten die Anstrengungen auch unerwünschte Effekte. All die **Ayutthaya- und Sukhothai- Attrappen, die es vor Ort zu sehen gibt,** die müden Krokodile, und die Elefanten, die Touristengruppen durch flaches und uninteressantes Gelände tragen, wecken bei der anspruchsvollen Kundschaft eher Unbehagen - und die kontraproduktive Lust auf einen Besuch der wirklich exotischen Ecken des Landes. Außerdem hat sich im Zuge der touristischen Diversifizierung der Anteil der inländischen Gäste Pattayas erhöht, was an sich erfreulich wäre, wenn nicht der durchschnittliche Thai-Urlauber weniger als die Hälfte des durchschnittlichen Fernreisenden ausgeben würde.

Der gediegene Fernurlauber mit Familie aber will einfach nicht in den Massen kommen, die man sich erhofft –

und das nicht ohne eine gewisse Berechtigung. Denn trotz aller Mühen seiner tüchtigen Touristikverwaltung bleibt der Ort als ein früh geborenes und wildgewachsenes Kind des Fernreisetourismus seiner berühmt-berüchtigten Gestalt verhängnisvoll verbunden. Denn um eine bittere Wahrheit kommen auch die größten Optimisten nicht herum: Die Stadt gänzlich von der Prostitution zu säubern, wäre ihr Ruin, denn Tauchen, Elefantenreiten, Tempelattraktionen, Strände und Märkte gibt es in Thailand an anderen Orten in weit eindrucksvollerer Weise als in Pattaya zu sehen. Sanguiniker fahren woanders hin.

Somphon Saekhow und sein Musterschüler

Alles dreht sich um die Kokosnuss

Ein Besuch in der Affenschule
von Surathani

Es war in meiner Studienzeit, als ich, auf einer grünen Wiese liegend, in Hannah Arendts Buch von der "Vita activa" die triste Kunde las, der Mensch würde im fortschreitenden Prozess der Moderne immer mehr zum „animal laborans", zum Arbeitstier, das sich von der Schulzeit bis zum Alter mit schier endlosen Leistungsanforderungen herumzuschlagen hätte. Wie schön musste demgegenüber das Leben der Affen erscheinen, denn wussten diese unsere nächsten Vettern nicht alles Relevante, ohne zu lernen, ernteten sie nicht fast wie die Vögel, ohne zu sähen, und vor allem: gelang ihnen nicht fast immer in der Brunstzeit die Paarung, ganz ohne jemals eine Partnerschaftsberatung durchlaufen zu haben? Faulheit und Weisheit vermengt der Affe im indischen Märchen zu einer reizvollen Gestalt, wenn er auf den Tempeldächern sitzend über die Hektik der Menschen lacht.

Aber auch diese paradiesischen Zustände, denen ich unseren nächsten Verwandten aus dem Tierreich gerne gönnen wollte, gehen zuende - jedenfalls wenn das Beispiel von Mr. Somphon Saekhow Schule macht, der in Südthai-

73

land eine Schule für Affen betreibt. Freundlich lächelt der 1938 geborene Lehrer der Tiere bei der Begrüßung all der neugierigen Gäste, die es aus der ganzen Welt in sein merkwürdiges Klassenzimmer zieht, und gerne führt er die Besucherscharen durch das schöne palmengesäumte Schulungsgelände. Unverwandt fühlt man sich an Humboldtsche Bildungsideale erinnert, und fragt sich, warum nicht an diesem idyllischen Ort, nach einer leicht zu verändernden Maxime des großen preußischen Schulreformers die „gedeihlichste und proportionierlichste Ausbildung aller Anlagen des Affengeschlechtes" angestrebt werden könnte. Doch Mr. Saekhow hält es eher mit Makarenko statt mit Humboldt. Ihm geht es nicht um Affenbildung sondern um Berufsausbildung und krisensichere Arbeitsplätze.

Dazu muss man wissen, dass es in Thailand nicht nur alljährlich Millionen Touristen sondern in ebensolcher Regelmäßigkeit Millionen Kokosnusspalmen abzuernten gilt, und was liegt näher, als die intelligenten Schweinsmakaken, die sonst nur unnütz durch die Busche turnen, an der Erschließung dieser Reichtümer zu beteiligen? Zwar besteht noch keine Schulpflicht, doch nach Auskunft von Mr. Saekhow bringen immer mehr Affenbesitzer ihre begabtesten Tiere, die allerdings bei der Einschulung nicht älter als drei Jahre sein sollen, zur Ausbildung ins Affencamp. Können unsere Grundschulkinder von der täglichen Unterrichtszeit von einer Stunde nur träumen, so mutet das Curriculum in der Affenschule doch reichlich öde an: Es dreht sich alles um die Kokosnuss. Sie ist Medium, Unterrichtsgegenstand und Lernziel zugleich. Nur über die Kokosnuss sind für die kleinen Schweinsäffchen Belohnungen jeder Art zu erreichen, und ohne jemals etwas von Thorndikes Effektgesetz gelesen zu haben, praktiziert Mr. Saekhow dieses Grundgesetz allen Verhaltens mit jener benei-

74

denswerten Konsequenz, die wohl nur außerhalb der menschlichen Gattung möglich ist.

Als wir die Station betreten, setzt sich Mr. Saekhow gerade mit einem frisch eingeschulten winzigen Äffchen auseinander, das keinerlei Neigung zeigt, aus dem Reich der natürlichen Freiheit in das Gefängnis der schulischen Notwendigkeit überzutreten. Doch das Tier kann kratzen und kreischen, wie es will, im Handumdrehen sieht es sich rücklings mit einem Halsring am Gürtel des Lehrers befestigt und mit einer Koksnuss in einer Drehtrommel konfrontiert. An dieser Kokosnuss in der Trommel hat der kleine Affe, mit seinen Ärmchen vom Meister streng geführt, nunmehr immerfort zu drehen, wobei unklar bleibt, ob es die jämmerlichen Grimassen dabei deswegen schneidet, weil es sich gegen den Zwang empört oder im Unterricht einfach langweilt. Allerdings gibt es für die kleinen Äffchen am Ende der Unterrichtsstunde zur Belohnung immer etwas Leckeres zu futtern, während unsere Erstklässler ihre Verstärker als langweilige Grundschullehrergutachten oft erst nach einigen Monaten erhalten.

Ist nach ein bis zwei Wochen dem kleinen Affen das Drehen an der Kokosnuss mit Händen und Füßen in Fleisch und Blut übergegangen, beginnt die zweite Phase des Lernprozesses. Der Affe muss nämlich nun nicht nur in der Kokosnuss in der Schulungstrommel, sondern *in jeder beliebigen Kokosnuss* die Botschaft erkennen: „Bitte dreh mich!", d. h. er muss einen regelrechten Transfer und damit jene fragile kognitive Leistungsform erbringen, deren regelmäßiges Ausbleiben auf allen Etagen unseres Schulbetriebes die menschlichen Lehrplankonstrukteure schier zur Verzweiflung treibt. Ob es nun an der hohen Intelligenz südthailändischer Makaken oder an Mr. Saekhows pädagogischem Genie liegt- insgesamt bleiben doch immer nur wenige zurück, die in der Transferphase scheitern und ihren Besitzern als zu dumm zum Kokosnusspflücken zurückgegeben werden müssen.

Bei der Gestaltung der nächsten Lehreinheit, gewissermaßen in der dritten Jahrgangsstufe, achtet Mr. Saekhow auf einen starken Praxisbezug. Durch eine dünne Kette mit dem Lehrer verbunden wirken die Affen nun erstmals an jenem Ort, der ihnen in Zukunft zum lebenslangen Arbeitsplatz werden soll: in der Palmenkrone. Normalerweise kugeln nun die abgedrehten Kokosnüsse in kurzen Intervallen dutzendfach aus den Kronen, doch gibt es auch hin und wieder Unglücksfalle, gewissermaßen „Dramen der hochbegabten Affen", die es in ihrem Enthusiasmus dem Lehrer besonders recht machen wollen und so lange in der Palmenkrone mit allen Vieren an der Kokosnuss drehen, bis sie mitsamt der Frucht ganz unplanmäßig in die Tiefe stürzen.

Doch auch die Zahl solcher Affen, die nicht zu dumm, sondern zu übereifrig zum Kokosnusspflücken sind, hält sich in Grenzen, und so beginnt nach einem mehrwöchigen Palmentraining der Abschlusslehrgang, in dem die Affen das Sammeln und Anbeißen der herabgefallenen Nüsse lernen müssen. Immerhin kullern die herabfallenden Nüsse mitunter ganz schön weit im Gelände umher, kommen erst in hohem Gras zum Liegen oder fallen gar in den Teich, der Mr. Saekhows Affenschule ziert. Der Ling Kang Schweinsmakake in seiner Erscheinungsform als fast fertig ausgebildeter Azubi muss diese Kokosnüsse also suchen und finden, muss frisch herabgefallene von verfaulten Nüssen unterscheiden, und hin und wieder sogar Kokosnüsse aus dem Wasser holen. Seine Gesellenprüfung hat er schließlich bestanden, wenn es ihm nach an diesen schweißreibenden Aktivitäten gelingt, die gefundenen und gesammelten Nüsse so anzubeißen, das sie, an ihren Rinderfasern befestigt, an langen Stangen abtransportiert werden können.

Wahrlich unüberschaubar sind die erzieherischen Fragen, die im Zusammenhang mit diesen komplizierten Abläufen zu beantworten sind. Brauchen die Affen eine Schwimmausbildung? Muss man den Umstand, dass sich immer auch einige verfaulte alte Nüsse im Stapel der frischen Kokosnüsse finden, als Bosheit oder Dummheit werten? Warum können auch die intelligentesten Schweinsaffen keine Nüsse per Rindenknoten selbst an der Tragestange befestigen, wo sie doch bei unserem Besuch in der Lage waren, einer melancholischen Besucherin aus Köln-Porz zu ihrer heftigen Erheiterung die Schnürsenkel zu lösen.

Auf all diese Fragen erfahrt man von Mr. Saekhow keine Antwort, wahrscheinlich noch nicht einmal, weil er keine wüsste, sondern weil dieser Primaten-Pädagoge, der seine Affen so Vieles lehren kann, selbst leider keine Zeit gefunden hat, eine Fremdsprache zu lernen. M. Saekhows hübsche Tochter überreicht uns jedoch ein zweisprachiges Merkblatt, dem zu entnehmen ist, welch ungeheuer produktive Potenz, (Monkey-Power) im Makaken steckt, soll doch ein von Mr. Saekhow ausgebildeter Affe in der Lage sein, täglich zwischen 700 bis 1.000 Kokosnüsse zu pflücken, eine Leistung, die atemberaubende Perspektiven eröffnet. Geht man etwa von einen Mittelwert von 800 Kokosnüssen pro Tag bei einen Durchschnittsaffen aus, gesteht man ihm, gewissermaßen als Humanisierung der Affenwelt, eine Fünf-Tage-Woche zu, dann ergibt sich im-

77

merhin eine Wochenleistung von 4.000 Nüssen. Da der Makake aber nicht das ganze Jahr pflücken kann, sondern wie alle hauptberuflich in der Landwirtschaft Beschäftigten ein Saisonarbeiter ist, lassen wir ihn nur fünf Monate pflücken, womit sich für den einzelnen Vollzeitaffen eine Jahresleistung von ca. 80.000 Nüssen ergibt. Multipliziert man diese Jahresleistung mit der durchschnittlichen Lebensarbeitszeit eines Makaken, die nach der Auskunft der Saekhows immerhin 15 Jahre beträgt, bringt es ein einziger, von Mr. Saekhow geschulter, intelligenter, nicht zu übereifriger und nicht allzu krankheitsanfälliger Arbeitsaffe auf eine Lebensleistung von etwa einer guten Million Kokosnüsse - und das ohne Gewerkschaften, Mindestlohn oder Urlaubsanspruche. Braucht einem also unter diesen Umständen um den Kokosnussstandort Thailand nicht bange zu sein, so bieten sich auch für das Problem der Altersversorgung reichlich originelle Lösungswege an: jenseits der Grenze in Malaysia kann man den einen oder anderen Rentneraffen an die Chinesen verkaufen, bei denen er zum Abschluss seines arbeitsreichen Lebens in ein leckeres Menü als Hauptspeise oder Beilage eingeht.

Fachkraft im Einsatz

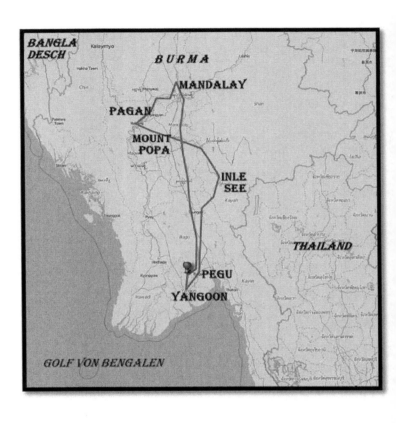

BURMA

Kyaik-Kun Pagode bei Pegu

Einleitung

Das Jahr 1989 war eine Epochenwende – überall in der Welt brach der Kommunismus zusammen, die Menschen erhoben sich und errangen ihre Freiheit. Da wollten auch die burmesischen Generäle nicht zurückstehen und ihrem Volk etwas schenken. Nicht gerade die Freiheit, aber einfach neue Namen. Mit einem Federstrich wurde die eingeübte englische Nomenklatur für Landschaften, Städte und Flüsse einfach beseitigt. Aus Rangun, der wüsten Perle der Andamanensee, wurde Yangon, Pagan, die Stadt der hunderttausend Pagoden, verwandelte sich in Bagan, Pegu, die Metropole der Mon, wurde zu Bago und der gute alte Irrawaddy-Fluss durfte nun nur noch Ayeyarwady heißen. Die meisten dieser Namen haben sich nicht durchgesetzt, nicht zuletzt, weil viele internationale Publikationen und Organisationen aus Missbilligung gegenüber dem Militärregime einfach bei den alten Namen blieben. Die Vereinten Nationen, deren Mitgliedsstaaten ganz überwiegend Diktaturen sind, focht das nicht an. Sie übernahmen nur wenige Tage nach der Verkündigung der Änderung den neuen Namen Myanmar, was aber eigentlich gar kein neuer Name ist, denn „Burma" und „Myanmar" (gesprochen „Murma" mit flachem, kaum hörbaren „a" und stumpfem „u") bezeichnen das gleiche: eben das Mehrheitsvolk der Burmesen. Aus diesem Grund hat sich die Friedensnobelpreisträgerin Aung San Kyi gegen den neuen Landesnamen ausgesprochen. Deswegen werden auch in diesem Buch die alten Namen beibehalten: also Burma statt Myanmar, Rangun statt Rangun, Pagan, statt Bagan, und vor allem Irrawadyy statt Ayeyarwady.

Burma ist mit gut 676.000 qkm etwas größer als Spanien und Portugal zusammen. Bewohnt wird es von etwa 53 Millionen Menschen, von denen nur gut zwei Drittel eigentliche Burmesen sind. Burma ist also ein Vielvölkerstaat mit großen Minderheiten; etwa den mit den Thais verwandten Shan, die die Region um den Inle See bewohnen, den christlichen Karen und den Mon, den Nachkommen der mit Abstand ältesten Kultur auf burmesischen Boden. Auch kleine thailändische, indische und chinesische Bevölkerungsgruppen siedeln in den Peripherien des Landes. Mit Ausnahme der Karen und muslimischer Minderheiten an der Grenze zu Bangla Desh bekennen sich nahezu alle Bewohner Burmas zum Buddhismus, und zwar der Theraveda-Variante des „kleinen Fahrzeugs", wie sie in Sri Lanka entwickelt wurde. Große Ströme durchfließen das Land in Nord-Südrichtung, von denen der Irrawaddy und der Salween die bedeutendsten sind. Die Topologie des Landes zeigt ein leicht amphitheatralisches Bild, das heißt die Landschaft fällt von den Bergen in der Grenzregion zu China etappenweise ab bis zum Tiefland des Irrawaddy-Deltas, das eines der größten Reisanbaugebiete Asiens bewässert.

Soweit die nüchternen demografischen und geografischen Fakten. Sobald wir aber zu den Menschen und ihrer Kultur kommen, wird es magisch. Nicht nur in Bezug auf Geister und Götter sondern auch im Hinblick auf die Alltagswelt. Jeder, der etwas abseits von den inzwischen gut ausgebauten Touristenpfaden durch Burma reist, wird bald empfinden, dass etwas anders ist mit diesem Volk als mit anderen Völkern. Ich hatte das Glück, in den frühen Neunziger Jahren, bald nach der Öffnung des Landes für den Individualtourismus, Burma zum ersten Mal auf eigene Faust zu bereisen und traf auf eine Land wie aus dem Märchenbuch, mit blühenden Reisfeldern, Palmenstränden und gewaltigen

Pagoden, mit gastfreundlichen Menschen und einer der faszinierendsten Kulturen Asiens. Fast allein durchreiste ich an der Seite von Bauern und Mönchen das Land, wurde in den Klöstern zerstochen, aß an den Garküchen und saß auf den Emporen der großen Tempel von Pagan. Der Irrawaddy floss dem Golf von Bengalen entgegen wie seit dem Anbeginn der geschichtlichen Zeiten, und es war, als stünde die Zeit still. Nirgendwo in Asien habe ich mich auf Reisen jemals wieder so aufgehoben gefühlt, aufgehoben in der Schönheit der Landschaft, der Gastfreundschaft der Menschen und der Weisheit ihre Kultur. Sogar in Rangun, der „traurigen Stadt" war etwas anders als in den anderen Metropolen Asiens: ein Anhauch von Gläubigkeit und Dorf und eine noch ausgeprägtere Friedfertigkeit und Gastfreundschaft, als man sie ohnehin schon in Asien findet. Der Weg nach Mandalay führt den Reisenden in die Herzkammer der buddhistischen Kultur – aber auch in die Verzauberung zurück, die dieses Land auf Europäer wie Kipling, Orwell und viele andere ausgeübt hat. Einen ganz anderen Zugang zu Burma bot ein Besuch von Pagan, „der Stadt der hunderttausend Pagoden". Hier wurde das imperiale, auch das gewalttätige Burma sichtbar, die Hauptstadt eines Großreiches, das für einige Jahrhunderte in Konkurrenz zu den Khmer ganz Indochina beherrschte. Aber dann wird es schon wieder idyllisch. Das Kapitel „Der Pilger büßt im Dormitorium" beschreibt einen Besuch in der Welt der Nats, der burmesischen Geister im Kloster Mount Popa. Ab von der Welt, um sich selbst kreisend bot sich mir Yaungshwe am Inle See dar und die in ihrer Abgehobenheit fast schon wieder künstlich wirkende Lebenswelt der Shan im burmesisch-thailändischen Grenzgebiet.

Dass ich in Burma gewesen in, ist nun schon einige Jahre her und immer wieder hat es mich gelockt, noch einmal zurückzukehren. Alles ist nun viel einfacher geworden. Wo man früher in Pickups über Lehmpisten reisen musste, existieren nun Buslinien und ausgebaute Straßen. Aber wie ich höre, ist auch viel von dem Zauber, den das Burma zum Zeitpunkt seiner touristischen Öffnung noch besaß, mit seiner Erschließung verlorengegangen. Deswegen bin ich nicht mehr nach Burma zurückgekehrt, denn die Erinnerung an Burma begleitet mich wie ein kostbarer Schatz, den ich behalten möchte.

Beinruderer am Inle-See

Kleiner Novize freut sich auf das Nirwana

Schwedagon Pagode kurz vor einem Monsungewitter

Im Schatten der großen Pagode

Die traurige Stadt Rangun

Bevor sich die dunkle Wolkendecke über der Stadt endgültig schließt, ist es am schlimmsten: Die Luftfeuchtigkeit hat die Neunzigprozentmarke überschritten, und der ganze Körper fühlt sich nass an. Jede Bewegung wird zur Energieleistung. Atmen und Gehen fallen schwer, und der Wunsch zu trinken beherrscht das Denken. Dann fallen, begleitet von einem kühlen Wind, der wie eine Gnade Buddhas durch die Straßen weht, die ersten dicken Tropfen auf die Pflastersteine, eine fast zögerlich wirkende Ouvertüre, der aber in Minutenschnelle das Crescendo folgt: Erst verwandelt sich der sachte Regen in ein Stakkato, dann in einen Sturzbach, und schließlich öffnen sich alle Schleusen des Himmels zu einer Woge, unter der die Stadt zu ertrinken droht. Inzwischen ist das Tageslicht aus den Gassen verschwunden, die Menschen räumen die Straßen, die Fahrradrikschas unterbrechen ihren Betrieb, und die Verkäufer bringen ihre Waren in den Hauseingängen in Sicherheit. In einem furiosen Finale saugt das milliardenfache Regengeprassel alle Geräusche der Großstadt in sich auf, die Gespräche verstummen, und die Menschen warten auf das Ende der täglichen Sintflut.

Wenn der Regen dann so plötzlich, wie er kam, verebbt, dampfen die Straßen Ranguns wie Dschungelpfade. Dunstwolken lösen sich von den notdürftig überdachten Marktständen, steigen neblig aus den meterbreiten Pfützen empor und vermischen sich mit dem Rauch der Garküchen in der Anawratha-Street. Gurgelnd verläuft sich das Wasser in tiefer liegende Gassen, Keller und Straßenschrägen. Zerfetzte Wolkenfragmente überwölben die Stadt, wieder einmal ausgeregnet für wenige Stunden, bis die Hitze wiederkehren und sich der Kreislauf wiederholen wird.

Der beste Platz, um ein Monsungewitter in Rangun zu erleben, ist die Schwedagon-Pagode. So wie der Anblick der goldenen Kuppel bei klarem Himmel gleißend in die Augen sticht, so reflektieren ihre zahllosen großen und kleinen Htis die düstere Bedrohlichkeit der Wolkenwände in einem versöhnlichen Spiegel. Konkave südindische Tempeltürme, balinesische Merus, drei- und fünfstufige Newari-Türme, runde Dagobaformen und spitze thailändische Chedis bilden in ihrer Gesamtheit eine Art Freilichtmuseum der asiatischen Architektur, an dem man sich gar nicht satt sehen sahen kann.

Die große Schwedagon-Pagode, die wie ein spiritueller Wegweiser von nahezu jedem Punkt Ranguns aus zu sehen ist, beherbergt einen der bedeutendsten Schätze des burmesischen Buddhismus: acht Haare des Erleuchteten. Von ihm selbst in Bodh Gaya frommen Reisenden für einen Honigkuchen geschenkt, sollen sie nach der Überlieferung auf verschlungenen Wegen nach Burma gelangt und dort ihren Platz in der ersten, zunächst noch bescheidenen Pagode am Ort der heutigen Schwedagon gefunden haben. Von welchem Kopf die Haare in der großen Pagode auch immer stammen mögen, im geschichtlichen Kern reflektiert diese

Legende die Missionierung Burmas durch den Buddhismus, die neue Weltreligion, die zuerst die kulturell hochentwickelten Mon-Stämme im Irrawaddy-Delta und von da aus ganz Burma ergriff. Wie überall, wo der Buddhismus in Süd- und Ostasien Fuß fasste, entstanden in den Zentren der Städte und an den Rändern der Reisfelder die halbmond-, reishaufen-, glocken- oder tropfenförmigen Heiligtümer aus Marmor, Silber und Gold.

Zu Füßen der zunächst wohl nur recht kleinen Schwedagon-Pagode erwuchsen die Städte Okkalapa, Dagon und Syme, und gleich welcher Herrscher in den endlosen Kriegen zwischen den Mon und den aus dem Norden zugewanderten Burmesen gerade die Oberhand behielt, er setzte allen Ehrgeiz darein, das heilige Monument noch kostbarer zu gestalten. Gerne ließen sich die Könige als Buße für ihre weltlichen Verfehlungen mehrfach in Gold aufwiegen, um mit dieser Edelmetallmenge die Schwedagon zu verschönern. Auch die Ummantelung wurde mehrfach vergrößert, schon im 15. Jahrhundert war die Pagode auf eine Gesamthöhe von neunzig Metern angewachsen, bis sie im 19. Jahrhundert ihre heutigen imposanten Maße erreichte: Auf einer etwa fünfzig Meter hohen breiten Basis erhebt sich der eigentliche 116 Meter hohe Tempelkomplex mit seiner goldenen tropfenförmigen Kuppel wie ein überdimensionales Schatzhaus mit Abertausenden von Goldplatten, Rubinen und Diamanten und einem der größten Smaragde der Erde auf seiner Spitze, der immer dann dem Besucher einen Glückstag verheißt, wenn sich die Strahlen der Morgensonne in ihm verdoppeln.

Durchdrang der Buddhismus im Laufe der burmesischen Geschichte alle Bereiche des täglichen Lebens, so haben sich dennoch die Mythen und Geister der alten Volksreligion bis in die Tempelhöfe behauptet. Okkultismus und Hochreligion scheinen an diesem toleranten Ort des Hoffens ebenso nahtlos zueinander zu passen wie das dunkle Timbre unablässiger Gebete aus den Tempelhallen zu dem tausendfachen Klingeln der zahllosen Glöckchen, die der Wind zu Ehren des Buddha bewegt. Opferrauch umschwebt die Statue des Geisterkönigs Sakka, und vor der kleinen Pagode der acht Wochentage betet der am Montag - im Zeichen des Tigers - Geborene darum, dass er eine am Freitag - im Zeichen des Meerschweinchens - Entbundene zur Gattin erhalten wird. Die mit weißer Tanaka-Creme eingeschmierten Mütter tragen ihre kahlgeschorenen Babys barfuß um die große Kuppel. Und vor der Wunscherfüllungspagode hat sich eine ganze Schlange opferbereiter Gläubiger gebildet, die eine Glocke betätigen, wenn sie ihre Gaben niedergelegt haben, damit die wohlwollenden Geister die gute Tat auch zur Kenntnis nehmen.

An Gelegenheiten zu Opfern und Gebeten besteht auch in anderen Stadtteilen Ranguns kein Mangel. Im Kloster Kyauk Htat Gyii werfen sich die Gläubigen bäuchlings vor der größten Buddha-Skulptur des Landes nieder, einer gut siebzig Meter langen Darstellung des liegenden Buddha unmittelbar vor seinem Eingang ins Nirwana. Während die Vögel in seinen Ohren und Nasenlöchern nisten, blickt der Erleuchtende wie nachdenklich über die Schar seiner Verehrer hinweg, als wundere er sich darüber, mit welch vielfältigen und volkstümlichen Zutaten sich sein Kult in Asien verbunden hat. Und tatsächlich verschwinden manche Gläubige gleich nach dem Gebet in der Kyauk-Htat-Gyii-Pagode zum tempeleigenen Handleser, um sich die Erfüllung ihrer Wünsche bestätigen zu lassen. Ist der Buddhismus in Burma älter als die Anwesenheit der Burmesen selbst, so ist die Stadt Rangun ähnlich wie Bangkok in Thailand ein spätes Kind der Geschichte. Jahrhundertelang stand die Entwicklung der Völker am Irrawaddy im Zeichen kriegerischer Auseinandersetzungen zwischen Burmesen und den südlichen Mon, bis der burmesische König Alaungpaya im 18. Jahrhundert den endgültigen Sieg über die Mon erringen konnte. Die ohnehin schon dezimierten Reste dieses begabten, eng mit den Khmer verwandten Volkes flohen nach Thailand und Kambodscha oder vermischten sich mit den Siegern. Zum Gedenken an seinen Triumph gründete der König im Jahre 1755 eine neue Stadt mit dem reichlich optimistischen Namen Yangon, was nicht mehr und nicht weniger als "Ende des Streites" bedeutet und aus dem sich über die englischsprachige Verballhornung das geläufigere Rangun entwickelte.

Doch erst mit der Ankunft der „Beefsteakmänner", wie die Engländer früher in Burma genannt wurden, begann der Aufstieg Ranguns zur "Perle des Ostens". Grenzstreitigkeiten in Bengalen hatten die Könige Burmas in einen übereilten Konflikt mit den Europäern geführt, in dessen Verlauf die Unabhängigkeit des Landes in mehreren anglo-burmesischen Kriegen etappenweise verlorenging. Das in den Jahren 1824 und 1841 völlig niedergebrannte Rangun wurde nach den Anweisungen der Sieger im schachbrettartigen Kolonialstil wiedererrichtet. Neben Madras und Kalkutta, Penang, Malakka und Singapur wurde Rangun einer der wichtigsten Verwaltungszentralen des Britischen Empires in Asien. Nie vorher und auch nicht nachher hat Burma seine Schleusen derart geöffnet - öffnen müssen - wie unter der britischen Herrschaft. Alle Zuwanderer erreichten das Land über den Hafen von Rangun, der schnell zu einem der wichtigsten Stapelplätze Asiens wuchs. Durch den Opium-, Tee- und Seidenhandel kamen Chinesen aus Kunming und Kanton, malaiische Schiffe brachten Gewürze, Kopra und

Kaffee aus der indonesischen Inselwelt, und mehr als eine Million Inder immigrierten als Soldaten, Beamte, Händler oder Tagelöhner aus dem benachbarten Bengalen in die fruchtbaren Tiefebenen des Landes – kein Wunder, dass Burma lange Zeit als „Hinterindien" überhaupt nicht zu Indochina gezählt wurde.

Dem pluralistischen Erbe dieser kosmopolitischen Geschichte begegnet man am ehesten im Umkreis der Sule-Pagode und der Maha Bandoola Street: indische, chinesische, malaiische und burmesische Märkte - alles geht genauso ineinander über wie die Düfte, Speisen und Idiome aus den großen asiatischen Zentren. Indischer Tschai, chinesische Ente, Sate Ayam und Plastikimport aus Thailand, japanische Elektronik aus dem Schmugglermilieu, Gemüse, Gewürze und Grundnahrungsmittel aller Art werden in einem kunterbunten Mix auf den Bürgersteigen feilgeboten. Doch diese verlockende Schwarzmarktfülle entfaltet sich in einem traurigen Kontext von Armut und Verfall. Wie in Hanoi oder Havanna sind die Balkone durch gewagte Holzkonstruktionen abgestützt, der Fassadenputz bröckelt auch im Zentrum von den bunten Häuserwänden, und wer nicht achtgibt, riskiert, in eines der metergroßen und ungeschützten Kanalisationslöcher am Straßenrand zu fallen. Entstehen an den Stadträndern auch die großen Hotelburgen für das erhoffte Tourismusgeschäft - in der Innenstadt wird nicht mehr renoviert: Wenn die Klingel versagt, hängt man Schnüre und Glöckchen aus den Fenstern, sind die Scheiben zerstört, muss die Pappe vor dem Monsunregen schützen, und wenn die Toiletten nicht mehr funktionieren, wird von Hand entsorgt.

Auch das Strand-Hotel am Rangun River hat seine besten Zeiten hinter sich. Muffiger Geruch entströmt den Löchern in den alten Polstermöbeln, von denen man fast unbesehen glauben möchte, sie hätten noch Kipling, Burgess oder George Orwell zur Entspannung gedient. Spanische Wände stehen funktionslos in der Eingangshalle, alte Schreibtische und klapprige Rechenmaschinen mit Schwungrädern wurden in einem geradezu postmodern anmutenden Design unter kitschigen Ölgemälden platziert. Ungeputzt sind die Fenster, fleckig die Decke, und trübsinniger, als es sonst die Art der Burmesen ist, steht die Belegschaft zusammen und beratschlagt Sinn und Unsinn der gerade beginnenden Umbauten. Abends, wenn sich das dritte oder vierte Monsungewitter über Rangun entlädt, werden die großen Deckenventilatoren angestellt, und im Restaurant des Strand-Hotels treffen sich die wenigen Touristen, die das Land in dieser Jahreszeit bereisen: Engländer, Japaner, Deutsche und Amerikaner. Unterhalten durch eine reichlich verzerrte Musikberieselung, ordern sie ihr Filet-Steak zum Schwarzmarktkurs, trinken chinesisches Bier und lästern über schmutzige Tischdecken, defekte Toiletten oder die Sandalen des Hotelpersonals. So habe ich es erlebt, doch nach Auskunft von Reisenden, die nach mir das Strandhotel besuchten, haben sich Hotelausstattung und –ambiente inzwischen stark verbessert.

Erlesen im wortwörtlichen Sinne ist das Publikum, das im Umkreis des Royal Lake seine Freizeit verbringt. Das als königliche Barke gestaltete Luxusrestaurant Karaweik ragt als architektonischer Edelkitsch mit seinem Bug in den See hinein, und an den Tischen sitzen die Angehörigen der herrschenden Militärclique und die Schwarzhändler einträchtig bei Bier und Cola zusammen. Da sich die normalverdienenden Burmesen einen Besuch dieses Etablissements nicht leisten können, wurde ihnen wenigstens gestattet, für einen kleinen Eintritt das Karaweik-Schiff zu betreten, um einen

Blick auf die Schönheiten des Sees und das gute Leben ihrer Halbwelt zu werfen.

Nach der Statue des Nationalhelden Aung San, des Vaters der Friedensnobelpreisträgerin Aung San Suu Kyi, aber muss man lange suchen. Auch wenn das Bild des Staatsgründers in jeder Beamtenstube hängt, ist der nach ihm benannte Park im Norden des Royal Lake wenig spektakulär. In ungelenker Haltung steht das steinerne Abbild Aung Sans auf einem Sockel, und in eben der gleichen Vieldeutigkeit, die seinen politischen Werdegang kennzeichnet, streckt er die rechte Hand dem Besucher entgegen. Heute vergisst man gerne, dass Aung San seine Laufbahn im Jahre 1941 an der Seite der japanischen Invasionsarmee in Burma begann - als eine Art verführter Kollaborateur, der die britische Kolonialherrschaft durch japanische Unterstützung beseitigen wollte. In dieser Position brachte er immerhin das Kunststück fertig, noch im März 1945 mit seinen Unabhängigkeitskämpfern die Fronten zu wechseln, den verbündeten Japanern in den Rücken zu fallen, um dann bei der Wiedereroberung Ranguns im Mai 1945 auf der Seite der Sieger zu stehen. Gerade zweiunddreißig Jahre alt, errang er 1947 mit seinen sozialistischen Anhängern einen triumphalen Wahlsieg, um kurz darauf, unmittelbar vor der burmesischen Unabhängigkeit, während einer Offiziersrevolte ermordet zu werden.

Seitdem steht die burmesische Geschichte unter keinem guten Stern. Die Zentralregierung verweigerte von Anfang an den zahlreichen ethnischen Minderheiten an den Grenzen zu Thailand, Laos und China die versprochene Autonomie und band so die Energien des Landes in endlosen Kämpfen. Müde der Kompromisse, putschte 1962 das Militär unter dem Aung-San-Gefährten Le Win und etablierte jenen verhängnisvollen burmesischen Weg zum Sozialismus, der mit seiner Fremdenfeindlichkeit, Ineffizienz und Gewalt das Land in den Ruin geführt hat. Hunderttausende der tüchtigsten Gewerbetreibenden, darunter sehr viele Inder und Chinesen, wurden entschädigungslos enteignet, und anstelle kompetenter Experten machten es sich nunmehr ahnungslose Offiziere an den Schalthebeln der Wirtschaftslenkung gemütlich. So steuerten die Militärs eines der reichsten Länder der Region, das noch vor einer Generation Reis exportieren und seine Nachbarn mit Erdöl beliefern konnte, in eine endlose wirtschaftliche Talfahrt. Dass sich die Unzufriedenheit nicht schon vor 1988 zur sozialen Explosion entwickelte, lag nicht nur an der beispiellosen Härte, mit der die Angehörigen der Armee jede oppositionelle Regung erstickten, sondern auch an der üppigen Entwicklungs- und Militärhilfe, die über Jahrzehnte hinweg in die Hände der herrschenden Junta geflossen ist: Durch die vietnamesische Expansion in Indochina beunruhigt, fürchteten die westlichen Regierungen, dass bei einem Verlust Burmas langfristig auch das dann völlig eingezwängte Thailand an das kommunistische Lager fallen würde, eine Prognose, die zwar heute völlig überholt ist, die aber dazu führte, dass die Streitkräfte der Diktatur mit ausländischer Hilfe zu einer hochgerüsteten Militärmaschinerie ausgebaut wurden. Und anders als auf den Philippinen zögerte das Militär im Sommer des Jahres 1988 auch nicht, diese Mittel gegen unbewaffnete Demonstranten einzusetzen, als zeitweise eine Million Menschen in Rangun Freiheit und Veränderung forderten. Tausende wurden auf den Straßen erschossen - eine traumatische Erfahrung, die trotz der scheinbaren Normalität in Rangun unvergessen ist.

Heute muss man die Wohnsitze der herrschenden Militärkaste weiträumig umfahren. Im luxuriösen Umfeld des Inya

Statue des Staatsgründers Aung San / Rangun

Lake westlich der Flughafenstraße leben die Machthaber in einer Art von burmesischem Wandlitz, gleich weit entfernt von ihrer Hauptstadt, den Militärcamps und dem Flughafen für den Fall aller Fälle. Aber auch die Gegenspielerin lebt im Umkreis des Inya Lake: die Friedensnobelpreisträgerin Aung San Suu Kyi, deren Anhänger trotz massivster Behinderungen die unter dem Druck der Weltöffentlichkeit 1990 ausgeschriebenen freien Wahlen gewannen. Ein Sieg ohne Folgen, denn die politische Führerin des Volkes blieb ohne jeden Einfluss. Jahrelang unter Hausarrest gestellt, blieb Aung San Suu Kyi auch nach ihrer Freilassung als Symbol der freiheitlichen Opposition im Land. Fast zwanzig Jahre lang hat diese bewundernswerte allen Repressionen widerstanden, ehe sie innerhalb der zaghaften Demokratisierung, die die burmesischen Generäle neuerdings zugelassen haben, auf die politische Bühne zurückkehrte. Wie dieser neuerliche Reformversuch ausgehen wird, jedoch ist ungewiss.

Buddha aus der Kyauk-Htat-Gyi-Pagode

99

By the old Moulmein pagoda lookin´ lazy at the sea,

There´s a Burma-Girl a-settin´, and I know she thinks o´me,

For the wind in the palm-trees, and the temple-bells they say:

„Come you back, you british Soldier, com you back to Mandalay!"

Come you back to Mandalay,

Where the old Flottilla lay:

Can´t you ´ear their paddles chunkin´ from Rangoon to Mandalay?

On the Road to Mandalay

Where the flying´fishes play,

An´the dawn comes up like thunder outer China ´crost

the Bay!

Rudyard Kipling: The Road to Mandalay

Treppe des Atumahi Klosters / Mandalay

Der Sweyattaw Buddha vom Mandalay Hill

Zu Besuch beim Maha Muni Buddha

Auf der Suche nach Exotik und Geschichte im Herzen Altburmas

Rudyard Kipling, dieser Schlingel, war nie in Mandalay gewesen. Gerade mal ein paar Tage hat er sich im Irrawaddy Delta aufgehalten und möglicherweise dabei eine schöne Burmesin gesehen, die seine Fantasie entzündete. Mindert das den Wert seiner klassischen Zeilen? Ich finde nicht, denn das Gefühl, das Kipling bedichtet, ist den meisten Tropenreisenden gegenwärtig: eine Empfindung zwischen Sehnsucht und Verzagtheit, verbunden mit einer verhaltenen Melancholie, weil man ahnt, dass die Bilder, von denen man träumt, immer nur Träume bleiben werden. Ich kenne kein schöneres Gedicht über das Fernweh als „The Road to Mandalay".

Mehrere Generationen später überfiel Paul Theroux auf seiner Eisenbahnreise von Rangun nach Mandalay eine ähnliche Empfindung, als er in „The Grand Railway Bazar" notierte: „In der Nähe eines Brunnens kämmt ein burmesisches Mädchens ihr Haar. Sie sitzt vornübergebeugt da, das Haar wie einen Schleier vor sich – es ist so lang, dass es fast den Boden berührt. Sie zieht einen Kamm hindurch und schüttelt ihn aus. Welch ein wunderschöner Anblick an diesem sonnigen Morgen – die Kaskade schwarzen Haares, das sich unter den Strichen des Kamms sanft bewegt. Ihre Arme liebkosen ihre herrliche Mähne. Plötzlich wirft sie sie nach hinten, und blickt auf, um dem Zug nachzusehen." Wieder fährt ein melancholischer Europäer an einer schönen Exotin vorüber, die ihm hinterherblickt. Handelt es sich hier um ein reales Erlebnis oder um eine Nachdichtung des Kipling-Gedichtes. Wahrheit oder Phantasie? Wahrscheinlich beides, wie jede Reiseliteratur.

Als ich aus dem Fenster des Zuges nach Mandalay blicke, sehe ich leider kein schönes Mädchen, aber was ich sehe, ist auch nicht schlecht. Niederburma, das Einzugsgebiet des großen Irrawaddy-Deltas, einstmals die Reiskammer Asiens, erstreckt sich vor meinen Augen bis zum Horizont. Ich erkenne endlose Flächen bewässerten Landes. Reispflanzen in allen Stadien der Reifung, Reisbauern und Bewässerungskanäle vor der Kulisse der westlichen Berge. Die immer tiefer sinkende Sonne verwandelt die Ebene in einen glitzernden Teppich, gespenstisch weit ragt der huschende Schatten des fahrenden Zuges in die Felder. Dann beginnt die Dämmerung. Schimmernde Lichter einer Bastmattensiedlung, an denen der Zug vorüberfährt. Dann wird alles von Dunkelheit verschluckt, so schwarz und still, wie man es sonst nie in Asien antrifft. Es dauert eine Weile, ehe mir der Grund dafür klar wird. Kein elektrisches Licht weit und breit. Gleichmäßig ratternd tuckert die Eisenbahn nach Norden.

In den Reisebüchern über Burma ist von der Eisenbahn zwischen Rangun und Mandalay nur als Plage zu lesen, als eine Art Viehwaggon mit schadhaften Holzpritschen und schwindsüchtigen Lokomotiven. Davon konnte bei diesem Zug keine Rede sein. Er war sauber, die Sitze waren gepolstert, und wenn es auch keine Klimaanalage gab, reichten die offenen Fenster zur Kühlung aus. Die Regierung hatte endlich mit der Instandsetzung des Eisenbahnnetzes begonnen, dessen Ursprünge bis in die Zeit der britischen Kolonialherrschaft zurückgehen. Gleich nach der Besetzung Niederburmas im zweiten anglo-burmesischen Krieg hatten die Briten in der Mitten des 19. Jahrhunderts mit dem Bau von Eisenbahntrassen begonnen. Nach der Etablierung ihrer Herrschaft auch im Norden hatten sie die Eisenbahnlinie ab 1886 sogar bis an die chinesische Grenze weitergeführt, um sich über Burma eine Art Hintertür nach China zu sichern.

Das war lange her. Die Briten waren weg, doch die Eisenbahnschienen, die sie verlegt hatten, taten ihren Dienst noch immer, zumindest zwischen Rangun und Mandalay, den beiden größten Städten des Landes. Ich versuchte in George Orwells Roman „Tage in Burma" zu lesen, doch das Licht war zu schlecht, und so schlief ich bald ein.

Als ich am nächsten Morgen kurz vor Mandalay erwachte und aus dem Zugfenster blickte, hatte sich die Szenerie noch weiter ins Üppige verschoben. Wieder hielt ich Ausschau nach einem „Burma-Girl", das sich entweder ihre wundervollen Haare wusch oder dem Zug hinterher sah, aber nirgendwo war dergleichen zu sehen. Stattdessen erblickte ich rüstige burmesische Frauen und Männer, die wie Einzelkämpfer in gebückter Haltung flächendeckend über die ganze Ebene verteilt, mit Reispflückerhüten auf ihren Köpfen die Schößlinge setzten.

Dann war Mandalay erreicht, die Mitte Myanmars, gleichermaßen 700 km von Rangun im Süden wie von der chinesischen Grenze im Norden entfernt. Der Zug hielt, und ich stieg aus. Um mich herum entfaltete sich das übliche Gewusel eines asiatischen Bahnhofes. Menschen, Obst, Geschiebe und Gebrüll, vielleicht im Unterschied zu indischen Bahnhöfen in seiner schreienden Dringlichkeit ein wenig heruntergedimmt aber für europäische Verhältnisse noch immer beängstigend. Dass ich mich im Herzland der burmesischen Kultur befand, war dem unmittelbaren Augenschein nach nicht zu erkennen.

Mandalay, die letzte Hauptstadt Burmas war auf Befehl des burmesischen Königs Mindon im Jahre 1857 erbaut worden. Der König war bei der Auswahl des Platzes einer alten buddhistischen Prophezeiung gefolgt, der zufolge eben hier, mitten in Burma am Ufer des Irrawaddy, zur 2400. Wiederkehr von Buddhas Tod eine neue Stadt entstehen sollte, die alle anderen Metropolen des Buddhismus überstrahlen und zum neuen Zentrum der buddhistischen Welt werden würde. Also sprach der König, und Zigtausende begannen zu buddeln. Gewaltige Umfassungsmauern umgürteten bald einen prächtigen Königspalast, in dessen geometrischer Mitte, die zugleich die Mitte des Landes war, König Mindons Thron errichtet wurde. Zwei Jahre nach Baubeginn war die neue Stadt fertig, und die Einwohner der alten Hauptstadt Amarapura mussten nach Mandalay umziehen. Bald nach dem Bezug der Stadt erschienen buddhistische Gelehrte und Würdenträger aus allen Teilen Asiens zum fünften buddhistischen Weltkongress in Mandalay, um sich auf eine allgemeingültige Fassung des buddhistischen Tripitaka-Kanons zu einigen.

Die religiöse Erneuerung, die König Mindon in Mandalay betrieb, war aber nur ein Aspekt seines Wirkens. Ähnlich wie zeitgleich Japaner, Koreaner und Siamesen begann er mit der Modernisierung von Verwaltung, Wirtschaft und Militär, um sich gegen die imperialistischen Mächte behaupten zu können, die immer penetranter nach Einlass ins Land verlangten. Doch diese Versuche schlugen fehl. Wenige Jahre nach König Mindons Tod brach 1885 der dritte angloburmesische Krieg aus, die Briten besetzten Mandalay, schickten den letzten König ins Exil und verwandelten Burma in eine Provinz ihres indischen Kaiserreiches. Amitav Gosh hat in seinem Roman „Der Glaspalast" die Vertreibung der königlichen Familie aus Mandalay anschaulich beschrieben, ebenso wie die sich anschließende wirtschaftliche Integration des verschlafenen Landes in das britische Empire. Bald verlagerte sich das wirtschaftliche Zentrum des Landes in das südliche Rangun, von dem aus der Handel mit Indien und Indochina abgewickelt wurde.

So konnte es scheinen, als sei die Zeit über Mandalay hinweggegangen, und der erste Rundgang schien diesen Eindruck zu bestätigen. Mandalay besaß das Flair einer in die Jahre gekommenen Kolonialstadt, hier und da noch ganz ansehnlich, aber bereits deutlich von der morbiden Patina des Verfalls gezeichnet. Viele Häuser waren in lebhaften Farben angestrichen, doch der Putz bröckelte von den Fassaden wie eine nachlässig angebrachte Schminke. Altersschwache Autos überholten Pferdekutschen und Fahrradrikschas, die mit ihren kleinen Soziussitzen hier noch unbequemer waren als in Rangun. Unter den Arkaden der Kolonialhäuser wurden in endlosen Reihen die Güter des täglichen Bedarfs angeboten, von den Einheimischen wegen ihres geringen Budgets stets nur in so kleinen Mengen nachgefragt, dass sie jeden Tag aufs Neue einkaufen müssen, woraus sich die Illusion eines immerwährenden Marktes ergibt. Das Mandalay Hotel, in dem ich nach einem Zimmer fragte, wirkte wie ein Gebäude zwischen Abriss und Renovierung. Auch mit der Dienstleistungsmentalität sah es kaum besser aus, denn bei der Hotelleitung schien die Auffassung vorzuherrschen, dass Reisende, die alleine des Weges kamen und ihren Rucksack selbst trugen, nur arme Lumpen sein können, die man mit den dunkelsten und mückenverseuchtesten Zimmern abspeisen konnte. Die wenigen Gruppenreisenden, die im Hotel logierten, wurden dagegen wie Könige behandelt, wahrscheinlich, weil sie ihrerseits auf das Personal herabsahen. Der Speiseraum des Hotels glich einem nach Ingwer duftenden Rotlichtsalon ohne Damen aber mit einem unablässigen laufenden Fernseher, auf dem nur Schnee zu sehen war. Speisekarten existierten nicht, es gab nur die Alternative zwischen Chicken Plain und Chicken Curry. Der Kellner wusste sich gegenüber Einzelreisenden nicht anders zu positionieren, als dass er bei jeder Nachfrage die Nase rümpfte und davoneilte. Immerhin funktionierte die Nachtlampe in meinem Zimmer und der Ventilator brauste an der Zimmerdecke mit solcher Wucht, dass er den Mücken den zielgerichteten Anflug auf meine Haut unmöglich machte.

Als ich am nächsten Morgen in Reispflückerhose, Reispflückerhemd, Reispflückerunterhose und Sandalen das Hotel verließ, um mir die Stadt anzusehen, schlug mir die Hitze wie ein warmer, nasser Lappen ins Gesicht. In den Landeskunden konnte man lesen, das Myanmar von allen Staaten Südasiens das angenehmste Sommerklima besitzt, weil die heißen Winde durch hohe Grenzgebirge abgehalten würden. An diesem Tag schien das allerdings nicht zu funktionieren, und ich war noch nicht einmal auf die Straße getreten, als ich bereits aus allen Poren schwitzte. Ich unterdrückte den Impuls, mich einfach in den Schatten zu setzen und auf den Abend zu warten und winkte eine Fahrradriksha heran, um mich auf dem erbärmlich engen Sozius-Sitz ein wenig durch die Stadt kutschieren zu lassen. Mein Fahrer, ein älterer, hagerer Burmese, der nur mit Longhie und Shirt bekleidet war und barfuß in die Pedale trat, japste während der Fahrt, als würde er im nächsten Augenblick tot vom Fahrrad fallen. Nach einigen Runden durch die Innenstadt brach ich die

Tour ab und kehrte in einer Garküche ein. Das einzig Gute an der Hitze war der Umstand, dass ich praktisch keinen Hunger hatte und den ganzen Tag nur trank. Der Körper wurde einer rabiaten Entschlackungskur unterzogen und wenn es mir nur gelang, einen Kollaps zu vermeiden, würde ich um einige Kilogramm leichter aus Burma zurückkehren.

Kein Wunder, dass sich Paul Theroux unter diesen Umständen nicht lange in Mandalay aufgehalten hatte sondern gleich ins kühle Hochland Richtung China weitergefahren war. Das war aber nicht mein Plan. Ich war fest entschlossen, die Stadt nicht ohne einen Besuch ihrer Sehenswürdigkeiten zu verlassen, koste es, was es wolle. Aber wer sollte sich all die Klöster und Ruinen, die Buddhastatuen und Tempel merken, die über die ganze Stadt verstreut waren? Von den Sagen und Legenden mit lauter Göttern und Geistern, Trollen, Bösewichtern und Helden, die sich um jedes einzelne dieser Heiligtümer rankten, ganz zu schweigen. Sandamini-Pagode, Shwe In Bin-Kloster, Kyauk Tawgyi-Pagode, Shwenadaw-Kloster, Eindawya-Pagode - so gut ich konnte, steuerte ich auf dem Sozius einer Fahrradriksscha eine Sehenswürdigkeit nach der nächsten an, ohne sicher zu sein, dass mich der Rikschafahrer auch tatsächlich an den jeweiligen Ort meiner Wünsche brachte. Manchmal erkannte ich eine Pagode, weil sie in meinem Lonely Planet Guide abgebildet war, dann kam es mir so vor als hätte mich der Rikschafahrer zu irgendeiner Wald- und Wiesenpagode gefahren, die ich verständnislos anglotzte, ehe es weiterging. Erst in der Nähe des Mandalay-Hills kam ich besser zurecht und konnte zuverlässiger identifizieren, was ich sah. In den Überresten des 1890 abgebrannten Atumahi Klosters führten malerisch zerbröselte Treppen mit Schlangengirlanden zu Emporen, die sich wie ein zweiter Boden über wuchernden Wiesen erhoben. In den Ritzen der kunstvoll behauenen sandfarbenen Steine lauerten die Schlangen, so dass ich schaute, dass ich weiterkam. In der benachbarten Schwenadaw-Einsiedelei lebten weder Mönche noch Schlangen. Geblieben waren nur kostbare Holzschnitzereien, die vollkommen unbewacht der Sonne und den Holzwürmern preisgegeben waren.

Der Weg zur Spitze des Mandalay-Hills, einem etwa zweihundert Meter hohen Hügel im Norden der Stadt, war durch Kolonaden überdacht. Er führte über 1729 Stufen und mehrere Ebenen in immer neuen Windungen an zahllosen Nischen vorüber, in den steinerne Nats oder meditierende Buddhas standen. Männliche und weibliche Mönche hockten auf den Treppenstufen hinter ihren Bettelschalen, und warteten auf die Almosen, die ihnen die Vorübergehenden spendeten. Einem christlichen Gemüt mochte solche Freigiebigkeit das Herz rühren, nach dem buddhistischen Verständnis aber war diese Mildtätigkeit nichts weiter als eine Investition in das eigene Karma, weil sie das Ausmaß der persönlichen Verdienste und damit die Aussicht auf eine bessere Wiedergeburt steigerte. Hier und da hatten auch Händlerinnen ihre Lager auf der Treppe aufgeschlagen und verkauften Devotionalien, Obst und Wasser. Jede zweite von ihnen nuckelte an einer voluminösen Cheerot-Zigarre. Cheerot-Zigarren bestehen aus den zylindrisch zusammengerollten Blättern der Cheerot–Pflanze, in die ein kompliziertes Gemisch aus Tamarindensaft, Zucker und Bananensud hineingestopft wird. Ich habe es während meines Aufenthaltes in Burma nicht über mich gebracht, eine Cheerot-Zigarre zu rauchen, habe aber festgestellt, dass sie derart stinken, dass selbst die hartgesottensten Mücken abdrehen.

Auf der obersten Empore des Mandalay-Hills betrat ich die Gipfelpagode des Sweyattaw Buddhas, dessen gänzlich unorthodoxe Haltung mich verblüffte. Der Erleuchtete meditierte nicht, er saß nicht, und er   schlief auch nicht, wie es die buddhistische Ikonografie so liebt, sondern er stand merkwürdig aktivistisch und überlebensgroß aufrecht im Raum und zeigte mit der ausgestreckten Hand in die Ferne - der Überlieferung nach genau auf den Platz, auf der König Mindon die Stadt Mandalay erbauen ließ. Auf mich wirkte der Sweyattaw Buddha eher so, als fühle er sich durch die Besuchermassen gestört und weise ihnen mit seinem ausgestreckten Arm die Türe. Sein Lieblingsschüler Schüler Ananda, dem der Buddha die Kunde von der künftigen Stadt Mandalay mitgeteilt haben soll, kniete als kleinere Skulptur zu Füßen seines Meisters. Auch er war ikonografisch ungewöhnlich gestaltet, denn er hatte die Hände zwar zum Gebet gefaltet, schaute aber mit gewendetem Kopf so neugierig dem Besuchereingang entgegen wie ein Kind, das spielen will.

Von der Gipfelpagode des Sweyattaw Buddhas aus bot sich die beste Aussicht auf Mandalay. Die Stadt lag unter einer flimmernden Hitzeglocke, bleifarben und drückend, so dass die flachen Häuser am Ufer des Irrawaddy kaum zu erkennen waren. Etwas besser sichtbar waren die Mauern des Königspalastes, der zuerst von den Briten im Jahre 1885 und dann noch einmal von den Japanern 1945 zusammengeschossen worden war. Dafür sahen die Mauern eigentlich noch ganz intakt aus. Besuchen konnte man den Königspalast trotzdem nicht, weil sich in ihm eine Kaserne der burmesischen Armee befand. Allerdings war zu hören, dass der gesamte Königspalast im Zuge der geplanten touristischen Öffnung des Landes wieder ausgebaut und für die erhofften Besuchermassen freigegeben werden sollte.

Südöstlich des Mandalay-Hills befand sich die Kuthodaw Pagode, die in den Reiseführern gerne als das „das größte Buch der Welt" gerühmt wird Von einer großen Pagodenmauer umgeben, erhoben sich in der Kuthodaw Pagode nicht weniger als 729 Miniatur-Pagoden, auf deren Außenseite jener Text des Tripitaka-Kanons auf Marmortafeln eingemeißelt war, auf den sich das fünfte buddhistische Weltkonzil im Jahre 1872 in Mandalay geeinigt hatte. 2400 Mönche sollen mit der Einmeißelung des Textes ein halbes Jahr beschäftigt gewesen sein. Ursprünglich hatten die Buchstaben dieses heiligen Textes aus Blattgold bestanden, nachdem das Gold aber immer wieder gestohlen worden war, hatte man es schließlich bei blauer Farbe belassen.

Es war schon der späte Nachmittag angebrochen, als ich mit einer Fahrradrikscha zur Maha Muni-Pagode in den Süden der Stadt fuhr. Der Buddha der Maha Muni-Pagode war die mit Abstand heiligste Buddhastatue des ganzen Landes, und dementsprechend chaotisch war der Verkehr auf den Zufahrtsstraßen. Schon lange bevor ich die Pagode erreichte, war fast kein Durchkommen mehr, und vor dem Eingang der Pagode hatten sich Pferderikschas, Karren und Lastwagen derart blockiert, dass es weder vorwärts noch rückwärts ging. Alles lief und schrie durcheinander, Frauen und Kinder stürmten die überladenen Kollektivtaxen, die in der Nähe der Pagode hielten, ihre Fahrgäste ausspuckten und neue aufnahmen. Uralte Mönche saßen im Straßengraben mit ihren Sonnenschirmen, in den Hinterhöfen balgten sich Kinder und Hunde. Gemüsekörbe, Bastmatten, Latten und Säcke versperrten die Durchgänge, so dass ich wie ein Storch zum Eingang des Tempels schreiten musste.

In der Haupthalle der Pagode stand die über vier Meter hohe Goldskulptur des Maha Muni Buddha, der in der Haltung der Meditation auf einem drei Meter hohen Goldsockel thronte. Für die Pilger, die sich der Monumentalskulptur in inbrünstiger Gläubigkeit näherten, war der Maha Muni-Buddha nicht mehr und nicht weniger als das Abbild des leibhaftigen Erleuchteten - an religiöser Bedeutung nur noch mit dem Yobo Sakyamuni in Lhasa vergleichbar. Niemand geringeres als der Götterkönig Sakka soll dieses Abbild Buddhas zu Lebzeiten Buddhas geschaffen haben. Die Geschichtswissenschaft kann diese fromme Legende nicht bestätigen sondern datiert die Entstehung der prachtvollen Skulptur auf das erste oder zweite Jahrhundert der Zeitrechnung, womit sie noch immer eine der ältesten Buddhadarstellungen der Welt sein dürfte.

Ein halbes Dutzend Tempelangestellte machte sich unablässig an der Skulptur zu schaffen und befestigte kleine Flächen von Blattgold an den Armen, den Beinen und dem Rumpf der Statue. Das Blattgold erhielten sie von den Gläubigen, die es ihrerseits im Vorraum der Pagode oder außerhalb des Tempels erwarben. Welch ein erstaunliches Beispiel spiritueller Harmonie: In dem Maße, wie der Maha Muni-Buddha durch das immer neu hinzugefügte Blattgold wuchs und wuchs, wuchs auch das Karma-Guthaben der Blattgold-Spender. Kein Wunder, dass sich die Skulptur des Maha Muni-Buddhas durch die reichlichen Gaben seiner Verehrer im Laufe der Zeit ein wenig ins Unförmige verändert hatte, während sein vergoldeten Buddhagesicht noch immer unverklebt und gnädig über die Köpfe der Gläubigen hinwegblickte. Die nur locker befestigten Goldplättchen bewegten sich im Wind der Ventilatoren, so dass, aus einer gewissen Distanz betrachtet, der Maha Muni-Buddha von einer schimmernden, beweglichen Aura umgeben schien. Ich blieb eine Zeitlang in Sichtweite des Maha Muni-Buddhas sitzen und beobachtete den unablässigen Strom der Besucher, die die Pagode betraten und verließen. Soweit ich erkennen konnte, waren die Äußerungsformen der Gläubigkeit rein individuell. Die Menschen saßen und meditierten, beteten oder blickten in versonnener Inwendigkeit auf den goldenen Buddha. Introvertiert wie der Asiate war auch die Andacht zu Füßen des Erleuchteten.

Im Hof der Maha Muni-Pagode stieß ich auf einige Khmer-Stauen, die die Thais im 15. Jahrhundert aus Angkor geraubt hatten, ehe die Burmesen sie ihrerseits den Thais im 16. Jahrhundert wegnahmen, um sie schließlich in Mandalay auszustellen. Eine der Tempelfiguren war von einem dichten Menschenpulk umgeben. Soweit ich verstand, handelte es sich um eine wundertätige Dvarapala-Skulptur aus Bronze, einen überlebensgroßen Tempelwächter, von dem es hieß, dass seine Berührung heilende Kräfte freisetzen könnte, und zwar genau an der Stelle, an der der Pilger die Skulptur anfasste. Magenkranke befingerten deswegen den Dvarapala im Bauchbereich, Herzkranke legten ihre Hände auf seine Brust, so dass an beiden Stellen der Skulptur deutliche Abnutzungserscheinungen zu sehen waren. Nur Prostatakranke schien es in Burma nicht zu geben, denn im fraglichen Köperbereich waren am bronzenen Dvarapala keinerlei Berührungsspuren zu erkennen. Auch ich stellte mich geduldig in die Menschenschlange vor dem Dvarapala und berührte, als ich an der Reihe war, die Herzgegend des Tempelwächters. Auch wenn es merkwürdig klingt: Die Herzgefäße waren schon immer die Achillesferse unserer Familie, da konnte die Hilfe des Maha Muni-Buddhas nicht schaden.

Ich blieb noch einen weiteren Tag in der Stadt, um die Weiterfahrt nach Pagan zu organisieren. Leider stellte sich heraus, dass kein regulärer Busverkehr nach Pagan existierte.

Auch das Schiff, das einmal wöchentlich von Mandalay auf dem Irrawaddy in Richtung Pagan fuhr, hatte gerade erst abgelegt. So würde mir nichts übrigbleiben, als zusammen mit Hühnern, Gänsen, Großmüttern, Schulkindern und Bauern einen ganzen Tag lang in einem Pickup von Mandalay aus den Ruinenfeldern von Pagan entgegen zu tingeln.

Wieder bewegte ich mich im Zeitlupentempo durch die Stadt, mal zu Fuß von Schatten zu Schatten, dann auf dem Sozius einer Fahrradrikscha. Ich las in Orwells Roman „Tage in Burma die Sätze „Die Hitze stieg von der Erde auf wie der glühende Hauch eines Kohleherdes. Die Blumen, die den Auge weh taten, flammten in einer Orgie von Sonnenlicht, ohne dass sich ein Blütenblatt rührte" und erlebte, schon halb weichgekocht, eine Verdoppelung der Realität, die darin lag, von der gnadenlosen Hitze Burmas zu lesen, während ich zugleich unter ihr litt. Wieder trank ich viel Tee und Wasser, aß fast nichts und fühlte bereits am Nachmittag die ersten Anzeichen jener merkwürdigen Euphorie, die den Menschen überkommt, wenn er längere Zeit sehr wenig isst. In dieser friedvollen Stimmung saß ich am Nachmittag stundenlang im Schatten eines Teehauses unter einem Ventilator, wurde von jedem, der das Lokal betrat, freundlich begrüßt und wieder verabschiedet und hatte Gelegenheit, mir die Menschen, die kamen und gingen, etwas genauer anzusehen. Was mir schon in Rangun aufgefallen war, bestätigte sich auch Mandalay: Die Burmesen sind ein außergewöhnlich schönes Volk. Sicher, es gab auch dicke und hässliche, aber die Vielzahl der aristokratischen Gestalten, der grazilen Figuren, der vornehmen Gesichter, die mir begegneten, war frappierend. In den Gesichtern der Burmesen kommt das Beste, was tibetische, malaysische und indische Physiognomien zu bieten haben, zu einer harmonischen

115

Synthese, und die unverstellten Freundlichkeit ihres Wesens verleiht dem Aufritt des Burmesen den letzten Schliff.

Je länger ich an diesem Tag in der Garküche saß, Tee und Wasser trank, die Kühlung des Ventilators genoss und von einer Dösigkeit in die nächste fiel, desto mehr wurde mir in den wenigen wachen Momenten klar, dass etwas anders war mit diesem Volk als mit allen anderen Völkern, die ich bislang kennengelernt hatte. Es war fast so, als seien die Bewohner Burmas geradewegs aus Mittelerde in die Gegenwart gefallen, noch ohne die Verbiegungen der Moderne, die flächendeckende Hast und die Gier, die bereits das benachbarte Thailand befallen hatten. Was war das nur für ein Land, das seine Transaktionen mit 45- und 90-Kyatt-Scheinen abwickelte und in dem die Menschen ins Schleudern gerieten, wenn etwas einhundert Kyatt kosten sollte. Was für ein Land, in dem es acht, statt sieben Wochentage gab (der Mittwoch zählt doppelt) , und jeder dieser Tage eine andere Bedeutung besaß. Und was war das für ein Land, in dem die Briten, wie Orwell erzählt, in der Kolonialzeit burmesische Bedienstete mit einem Zettel zum Gefängnis schicken konnten, auf dem zu lesen war "Geben Sie dem Überbringer dieser Nachricht fünfzehn Stockschläge." Aber diese Zeiten sind wenigstens vorbei.

Pagoden von Pagan, im Hintergrund der Irrawaddy

Die Stadt der hunderttausend Pagoden

Tage in Pagan

Erst am Ende der Geschichte entstehen die Geschichtswerke und Genealogien. Als Produkte des Umbruchs spiegeln sie die bedrohte Identität zurück in eine ferne Gründerzeit. So war es auch, als in Burma im Laufe des neunzehnten Jahrhunderts die "Glaspalastchronik" entstand. Gerade schickten sich die europäischen Mächte an, die asiatischen Reiche zu erobern, und schon hatten die Briten, aus Bengalen kommend, den südlichen Teil Burmas besetzt, als die Autoren des halb mythischen, halb geschichtlichen Werkes die Anfänge ihrer bedrohten Kultur mit der buddhistischen Staatsreligion noch einmal aufs engste verklammerten. Nach dieser Genealogie, deren Inhalt sich sofort verbreitete, stammten die Könige Burmas direkt aus der Familie des Buddhas. Wie sollte das möglich sein? Antwort: Im Zuge kriegerischer Auseinandersetzungen aus Nordindien vertrieben, führten nahe Verwandte des Erleuchteten ihre Gefolgschaft in das Tal des Irrawaddy und gründeten dort ein Reich, in dem die rechte Lehre und das rechte Tun in der glanzvollen Hauptstadt Pagan allen Buddhisten Asiens zum Vorbild werden sollten. Und wenn sie nicht gestorben sind, dann leben sie noch heute.

Die historische Wahrheit über die Ursprünge Burmas ist prosaischer. Archäologische und sprachwissenschaftliche Untersuchungen haben ergeben, dass die die Vorfahren der heutigen Burmesen am Rande der Wüste Gobi in Zentralasien lebten. Als ein Teil der zentralasiatischen Sprach- und Völkerfamilie zogen sie durch Kansu, Tibet und das südliche China, trafen dort schon in Yünnan auf die Vorfahren der Thais, mit denen sie später in immer neuen Kriegen um die Vorherrschaft in Südostasien ringen sollten, lernten unterwegs den Reisanbau, die Tierzucht und die Metallverarbeitung und erreichten dann irgendwann im achten und neunten Jahrhundert der Zeitrechnung das gegenwärtige Zentralburma, wo sie sich an den Ufern des Irrawaddy-Flusses niederließen.

Trafen sie auf ein leeres Land? Natürlich nicht. Das Territorium des heutigen Burma war damals schon seit Jahrhunderten besiedelt. Am Unterlauf des Irrawaddy hatten die Mon und die Pyu in engem Kontakt zu Indien ihre ersten Hochkulturen errichtet. Aufwendige Bewässerungsanlagen, Vorratswirtschaft, Tempelbau sowie hinduistische und buddhistische Glaubensvorstellungen prägten ihr Leben in den Städten Thaton, Pegu und Sri Kstera. Demgegenüber erschienen die zugewanderten Burmesen wie unzivilisierte Barbaren, in Stämmen organisiert, von adeligen Familien und Häuptlingen regiert, führten sie in kleinen Weilern eine regelrechte Hungerleiderexistenz. Die historische Entstehung des burmesischen Staates im neunten Jahrhundert kann man sich deswegen gar nicht bescheiden genug vorstellen: Unter dem in der "Glaspalastchronik" genannten König Pinbya vereinigte sich ein gutes Dutzend Dörfer zu einem stadtähnlichen Gebilde, und man errichtete eine leidlich intakte Befestigung - die Stadt Pagan war geboren.

Wer am Ende des zwanzigsten Jahrhunderts die Kyaukse-Ebene in Zentralburma durchreist, wird von der ursprünglichen Landschaftsgestalt nur eine sehr unzureichende Vorstellung gewinnen können. Gleich, ob er mit der überfüllten Fähre den Irrawaddy abwärts von Mandalay nach Pagan fährt, ob er die beschwerliche Anreise mit dem Sammeltaxi über den Eisenbahnknotenpunkt Thazi wählt oder ob er gleich von Rangun aus auf dem kleinen Flughafen zwischen Nyaung U und Pagan landet - jeden Besucher frappiert der Kontrast zum üppigen Mandalay, den Shan-Bergen oder dem fruchtbaren südlichen Delta. Die Wege nach Pagan führen durch akazienbewachsene, ausgetrocknete Flussläufe, an manchen Stellen ist die Erde aufgerissen, und heiße Staubfontänen wirbeln über die Köpfe der Bauern hinweg, die diesem ausgelaugten Boden ein ärmliches Auskommen abzuringen suchen.

Vor mehr als tausend Jahren jedoch sah es am Zusammenfluss von Irrawaddy und Chindwin ganz anders aus: Riesige Waldbestände und fruchtbarer Boden, durch den damals noch reichlicheren Monsun regelmäßig bewässert, boten für die Einwohner der kleinen Stadt hinreichend Möglichkeiten zur kulturellen Erschließung. Wie überall in Südasien wurden die Wälder gerodet, Felder angelegt und durch aufwendige Kanalanlagen bewässert. Schließlich entstanden unter dem kulturellen Einfluss der südlichen Hochkulturen die ersten kleinen Holztempel, in denen die Burmesen ein vielköpfiges Pantheon aus zentralasiatischen Geistern, tantrischen Fabelgestalten, hinduistischen Göttern und buddhistischen Bodhisattvas verehrten.

In dem Maße, in dem die Hochkulturen der Pyu und Mon durch interne Auseinandersetzungen, durch die Verlagerung der Handelswege und die zunehmende Verschlammung des Irrawaddy-Deltas in die Krise gerieten, wird sich die Autonomie des kleinen Staates von Pagan befestigt haben. Ein Prozess der Machtverschiebung setzte ein, bis in der Mitte des elften Jahrhunderts König Anawrahtas als geschichtlich fassbare Gründergestalt des Reiches von Pagan Mon und Pyu unterwarf. Verbürgt ist, dass die große Mon-Stadt Thaton, bis dahin das kulturelle Herz Alt-Burmas, im Jahre 1057 in die Hände der burmesischen Belagerer fiel und dreißigtausend Gefangene - darunter Literaten, Architekten, Bildhauer, Handwerker, buddhistische Mönche samt den heiligen Schriften des buddhistischen Kanons - mit dem unterlegenen König von Thaton an der Spitze nach Pagan deportiert wurden.

Doch wie so oft in der Geschichte, wenn ein kriegerisches Volk die Angehörigen einer älteren Hochkultur bezwingt, führte der Sieg der Burmesen über die Mon und die Pyu zur folgenreichen Kultivierung der Eroberer. König Anawrahta beendete die religiöse Unübersichtlichkeit und den ausufernden Geisterglauben, und wie der Frankenherrscher Chlodwig, der seinen Untertanen als Staatsgründer gleich auch noch die katholische Religion verordnete, führte König Anawrahta unter dem Einfluss des Mon-Mönches Shin Arahan den strengen Theraveda-Buddismus als Staatsreligion ein. Allerdings war der König klug genug, den im Volke tiefverwurzelten Geisterglauben nicht gänzlich zu verbieten, sondern die beliebtesten Geister, die siebenunddreißig "Nats", in den neuen buddhistischen Kanon zu integrieren.

Einen Widerschein dieser geschickt inszenierten Kulturrevolution kann der Besucher heute noch beim Besuch der Schwezigon-Pagode in Pagan erleben. Vergoldete Plättchen, an stilisierten Bäumen über den Altären befestigt, erzeugen im sachten Wind des Nachmittags eine sphärische Naturmusik. Mönche und Pilger aus ganz Burma umwandern wie seit Jahrhunderten den ersten Monumentaltempel Pagans, den König Anawrahta als würdigen Aufbewahrungsort für seine buddhistischen Reliquien errichten ließ. Doch diese Pagode beherbergte nicht nur einen Zahn und einen Stirnknochen Buddhas, sondern auf ihren einzelnen Emporen befanden sich, als Tribut an die altburmesische Tradition, auch steinerne Abbilder der siebenunddreißig Nats. Oberhalb der irdischen Welt, aber noch unendlich weit vom Nirwana entfernt, in der Nachbarschaft anderer Götter und Geister, wiesen die Nats als vertraute Wegmarken der Volksfrömmigkeit den guten Seelen den richtigen Weg auf dem achtfachen Pfad der Erlösung. Heute, neunhundert Jahre später, haben die Geister nach dem Willen der staatlichen Obrigkeit ihre Schuldigkeit getan. Sie wurden abmontiert und können in einer Holzhütte abseits der Pagode besichtigt werden - eine rührende Ansammlung kleiner Fabelwesen, eingekleidet wie Spielzeugfiguren, mit denen keiner mehr spielen soll, und doch verneigen sich noch immer viele Besucher wie in den uralten animistischen Tagen vor der bunten Puppenschar.

Das herausragende Symbol von Pagan aber wurde der große Ananda-Tempel, den König Kyanzittha, der bedeutendste Nachfolger des Staatsgründers, am Anfang des zwölften Jahrhunderts errichten ließ. Ob im mystischen Halbdunkel des Tempelinnern, ob unter den Bäumen der Innenhöfe oder auf den Terrassen: die Proportionen und Winkel des Tempels sind perfekt, und von der Spitze anderer Pagoden betrachtet, wirken die zahlreichen großen und kleinen zugespitzten Stupas tatsächlich wie das perfekte Relief eines göttlichen Gebirges, eine irdische Verkörperung des heiligen Berges Gandha Ananda, nach dessen imaginärem Vorbild der Tempelkomplex erwuchs.

Fast vierhundert Terrakotta-Reliefs vermitteln auf den Terrassen der Ananda-Pagode einen Einblick in die sogenannten Jataka-Geschichten, die Legenden von den 547 Leben, die der historische Gautama-Buddha auf seiner langen Reise durch die irdischen Existenzformen bis zum Nirwana hat hinter sich bringen müssen. Durch vier Eingänge kann der 55 Meter hohe Tempelbau betreten werden, und jeder dieser Wege führt in einem raffiniert kalkulierten Halbdunkel zu einer etwa zehn Meter hohen vergoldeten Kolossalstatue. Kakusandha, Konagamana und Kassapa und als letzter der historische Gautama repräsentieren nicht nur die vier Himmelsrichtungen der buddhistischen Weltlehre, sondern zugleich die Gesamtheit der nach dem Glauben des burmesischen Buddhismus bisher in der Welt erschienenen Buddhas. Auch König Kyanzittha selbst steht zusammen mit seinem geistlichen Lehrer Shin Arahan als Skulptur in einer Tempelnische - nur von den Architekten dieses Wunderbaues ist keinerlei Zeugnis erhalten geblieben. Nachdem der Tempel fertig war, ließ der König alle Baumeister hinrichten, um auszuschließen, dass jemals wieder ein ähnliches Gebäude errichtet werden könnte.

Mit der Regierungszeit König Kyanzitthas und seines Enkels Alaungsithu erklomm das Reich von Pagan den Gipfelpunkt seiner Macht. Mehr noch als von dem Fleiß der Reisbauern, die im üppigen Klima Niederburmas drei Ernten im Jahr in die Scheunen brachten, profitierte der Staat von den Erträgen des indisch-chinesischen Landhandels. Jahrhundertelang zogen die Händler aus Orissa, Bengalen und Assam über die Arakan-Berge an den Zusammenfluss von Irrawaddy und Chindwin nach Pagan, um von dort aus in nördlicher Richtung die chinesischen Provinzen Yünnan und Szechuan zu erreichen. Burmesische Gesandtschaften erschienen am chinesischen Kaiserhof. Mit dem buddhistischen Reich von Polonnaruwa auf Sri Lanka tauschte man heilige Schriften und Reliquien. Und im nordindischen Bodh Gaya traten die Abgesandten der Burmesen als Spender und Geldgeber hervor. Die Hauptstadt Pagan selbst wuchs zu einer Metropole mit mehr als fünfhunderttausend Einwohnern heran, und als "die Stadt der vier Millionen Pagoden" galt sie nach dem Untergang der ceylonesischen Königsstadt Anuradhapura als das Zentrum der buddhistischen Welt.

Auch wenn die Zahl von vier Millionen Pagoden eher mythologisches Zitat als verbürgte Information ist, setzte nach der Fertigstellung des Ananda-Tempels in Pagan eine Bautätigkeit ein, die auf so engem Raum wahrscheinlich in ganz Asien nicht ihresgleichen hat. Von ursprünglich mehr als dreizehntausend Pagoden lassen sich heute noch gut zweitausend Tempelbauten in der weiten Ebene von Pagan unterscheiden: halbverfallene Ruinen, ausgeraubte Hallen, Grundmauern und Höhlentempel, konisch zulaufende indische Formen, glockenförmige Stufenpagoden, gewaltige pyramidale Bauten mit mehreren Großterrassen und einem Wald kleiner Stupas auf ihren Außenflächen. Hinter jeder Wegbiegung oder jedem Hügel erblickt man eine neue steinerne Manifestation des Glaubens, und doch erwuchs diese einzigartige Tempelstadt aus einem Meer von Blut.

Als hätte König Kyanzittha mit der Ermordung der Baumeister der Ananda-Pagode ein grausiges Signal setzen wollen, so verging fortan kein Jahrzehnt, ohne dass die Herrscher von Pagan in ihrer Familie oder unter ihren Feinden grausige Gemetzel veranstalteten. Als Inbegriff des Schreckens gilt den Burmesen bis heute König Narathu, der nicht nur seine indische Gattin, sondern im Jahre 1167 auch seinen uralten Vater Alaungsithu mit eigener Hand umbrachte. Gewissermaßen als Sühne für diese Morde und

125

nach dem Denkmuster, das Orwell in „Tage in Burma" am Beispiel des korrupten Richters U Po Kyin beschreibt, begann der vielgehaßte König den ambitioniertesten Bau ganz Pagans, den riesigen Dhammayangyi-Tempel, der mit dem gleichen Grundriss wie die Ananda-Pagode das Vorbild durch die Pracht seiner Fassaden und Reliefs noch übertreffen sollte. Die Stukkateure und Maurer meißelten um ihr Leben, denn der König selbst inspizierte täglich den Fortgang der Arbeiten und ließ die Verantwortlichen für missratene Baupassagen auf der Stelle hinrichten. Doch noch ehe der Tempel vollendet wurde, fand Narathu seinerseits den Tod von Mörderhand. Heute kündet nur noch ein hässlicher, verwitterter Torso vom größenwahnsinnigen Bau des Narathu.

Kein Reisender, selbst wenn er sich nur auf den Besuch der bedeutendsten Bauwerke beschränkte, wird die Vielfalt der Wandmalereien, Skulpturen, Reliefs oder Tempelformen wirklich in sich aufnehmen können. Man muss sich auf summarische Eindrücke beschränken, wie Marco Polo, der Ende des 13. Jahrhunderts schrieb: "Die Türme der Stadt sind aus Stein gebaut, manche mit Gold und Silber bedeckt. Präzise gebaut und von unschätzbarem Wert, gehören die Tempel zu den großartigsten Anblicken, die die Welt zu bieten hat. Wenn sie von der Sonne beschienen werden, strahlen die Tempel weit über das Land."

Weit über das Land sichtbar, gewissermaßen das Wahrzeichen Pagans für die Reisenden, die die Stadt mit dem Schiff erreichten, ist die Lawkananda-Pagode, in der eine Kopie des Heiligen Zahns von Kandy verehrt und beherbergt wird. Ganz in der Nähe befindet sich der Mahabodhi-Tempel, eine naturgetreue Kopie des Buddha-Heiligtums von Bodh Gaya in Indien, in dessen Umkreis Buddha seine

Erleuchtung von der Lehre des achtfachen Pfades zuteil wurde. Den beeindruckendsten Rundblick bietet der That-byinnyu-Tempels, der mit einer Höhe von 86 Metern größ-ten Pagode der Tempelstadt, von deren obersten Emporen sich die ganze Ebene von Pagan erschließt.

Das Reich von Pagan, scheinbar für die Ewigkeit geschaf-fen, geriet schon nach zwei Jahrhunderten in eine existenz-gefährdende Krise. Die dynastischen Massaker, sosehr sie das Bild der unermüdlichen Pagodenbauer trüben, waren noch das geringste Problem, denn das Leben des einfachen Volkes wurde von den Exzessen des Despotismus nicht son-derlich beeinflusst. Auch der immense Holzverbrauch für die Ziegelbrennereien und die Errichtung einer ganzen Großstadt aus Holzhäusern setzte zwar eine verhängnisvol-le Entwaldung in Gang, deren Folgen jedoch - wie so oft bei ökologischen Schäden - erst spätere Jahrhunderte auszubaden hatten. Als unmittelbar bedeutsamer erwiesen sich politische Veränderungen in Indien und China, unter deren Auswirkungen das Reich von Pagan schließlich zusammenbrach.

Schon am Ende des zwölften Jahrhunderts hatten die mohammedanischen Heere Bihar und Bengalen erreicht, die letzte buddhistische Hochkultur auf indischem Boden zerschlagen und damit den lukrativen indisch-chinesischen Landhandel unterbrochen. Fast gleichzeitig begann in Zentralasien die mongolische Machtentfaltung, in deren Verlauf in der zweiten Hälfte des dreizehnten Jahrhunderts zuerst Nordchina und schließlich auch das Reich der südlichen Sung ihre Selbständigkeit verloren. Als man in grotesker Überschätzung der eigenen Kräfte dem Großkhan in Peking den Tribut verweigerte, erschienen die mongolischen Heere in Burma, besiegten die unorganisierten Verteidiger und eroberten Pagan.

Nun begann eine jahrhundertelange Geschichte des Verfalls, die mittlerweile schon mehr als doppelt so lange andauert wie die Glanzzeit der Stadt. Pagan wurde aufgegeben, die Holzhäuser zerbrachen, Räuberbanden durchkämmten die Pagoden und plünderten die Heiligtümer. Ganze Tempel wurden zum Bau benachbarter Siedlungen abgetragen, und ein Drittel aller Gebäude verschwand während der periodischen Überschwemmungen des Irrawaddy. Erst am Beginn des zwanzigsten Jahrhunderts begannen sich die Menschen wieder in Pagan anzusiedeln. Bauern aus Nyaung U zogen in die verfallene Geisterstadt und legten zwischen den Pagoden ihre Häuser und Felder an, doch die Machthaber in Rangun verfügten im Jahre 1990 mit einem Federstrich die

Zwangsräumung Pagans im Zuge weitreichender touristischer Verwertungspläne.

Trotzdem ist der ganz große Touristenansturm bis heute ausgeblieben. Ebenso wie die Ruinen von Angkor Wat in Kambodscha, dem anderen großen architektonischen Wunder Asiens, verbleiben die Tempel von Pagan im Windschatten einer unberechenbaren Politik, deren Bankrott durch die im Tourismusgeschäft zu verdienenden Devisen abgewendet werden soll, die zugleich aber in einer geradezu panischen Furcht vor jeder Art von Wandel den ausländischen Besucherstrom immer wieder rigide und unvorhersehbar beschränkt. Nur als Teilnehmer kostspieliger Bildungsreisen oder als Individualtourist mit einem hohen Zwangsumtausch zu einem extrem ungünstigen Wechselkurs waren die Ruinen von Pagan in den vergangenen Jahren zu besuchen. Bei meinem ersten Besuch verloren sich wenige Dutzend Fremde zwischen den zweitausend Pagoden von Pagan und genossen es, das Tempelfeld nach dem Kompass des Zufalls und der geschichtlichen Fantasie zu durchstreifen. Nur am Abend, wenn sich die Hitze des Tages verlor und vom Irrawaddy her kühler Wind über die Ebene wehte, trafen sie sich auf den Terrassen der Thatbyinnyu-Pagode, um von diesem höchsten Bauwerk Pagans aus den Sonnenuntergang über der Ebene zu beobachten.

Heute stehen die Pagoden wie eine Versammlung von Königen zu Hunderten in der Ebene. Erwachsen aus den Sünden ihrer Erbauer, getränkt mit den Träumen eines untergegangenen Reiches, gebrannt mit dem Holz verschwundener Wälder, haben sie die Geschichte verlassen und sind zu Bestandteilen der Landschaft geworden. Zurückhaltend drapiert durch das spärliche Grün der Felder und Bäume, begrenzt durch den majestätisch dahinfließenden Irrawaddy und die zerknitterte Silhouette der westlichen Berge, scheint jeder Tempel im magischen Licht des vergehenden Tages seine wirkliche Farbe zu entfalten: Backsteinrote Flächen, sandsteinfarbene Fassaden, silberne Tempelspitzen, grün verwachsene Ruinen und kalkweiße Stupas wirken wie ein unwiederholbares kulturelles Muster auf dem Teppich der Natur. Dann verblassen die Farben, unendlich lang werden die Schatten, als wollten die Pagoden sich gegenseitig zur Nacht berühren, und im Süden steigt nach der Abkühlung des heißen Tages ein dunstiger Film über den Horizont. Wie eine neblige Membrane legt er sich über die Spitzen der kleinen Pagoden, umgibt die Basis der großen Tempel, doch die gleißende Sikhara der Ananda-Pagode verbleibt oberhalb dieser sanften Decke und reflektiert das letzte Licht des Tages.

Blick auf die Ruinen von Pagan

Kloster Mount Popa

Der Pilger büßt im Dormitorium

Das Kloster Mount Popa

Offiziell ist der Sommer die Regenzeit in Burma, doch auf die tellerflache Myingyanebene zwischen Pagan und Thazi ist schon lange kein Guss mehr niedergegangen. Verschwunden sind die üppigen Reisfelder im Umkreis von Mandalay. Der Bus fährt durch staubige, ausgetrocknete Flussläufe, und nur auf dem feuchteren Grund weniger aufgerissener Erdspalten gedeihen einige Palmen. Heiß scheint die Mittagssonne auf die Frauen, die weiß gebleichtes, altes Akazienholz kilometerweit auf ihren Schultern transportieren. Ein kleiner barfüßiger Junge balanciert auf seinen schmalen Schultern eine Stange mit zwei Eimern voller Wasser über den heißen Sand, weder die Wasserstelle noch sein Dorf sind zu sehen. Das Gesicht des Kindes ist zum Schutz gegen die sengende Sonne dick mit Tanaka- Creme bedeckt. Seine Augen sind starr nach vorne gerichtet, als gäbe es kein wichtigeres Ereignis als den nächsten Schritt.

Natur und Geschichte haben in dieser Ebene das Ihre zur Ausdörrung beigetragen: Die westlichen Arakan-Berge an der Grenze zu Bangla Desh versperren den Niederschlägen des Sommermonsuns den Zugang nach Zentralburma, und durch den jahrhundertelangen Holzbedarf der früheren Metropole Pagan wurde die Ebene fast vollständig entwaldet. Verstaubt und verbrannt liegt das Land unter der asiatischen Sommersonne, ein Stück Sahel im südostasiatischen Garten.

Doch ähnlich wie die Geschichte kennt auch die Natur keine Regel ohne Ausnahme. Hier ist es der Mount Popa, der Blumenberg, der sich als eine fruchtbare Enklave inmitten der zentralburmesischen Trockenebene weithin sichtbar erhebt. Gleich, ob man morgens von Thazi aus startet und am Nachmittag Nyaung-U oder Pagan erreicht, ob man sich zum Irrawaddy oder in Richtung auf die östlichen Shan-Berge zubewegt - aus allen Richtungen ist der steile Berg mit dem weiten Plateau zu erkennen, fast immer von Wolken umgeben, die ihre Feuchtigkeit für diesen begünstigten Landstrich reservieren. Der Mount Popa, der so wenig in diese Gegend zu passen scheint, ist tatsächlich einer der jüngsten Berge der Erde, entstanden durch eine gigantische vulkanische Eruption im fünften vorchristlichen Jahrhundert. Ähnlich wie in Mittelamerika oder auf den indonesischen Inseln verwandelte sich die geologische Katastrophe mit der Zeit in ein Geschenk der Natur: Es erwuchs an den Rändern des Popa-Berges ein üppiger Saum der Fruchtbarkeit, während die umliegenden Ebenen verbrannten.

So gleicht die Fahrt zu diesem Berg einer Rückkehr in die Tropen: Palmenhaine säumen die Straße, Reisfelder erstrecken sich zu beiden Seiten des Weges, und im Schatten der Bäume stehen die mit Wasser gefüllten Tonkrüge, aus denen sich jedermann gegen etwas Münzgeld bedienen kann. Als der Bus schließlich in umständlichen Windungen die Ebene verlässt, passiert er eine hügelige Galerie Gemüsegärten, Zuckerrohrfelder, Kaffeeplantagen und pausiert in kleinen

Ortschaften mit lebhaften Märkten - eine beinahe mittelamerikanische Landschaftsatmosphäre, gäbe es nicht anstelle kleiner Dorfkirchen das über der gesamten Bergszenerie auf einem zuckerhutartigen Felsen thronende Popa-Kloster mit seinen drei vergoldeten Stupas.

Zuerst ist es nur ein schimmernder Fleck inmitten einer grünen Berglandschaft, dann die gleißende Reflektion des abendlichen Sonnenlichtes durch die Klosterstupas - bis das Auge schließlich einen mehrere hundert Meter hohen und steilen Felsen erkennt, auf dessen Spitze sich einer der heiligsten Wallfahrtsorte des burmesischen Buddhismus befindet, das Kloster der Mahagiri-Nats, eine Veranda des Göttlichen in schwindelnder Höhe. Als begegne man einem Märchenbild aus Kindertagen, erweckt der Anblick des Klosterberges während der Anfahrt Gefühle von Vertrautheit und Fremde zugleich: Bizarre Formen am Rande des Abgrunds, ein verzaubertes Licht auf golden ummantelten Tempeln und der sich im Dunst verlierende Horizont suggerieren die Empfindung, sich als Komparse in einem Märchenfilm zu befinden.

Der Ort Popa unterhalb des Klosters, die Endstation aller Straßen, existiert nur als Appendix des Felsenklosters. Er besteht aus einem gut zweihundert Meter langen ungeteerten Weg, an dessen Rändern offene Holzhallen als eine Kombination von Restaurant, Wohnzimmer und Garage dienen, ein Beispiel für den fließenden Übergang des öffentlichen und des privaten Lebens. In der Regel sitzen die Familienmitglieder um einen großen Holztisch, die Mutter kocht das Essen in großen Kesseln, und wer des Weges kommt, kann gegen einen kleinen Preis mitessen. Hochsaison ist hier nur im burmesischen Frühjahr, dem Monat Nayon, der unserem Mai/Juni entspricht, wenn die Holzfigu-

135

ren der Mahagiri-Nats am Klosterfelsen zum Ziel einer landesweiten Wallfahrt werden. An diesem Abend aber sind wir die einzigen Gäste im Ort, freundlich bedient und belächelt von den Einheimischen,

In der Mehrgenerationenfamilie von Popa ist an diesem Abend jeder auf seine Weise beschäftigt. Der Vater repariert gleich neben dem Wohnzimmertisch den Generator, die Mutter würzt die Nudeln für das Abendessen, und wie zur Probe tragen die Töchter ihre jüngsten Geschwister ein wenig auf der Dorfstraße herum und schäkern mit einheimischen Freiern. Der zwölfjährige Spross des Hauses hat bereits den Kopf kahlgeschoren und wird bald als Novize für einige Wochen ins Kloster gehen. Am interessantesten aber ist die abendliche Beschäftigung der Großmütter, zu deren wichtigsten Aufgaben die Abwehr der diebischen Affenhorden gehört, die auf den Blechdächern der Garküchenrestaurants herumhuschen und stehlen, was immer sich transportieren lässt. Ganz ohne Kassenbrille knallen die Großmütter mit einer kleinen Schleuder die Affen von den Giebeln, und den Tieren ist der bloße Anblick einer Großmutter mit der Flitsche bereits so verhasst, dass sie sofort das Weite suchen, wenn sie nur von ferne einer alten Dame ansichtig werden.

Wie überall in den Tropen bricht die Dunkelheit nach einer kurzen Dämmerung fast übergangslos über Popa herein. Kerzen werden entzündet, und die kurze Dorfstraße wirkt plötzlich wie eine lockere Lichterkette, deren Leuchten sich auf den spiegelblanken Glatzen der Mönche reflektiert. Entspannt sitzen zwei von ihnen vor einem Glas Wasser und blicken in die Nacht, unsere Nudelsuppe dampft, und die Großmutter hat ihre Schleuder beiseite gelegt, um sich eine dicke Cheerot-Zigarre zu drehen. Das dunkle Gestein des Popa-Felsens, auf dem sich das Kloster befindet, wird zu einer undurchdringlichen schwarzen Wand, in deren Windschatten sich der kleine Ort schon bald zur Ruhe bettet. Kurz darauf blickt uns ein freundlicher Mönch fragend in die Augen. Nein, wir sind keine Buddhisten, würden aber doch gerne im Schlafsaal des Klosters übernachten. Er nickt und lächelt ein wenig schmerzlich, was ich allerdings erst im Laufe der Nacht verstehen werde.

Auf den ersten Blick macht der klösterliche Schlafsaal einen kargen, aber durchaus funktionalen Eindruck. Der ganze Boden einer großen Halle ist mit Bastmatten bedeckt, es gibt eine funktionierende Glühlampe, eine Wasserstelle im Hof und eine Nische mit fünf Buddha-Statuen, zu deren Füßen ich mein Lager errichte. Es dauert aber nur wenige Minuten, bis ich erkenne, welche Prüfung es bedeutet, in einer lauen asiatischen Nacht in einem unabgedichteten Klosterschlafsaal zu übernachten. Zuerst turnen auch hier die Affenhorden über die Dächer, es rumpelt und kracht, dass ich fürchte, jeden Augenblick würde das Gewölbe über uns zusammenbrechen. Dann aber beginnt die Herrschaft der Mücken, die sich nach dem Verlöschen der Lampen aus allen Winkeln und Ecken surrend bemerkbar machen und sich ihre Opfer suchen. Für die Moskitos ist der Schlafsaal des Popa-Klosters während der Wallfahrtszeit im Monat Nayon wahrscheinlich das gleiche wie für die Grizzlies in Alaska der Lachsfang am McNeill-River: eine fette Weide, die die Natur ihnen in ihrem unerschöpflichen Ratschluß einer Art zum Geschenk machte. Und gerade so, wie die Lachse den Bären flussaufwärts in die Mäuler springen, so legen sich die leidensbereiten Pilger im Wallfahrtsmonat Nayon in diesen mückenverseuchten Saal und begrüßen möglicherweise jeden Stich als willkommene Buße für irdische Verfehlung.

Vor die Wahl gestellt, in einem engen Verschlag den Raum mit einem Affen oder einem Moskito zu teilen, würden sich die meisten Europäer zweifellos für den Affen entscheiden, abgesehen davon, dass angesichts der überwältigenden Zahl der Mücken jeder Widerstand zwecklos ist. Jedenfalls lerne ich bald, dass die Buße, die in jeder Wallfahrt zugrundeliegen soll, am Mount Popa nicht nur darin besteht, barfuß den Klosterfelsen zu erklimmen, sondern auch darin, des Nachts im Klosterschlafsaal seinen Blutzoll zu entrichten. Kein Europäer vermag in dieser Mückenhalle auch nur eine halbe Stunde zu schlafen, und so sitze ich schon lange vor Morgengrauen vor den Klosterschlafsälen und versuche mich vollkommen zerstochen, ein wenig mit den Legenden des Popa-Berges abzulenken. Ich lese von Geschwisterliebe und Niedertracht, von guten, hilfreichen Geistern, Verderben und Erlösung, der das Volk eine die Jahrhunderte überdauernde und sich schließlich ins Religiöse übersteigernde Anhänglichkeit bewahrte. Der Mythos vom Popa-Berg führt zurück in die vorbuddhistische Phase des alten Burma, als das Volk in religiöser Inbrunst einem animistischen Geisterglauben verhaftet war, den der missionierende Buddhismus nicht eliminierte, sondern als ein Seins- und Werdenselement in seine tolerante Kosmologie integrierte.

Folgt man der nachträglich kodifizierten Überlieferung lebte dereinst vor undenklichen Zeiten ein berühmter Schmied am Popa-Berg, der nicht nur die kunstvollsten Metallstücke herzustellen verstand, sondern auch bei jeder Mahlzeit fünfzehn Kilogramm Reis verspeist haben soll. Der missgünstige König Thirpyitsaya, den die Glasperlenchronik von Mandalay in das vierte Jahrhundert datiert, trachtete diesem berühmten Sohn des Volkes aus Missgunst nach dem Leben, doch Nga Tin De, in freier Übersetzung: Herr Stattlich, wurde gewarnt und konnte in die Wälder fliehen. Nun begab es sich aber, dass Herr Stattlich eine wunderschöne Schwester, Shwemyethna, Frau Goldgesicht, besaß, die sich der üble Monarch zum Weib erwählte, einmal, um sich an ihrer Schönheit zu laben, aber auch, um den Bruder, der jetzt ja königlicher Schwager war, aus den Wäldern zu locken. Und tatsächlich nahm das Verderben seinen Lauf. Herr Stattlich, mit der Kunde von der königlichen Hochzeit seiner Schwester aus den Wäldern herausgelockt, wurde an einen Baum gebunden und verbrannt, und Frau Goldgesicht, voller Gram über ihre Rolle bei dem Komplott, stürzte sich zu dem brennenden Bruder in den Flammentod.

Bis hierhin ist die Geschichte noch kein Märchen, sondern nur eine triste Variante all des Unrechts, unter dem das einfache Volk immer schon zu leiden hatte. Doch keine Sünde vergeht in einer auf Gerechtigkeit angelegten Welt, und so konvertiert die Geschichte nach dem Tod der Geschwister ins Metaphysische: Als Geister fahren Herr Stattlich und Frau Goldgesicht in den Saga-Baum, unter dem sie den Tod gefunden hatten, und das Verderben ereilt jeden, den der Schatten des Baumes berührte. König Thirpyitsaya, ein wahrlich übler Geselle, fackelte nicht lange, ließ den Baum von einem Selbstmordkommando fällen und in den Irrawaddy werfen. Die Kunde vom Tod des Geschwisterpaares und dem treibenden Baum hatte sich aber in Windeseile im ganzen Land verbreitet, so dass der benachbarte König Thinlikyaung anordnete, den Stamm aus dem Wasser zu fischen und aus seinem Holz jene beiden Figuren zu schnitzen, die heute noch als Wohnstätte der beiden Mahagiri-Nats am Popa-Kloster verehrt werden.

Als der Buddhismus seinen Siegeszug durch Burma antrat, wurde der Glaube des Volkes an die guten Nats vom Popa-Berg zu einem Legitimationsritual für die myanmarischen

Herrscher überhöht: Es bildete sich die Gewohnheit heraus, dass ein neugekrönter König, dem an der Liebe seines Volkes lag, zu den Geistern in den Holzfiguren des Popa-Klosters zu pilgern hatte, eine Mischung zwischen Prozession und Regierungserklärung, mit der der Herrscher gleichsam versprach, sein Volk zu schützen und nicht zu quälen.

Dass die burmesische Generalität, die ihr Volk seit Jahrzehnten knechtet und ausbeutet, sich jemals um die Legitimation der guten Geister bemüht hätte, ist nicht bekannt. Vielleicht ist die mythologische Mahnung zu deutlich, denn auch heute wird die Friedfertigkeit eines ganzen Volkes bis zur Neige ausgetestet, Zusagen werden gebrochen, Terror wird gegen jede Opposition angewandt und immer mehr Waldflächen werden gerodet. Für die Pilger, die im burmesischen Monat Nayon zum Popa-Kloster wallfahren, sind die Holzfiguren dagegen sinnfällige Symbole einer Gerechtigkeit im Wartestand und somit auch ein stummer Protest gegen das Regime.

Nur auf den ersten Blick mag es verwundern, dass die verehrten Holzfiguren nicht im Kloster auf der Spitze des Felsens untergebracht sind. Man erreicht sie auf halber Höhe der serpentinenförmigen Treppen, und es ist genau diese Lokalisierung, die dem Besucher den Klosterfelsen als ein verkleinertes Abbild der burmesisch-buddhistischen Weltlehre enthüllt. Einunddreißig Ebenen des Seins, voneinander durch unvorstellbare Entfernungen getrennt, bilden nach dem buddhistischen Glauben den Kosmos, und sie alle hat die Seele in unendlichen Kreisläufen zu durchwandern, ehe sie das Sein überhaupt verlassen und im Nirwana verlöschen kann. Die Insel Jambudipa, die irdische Welt, repräsentiert innerhalb dieser Hierarchie erst die fünfte Stufe, ganz wie der Ort Popa weit unterhalb der goldenen Pagoden auf der Felsenspitze. Oberhalb dieser irdischen Welt, aber noch immer weit vom Nirwana entfernt, existieren für den gläubigen Buddhisten neben zahlreichen Göttern auch die Nats, die guten und hilfreichen Geister, deren Existenz aber auch von der Verehrung abhängt, die ihnen die Bewohner Jambudipas entgegenbringen. So bilden die Geister nichts weiter als Wegmarken auf der Wanderschaft der guten Seele zum Nirwana, und deswegen sind sie genau in halber Höhe des Aufstiegs lokalisiert, gleich weit entfernt von der Sphäre des Irdischen in den Garküchenrestaurants der Dorfstraße und den goldenen Ummantelungen der buddhistischen Stupas auf der Spitze des Felsens.

Übergangslos läuft der Besucher während des Aufstiegs in eine überdachte Treppenpassage hinein, in der gläubige Burmesen vor zwei bunten Idolen auf den Knien liegen und beten. Je einen Meter groß sind die Holzfiguren, von einer geradezu kindlich-naiven Gestaltung, kostbar und bunt bekleidet und mit jenem arglos-freundlichen Gesichtsausdruck ausgestattet, der auch vielen Burmesen eigen ist - und der als Mentalität dazu beiträgt, dass sie damals wie heute den Mächtigen auf den Leim gehen. Während ein Mönch in seiner rostroten Kutte zum Heil seiner Seele unablässig den Boden vor den Altären fegt, spricht eine alte Frau unhörbar zu den Statuen, sie hat ihre Augen geschlossen und bewegt nur die Lippen. Zwei kleine Mädchen legen Frau Goldgesicht Blumen zu Füßen, ein rührendes Bild, als würden Kinder ihre Puppe zum Geburtstag beschenken.

Das Kloster auf der Felsspitze besteht aus vier kleinen, teils gelb bemalten, teils vergoldeten Stupas, und was aus der Ferne prächtig wirkte, verliert unter dem unmittelbaren Augenschein manches von seiner Wirkung. Eine Stimmung von Hinfälligkeit und Vergeblichkeit beherrscht die Stimmung in den beiden Gebetshallen, sanft übertüncht von der Freundlichkeit, mit der die Mönche dem Gast zu Füßen der Buddha-Statuen den Tee servieren. Vielleicht aber ist es gerade diese milde Apathie und Duldsamkeit, die in den Gesichtern der Gläubigen zu lesen ist, die den ungerechten Herrschern ihr Geschäft so einfach macht und den Vorbehalt der Unterworfenen im Überzeitlichen verpuffen lässt.

Als wir das Felsenkloster verlassen, hat sich der Himmel zugezogen. Der Abstieg führt mitten hinein in tiefhängende, regennasse Wolken. Nebelfahnen umschweben die vier kleinen Stupas über uns, ein Blick in den Abgrund gleicht der Aussicht in eine milchige Unendlichkeit. Als es zu regnen beginnt, erfüllt ein millionenfaches Prasseln die Luft, und die Baumkronen am Rande des heiligen Berges erglänzen in einem fetten, saftigen Grün. Mönche im rostroten Kaftan kommen mit ihren Bettelschalen ins Dorf. Vage, wie die Abgesandten einer fremderen Welt, treten sie aus dem Nebel heraus und warten vor den Häusern mit unbewegter Miene, bis ihnen die Bewohner ihre Gaben mit Dank und Verbeugung in die Bettelschalen legen. Ein hagerer dürrer Mönch mit einer Goldrandbrille geht die Straße entlang, im Zeitlupentempo setzt er Schritt vor Schritt, und ein junges Ehepaar mit Kind, das ihm entgegenkommt, wirft sich vor ihm auf die Knie.

Mönch mit Bettelschale am Mount Popa

An der Daw- U – Pagode / Inle See

Fünf Buddhafiguren
wie vergoldete Riesenkartoffeln

Durch die Shan-Berge zum Inle-See

Um in die Shan-Berge zu gelangen, gibt es mehrere Möglichkeiten. Entweder man kauft sich für knapp hundert Dollar bei der burmesischen Tourismusbehörde Myanmar Travel Tours in Rangun ein Flugticket und mobilisiert ein beachtliches Gottvertrauen beim Betreten der uralten Fokker, oder man bezahlt neunzig Kyatt für einen Platz in einem öffentlichen Kollektivtaxi. Da Taxis wie Flugzeuge in Burma meist aus der Kolonialzeit stammen, ist es schwer, zu entscheiden, welches der beiden Transportmittel als sicherer zu gelten hat. Erlebnisreicher ist auf jeden Fall die Fahrt mit dem Taxi, im englischen Kolonialjargon auch "Pickup" genannt.

Pickups sind in Burma die landesübliche Art der motorisierten Fortbewegung. Sie sind preiswert, langsam, eng und verfügen über die bemerkenswerte Eigenschaft, niemals so voll besetzt zu sein, dass nicht noch mindestens eine Familie mit ihrer Gemüseernte mitgenommen werden könnte. Wie der indische Guru Sri Sai Baba, der aus seinen berühmten Gefäßen endlos Staub regnen lassen kann, vermag der Pickup-Driver umgekehrt immer noch mehr Fahrgäste einzuladen: zunächst am Beginn der Reise auf die regulären Holzpritschen, dann auf kleine Schemel, die bei Bedarf zwischen den Pritschen aufgestellt werden, auf dem Dach und endlich auf winzigen Trittbrettern an den Seiten des Kombis.

145

Die erste Lektion für den Europäer, der in einem solchen Gefährt längere Strecken zurücklegen möchte, lautet: niemals innen sitzen, auch wenn zunächst alles einen geräumigen Eindruck macht. Denn spätestens nach einer Stunde verwandelt sich die überdachte Ladefläche in eine Sardinendose für Menschen. Am besten wird man deswegen gleich zu Beginn der Reise beim Fahrer vorstellig, zahlt den doppelten Preis, das heißt in diesem Fall nicht einen, sondern umgerechnet zwei Dollar, und erbittet dafür den Platz in der Fahrerkabine, ein Verfahren, mit dem man allerdings nur dann Erfolg hat, wenn keine buddhistischen Mönche zu den Fahrgästen gehören. Dann bleibt nur noch das Dach.

Als der schon bei der Abfahrt überladene Wagen den Eisenbahnknotenpunkt Thazi verließ, zog sich die Sonne hinter eine freundlich-milchige Wolkenwand zurück. Landschaften, Dörfer und Menschen flogen förmlich vorbei - und veränderten sich mit jedem Kilometer. Die große, fast dürre zentralburmesische Ebene von Pagan wurde schon eine Autostunde hinter Thazi durch die Shan-Berge begrenzt, eine der landschaftlich schönsten, wenngleich auch politisch instabilsten Regionen des burmesischen Vielvölkerstaates.

Die Völker und Stämme der Shan, die eng mit den Thais verwandt sind, leben mit dem burmesischen Staatsvolk seit Jahrhunderten in einer spannungsreichen Beziehung. Als Teil einer größeren Völkerverschiebung wanderten die Shan zusammen mit den Thais von den südlichen Himalaja-Ausläufern nach Süden. Unterstützt von den Mongolenheeren Kubilai Khans, eroberten sie kurzfristig ganz Zentralmyanmar, zerstörten die alte Königsstadt Pagan, bis sie schließlich nach wechselvollen Kämpfen im fünfzehnten Jahrhundert in das östliche Bergland an der Grenze zu Thailand abgedrängt wurden. Als sich die Briten 1948 aus Burma zurückzogen, fügten sich die drei Millionen Shan nur deswegen in den neuen Staat ein, weil sie die feste Zusage erhielten, sich nach zehn Jahren gegebenenfalls aus der Union von Burma lösen zu können. Als dieses Versprechen nach diversen Intrigen der Zentralregierung in Rangun Anfang der sechziger Jahre gebrochen wurde, begannen die bewaffneten Auseinandersetzungen, die sich unbeachtet von der Weltöffentlichkeit nun seit fast dreißig Jahren hinziehen. Die nordöstlichen Grenzen Burmas zu Thailand sind der Kontrolle der Zentralregierung in Rangun längst entglitten, ohne dass die verschiedenen Rebellengruppen der Shan stark genug wären, ihre Territorien als eigenen Staat zu konstituieren. Im quasi staatenlosen Graubereich des Goldenen Dreiecks haben deswegen die Profitchancen des Opiumgeschäftes die politischen Optionen längst überdeckt.

Bergig und bewaldet, durchsetzt mit Zuckerrohr, Tee- und Kaffeeplantagen, bieten die Shan-Städte wie Kalaw, Heho und Taunggyi eine Szenerie, die sich deutlich vom restlichen Burma unterscheidet. Das schlägt sich sogar in der Kleidung nieder. Anstelle des landesüblichen Longhie, eines knöchellangen Hüfttuchs, tragen die Shan-Männer bauschige Hosen und die jungen Frauen grellbunte Kleidung, die allerdings mit zunehmendem Alter immer dezenter wird, bis sich die reife Frau schließlich ganz in Schwarz präsentiert. Männer wie Frauen bevorzugen handtuchähnliche Turbane, die sie wie farbige Vogelnester auf ihren Köpfen tragen.

Die Hauptstadt des Shan-Gebietes, und zugleich auch die Grenze der Regierungspräsenz, ist die Stadt Taunggyi, eine noch immer stark vom britischen Einfluss geprägte Bergstation, etwa 1300 Meter über dem Meeresspiegel. Der rege Grenzschmuggel mit dem nordthailändischen Chiang Mai zieht die Angehörigen der unterschiedlichsten Volksgruppen in die Stadt. Shan, Burmesen, Inthas, Kayah, Karen, Kachin, Mon und Chin bieten ein Vexierbild asiatischer Trachten- und Stammesvielfalt. Manchmal besuchen auch die weiblichen Angehörigen der Padaung die Stadt, jene seltsamen "Giraffenfrauen", die durch eine steigende Anzahl metallener Ringe von Kindheit an die Länge ihres Halses bis ins Groteske strecken. Die Ringe der Padaung drücken die Schlüsselbeinknochen der Frauen nach unten, dehnen das Halsgewebe bis zur totalen Muskelatrophie, so dass der faktisch verkrüppelte Hals nach einigen Jahren dieser Tortur ohne die Ringe einfach von den Schultern herunterbaumeln würde. Ob es sich hier ursprünglich um ein abseitiges Schönheitsideal, eine Schutzverstümmelung gegen Sklavenhändler oder eine Halsmanschette gegen Tigerbisse gehandelt hat - jämmerlich und menschenunwürdig jedenfalls ist es mitanzusehen, wie Touristengruppen für Bargeld an Marktständen oder in Hotels in Taunggyi einzelne verunsicherte Padaung-Frauen wie Exemplare aus einem Menschenzoo bedrängen.

Östlich von Taunggyi, noch vor dem Salween River, beginnt das Rebellengebiet, und so ist man gut beraten, die Fahrt durch die Shan-Berge in einer anderen Richtung fortzusetzen. Die meisten Reisenden zieht es von Taunggyi aus ohnehin gleich nach Süden zum Inle-See, an dessen Ufern die Inthas eine der faszinierendsten Stammeskulturen Indochinas entwickelt haben

Aus der Ferne wirkt das Siedlungsgebiet der Inthas wie eine einzige große Wiese, so dass man sich über ihren Stammesnamen "Söhne des Sees" wundert. Der 158 Quadratkilometer große und knapp achthundert Meter über dem Meeresspiegel gelegene See ist über einen großen Teil seiner Fläche mit Wasserhyazinthen so zugewachsen, dass man von manchen Ufersiedlungen aus kilometerweit mit dem Boot durch das Grün fahren muss, ehe man das freie Wasser erreicht. An diesen See verschlug es die Inthas erst vor etwa zweihundert Jahren, als sie während der endlosen burmesisch-thailändischen Kriege ihre südlichen Wohnsitze an der Andamanischen See verließen, um sich im Norden eine neue Heimat zu suchen.

Unter den besonderen Bedingungen des Inle-Sees, seiner Temperatur, seiner Wasserfluktuation, Größe und geografischen Lage verwandelt sich das faulige Gemisch aus Hyazinthen und Schlamm innerhalb von fünfzig Jahren in fruchtbaren Humus, ein sinnfälliger Stoffwechselkreislauf, der die Generationen auf bemerkenswerte Weise verklammert, denn was einst der Großvater von der Veranda seines Stelzenhauses an Wassergesträuch verfaulen sah und was er selbst mit seiner Familie im Laufe seines Lebens an Stoffwechselprodukten in den See entließ, wird zur ertragreichen Erde für den Enkel. Früher wurden die herumtreibenden Humusinseln einfach von den Intha-Familien zusammengesucht, heute steht der größte Teil des gärenden Humusschlamms unter staatlicher Kontrolle. Gegen eine erschwingliche Gebühr können sich Familien geeignete Humusparzellen zur Bearbeitung kaufen. Mit ihren Booten fahren sie dann an große eingezäunte Hyazinthenflächen, lockern eine Parzelle in der vereinbarten Größe und treiben das fruchtbare Stück Seeland über das Wasser zu ihrem Dorf. Dort werden die Gärten mit meterlangen Stangen am Grund des nur etwa drei Meter tiefen Sees befestigt und bearbeitet.

Im Zuge ihrer Anpassung an diese halbamphibische Lebensweise haben die Inthas eine in der ganzen Welt einmalige Rudertechnik entwickelt: Statt sitzend ein Ruder mit beiden Händen zu bedienen, steht der Intha-Mann aufrecht auf einem Bein in seinem flachen Boot, während er das andere Bein gewissermaßen um ein langes Ruder schlängelt und - Arm und Bein als Hebel bedienend - kräftesparend und mit guter Übersicht den See überquert.

Aus den außergewöhnlichen Lebensbedingungen ergibt sich für den Betrachter ein fremdartiges und einmaliges Landschaftsbild. Umgeben von sanft geschwungenen Bergrücken, an deren Kämmen sich die Wolken zu phantastischen Formen verbinden, liegt der See wie ein dunkler Spiegel unter dem Himmel, durchsprenkelt mit großen Grünflächen herangärender fruchtbarer Erde, und an seinen Ufern gesäumt von kleinen Siedlungen, deren Häuser auf Stelzen über dem Wasser erbaut wurden. Von morgens bis abends bewegt sich eine vielfältige Armada von Flachbooten mit ihren aufrechtstehenden, Einbeinruderern über den See, passiert die Streifenfelder und überquert im Rhythmus der Intha-Ökonomie das offene Wasser auf dem Weg zu den Dörfern und Märkten.

Der Höhepunkt des Marktgeschehens am See ist der große schwimmende Markt von Ywamma, der alle fünf Tage stattfindet. Im Unterschied zu dem touristisch präparierten Gewimmel in den Klongs von Bangkok oder dem sogenannten "Floating Market" von Damnoen Saduak in Thailand wird der Tourist hier nur beachtet, wenn er wirklich Bohnen oder Erbsen kaufen will. Familien von allen Ufern des Inle-Sees treffen sich auf den Wasserstraßen von Ywamma und bieten ihre Erzeugnisse an: alle Arten von Gemüse, Gewürze, Obst, den in großen Reusen gefangenen Inle-Fisch, Blumen, Kaffee, Kakao, Tee und Webereien. Mit staunenswerter Geschicklichkeit bugsieren die Intha-Frauen ihre flachen Boote immer in das Zentrum des Marktgeschehens. Wettergegerbt und listig erscheinen die Gesichter der älteren Frauen, die in den Geschäftspausen die dicken, selbstgedrehten Cheerot-Zigarren schmauchen. Am späten Vormittag werden die Boote weniger. Die Waren und die Neuigkeiten sind ausgetauscht, reichlich Tee wurde getrunken, und wer einen besonders guten Tag erwischte, wird es nicht versäumen, in der nahe gelegenen großen Phaung-Daw-U-Pagode sein Dankgebet zu verrichten.

Die Phaung-Daw-U-Pagode gilt mit ihren fünf heiligen Buddhas als das religiöse Zentrum des Inle-Sees. Weithin sichtbar erhebt sich der große weiße Turm über die bastmattengedeckten Stelzenhäuser, umkreist von an- und ablegenden Flachbooten, vor dem Hintergrund der grünbepelzten schraffierten westlichen Shan-Berge. An diesem Nachmittag ringt die Sonne mit einer wildromantischen Wolkenbildung. Manchmal erstrahlen die Marmorfassaden der Pagode in gleißendem Licht, während das Wasser die Düsternis einer vom Osten heranziehenden Gewitterfront widerspiegelt.

Im ersten Stock des Tempels beten die Gläubigen vor den fünf Phaung-Daw-U-Buddhas, die der burmesische König Alaungsithu lange vor der Einwanderung der Inthas in die Shan-Berge gebracht haben soll. Wie es mit den Reliquien aller Religionen in verblüffender Regelmäßigkeit zu geschehen pflegt, verschwanden auch die fünf heiligen andamanischen Buddhas auf rätselhafte Weise und wurden erst Jahrhunderte später in einem weitverzweigten seenahen Höhlensystem wiedergefunden. Ungefähr so, als sei die israelische Bundeslade lange vor den Israeliten im Gelobten Land eingetroffen, begreifen die buddhistischen Inthas die wegweisende Reise dieses heimatlichen Heiligtums vor ihrer eigenen Wanderung nach Norden als ein großes Mysterium,

151

das zum Vollmondwechsel im September in enthusiastischen Festen gefeiert wird. Der kostbare Goldschrein wird mitsamt den fünf Buddhafiguren auf einer königlichen Barke vierzehn Tage lang zu allen größeren Siedlungen am Seeufer gerudert, eskortiert von Langbooten, in denen Dutzende von Intha-Männern in staunenswertem Synchronismus ihre einbeinige Rudertechnik zelebrieren. An den Wänden der Phaung-Daw-U-Pagode sind Bilder von diesen Wasserprozessionen aufgehängt, dazu Fotografien hoher buddhistischer Würdenträger, die der demütig zu ihren Füßen hockenden Militärprominenz den geistlichen Segen erteilen, und auch packende Zielfotos von Langbootrennen, die während der Festlichkeiten auf dem See ausgetragen werden, sind zu sehen.

Bei soviel legendengesättigter Folklore muss der direkte Anblick der Buddha-Skulpturen im Goldschrein der Phaung-Daw-U-Pagode enttäuschen. Auf den ersten Blick wirken die Figuren wie fünf vergoldete und in roten Samt verpackte Riesenkartoffeln. Tatsächlich sind die Körperproportionen der etwa einen Meter großen Goldklumpen wegen der Sitte, verehrte Statuen durch das immer neue Anfügen winziger Goldplättchen zu ehren, kaum noch zu erkennen. Aber können die Phaung-Daw-U-Buddha-Skulpturen auch keinen Vergleich mit den Ananda-Buddhas von Pagan oder dem Maha-Muni-Buddha von Mandalay aushalten, die Gläubigen stört es nicht, in der Aura einer jahrhundertealten Legende nach dem Markttag Götterdarstellungen in ihrer Erscheinungsform als Wurzelknolle zu verehren.

Nicht nur hinsichtlich der Reliquien, auch im Ablauf des Klosterlebens unterscheidet sich der Buddhismus am Inle-See vom mönchischen Alltag im übrigen Burma. Die bloße Tatsache der Geografie bringt es mit sich, dass die Mönche

152

des Morgens nicht ihren vorgeschriebenen Fußweg mit Bettelschale antreten können. Deswegen gehört es zu den religiösen Ehrenpflichten der ansässigen Bevölkerung, ihrerseits die Mönche schon zu Sonnenaufgang mit allem Lebensnotwendigen frei Haus zu versorgen.

Einhundertachtzig kleine Klöster gibt es am Inle-See. Etwa fünfhundert Mönche widmen sich dem meditativen Leben inmitten eines landschaftlichen Idylls. Eines der angesehensten Klöster, das Kyauk Nga Phe Chang mit einem sehenswerten buddhistischen Shan-Altar, wird nur noch von drei freundlichen Männern bewohnt, die bei unserer Ankunft gemütlich in ihren Korbsesseln sitzen und die Aussicht auf den See genießen. Während wir eine Schale Tee mit Gebäck erhalten, unterhält uns einer der Mönche mit den akrobatischen Kunststücken seiner Katzen, die er in der Einsamkeit des Klosterlebens den Tieren bis zur Perfektion beigebracht hat. Der älteste der Mönche lebt seit 38 Jahren im Kyauk Nga Phe Chang. Seine gütigen Augen ruhen voller Mitgefühl auf der Gruppe zappeliger Ferntouristen, die ihn an diesem Nachmittag besucht.

Die Gäste des Klosters sind sonst von ganz anderer Art: In den Ferien und den erntefreien Zeiten schicken die Eltern vom See ihre kleinen Söhne ins Kloster, um sie in den Grundlagen der buddhistischen Lehre unterweisen zu lassen. Um die zehn Jahre alt sind die Knaben, die, eingekleidet in einen roten Mönchsumhang, kahlgeschoren und mit Schirm und Opferschale versehen, von ihren Eltern hier abgegeben werden. Erst im Zuge meditativer Exegesen altbuddhistischer Texte erwerben die Jugendlichen nach buddhistischer Auffassung die sittliche Würde, die sie von der Welt des Kreatürlichen erhebt. Auch bei uns scheint der gütige Klostervorsteher Defizite zu vermuten. So schenkt er zum Abschied jedem Besucher ein comicähnliches Heftchen, in dem in volksnaher Form von den Jatakas, den 547 verschiedenen Leben des Buddha, berichtet wird. Es fällt nicht leicht, diesen Ort des Friedens zu verlassen, an dem sogar die Forellen und Barsche ihre Ruhe haben, weil im Umkreis des Klosters nicht gefischt werden darf.

Hinter kilometerlangen und immer weiter wuchernden Hyazinthenkanälen, einige Kilometer vom offenen Gewässer entfernt, liegt der kleine Ort Yaungshwe. Die Besucher, die während ihres Aufenthaltes am Inle-See hier wohnen, erleben eine durchgrünte Mittelgebirgslandschaft mit holprigen Lehmwegen, überwachsenen Wiesen und kleinen Gehöften, auf deren Balkonen sich die Kinder gegenseitig die Gesichter mit der Tanaka-Creme einschmieren. Nur einmal in der Woche, wenn sich die Inthas und Shan aus der gesamten Umgebung in Yaungshwe samstags zum Markttag treffen, kommt Leben in die kleine Stadt. Wäre es ein wenig kälter, der Himmel etwas freier, und würden die Marktteilnehmer statt der flachzylindrischen Chinesenhüte und der Shan-Turbane schwarze Melonen tragen, könnte man die Szenerie mit den südamerikanischen Indianermärkten von Otavallo oder Pisac verwechseln. Neben Kartoffeln, Zuckerrohr, Zwiebeln, Gewürzen, Fleisch, Fisch und Reis werden Bastmatten und Möbel angeboten. Kühe und getrockneter Dung befinden sich ebenso im Angebot wie Ziegen, Hühner und Schafe. An einer der Shan- oder Intha-Küchen kann man sich mit einer Portion Htaonin Paung, einem typischen Reis- und Gemüsegericht, stärken. Für den kleinen Hunger empfehlen die ortsansässigen Garküchenchefs Pagyadyo-Bällchen, scharf gewürzte Kräuterkügelchen mit Ei, zu denen man unbedingt mehrere Schalen Tee zum Nachspülen trinken sollte.

Am frühen Nachmittag löst sich der Markt auf. Nahrungsmittel, Kleidung, Möbel und Tiere haben den Besitzer gewechselt und verlassen auf Lastwagen, Pickups oder Langbooten den Ort. Die beschauliche Ruhe kehrt zurück, Intha-Familien flanieren ein wenig über die Dorfstraßen. Kleine Mönchsnovizen stehen vor dem einzigen Bretterkiosk des Ortes, hin- und hergerissen von ihrem neuen Stand und dem Wunsch nach einigen Bonbons. Angenehm kühl wird es zum Abend. Sogar unter dem dunkel werdenden Himmel leuchten die Gräser, Büsche und Palmen in einem milden Grün - ein zeitloses Bild, das man genießen könnte, wüsste man nicht, dass die beeindruckende Szenerie des Inle-See gefährdet ist.

Denn das unkontrollierte Hyazinthenwachstum in den vergangenen beiden Generationen hat zwar die Nahrungsdecke für die Anwohner des Sees verbreitert, der See ist aber nun dabei, an seiner eigenen Humusproduktion wie auch den Abwässern der siebzigtausend Anwohner zu ersticken. Der grüne Lebensteppich, der sich dem Besucher in einem so malerischen Kontrast zum schwarzen Wasser darbietet, verwandelt sich in ein Totentuch. Obwohl bereits die Erträge der Reusenfischerei zurückgehen, wird außer einigen halbherzigen Hyazinthenentwurzelungen an vereinzelten Uferpassagen nichts dagegen unternommen - ein weiteres trauriges Beispiel dafür, dass der kurzfristige ökonomische Vorteil jede wirkliche und tätige Sorge um ein langfristiges ökologisches Gleichgewicht in den Hintergrund drängt. Kaum einer mag auf die Nutzung der aktuell so reichlich vorhandenen Humusflächen zugunsten der Zukunft verzichten.

Auch in dieser Lebensfrage des Intha-Volkes scheinen die Phaung-Daw-U-Buddhas eine besondere Rolle zu spielen.

1956 versanken alle fünf Skulpturen während der September-
berprozessionen im See, und eine der Figuren, die im Hya-
zinthendschungel unter Wasser nicht mehr wiederzufinden
war, musste ersetzt werden. Für die Gläubigen war dies ein
sicheres Zeichen dafür, dass die Skulpturen wieder reisen
wollen. Sollte der Inle-See wirklich an seinen Hyazinthen
ersticken, wird ihnen das Volk der Inthas vielleicht bald
wieder reisen müssen.

Ruderer auf dem Inle-See

Intha Frau auf dem Markt von Yaungshwe

157

LAOS

Naga Schlange in Vientiane

160

Einleitung

Laos ist das Herzland Indochinas, nicht, weil es die bedeutendste oder am dichtesten besiedelte Region Indochinas wäre, sondern weil es ganz einfach in der Mitte liegt. Laos ist das einzige Land, das an alle anderen Staaten Indochinas grenzt: an Burma, Thailand, Kambodscha und Vietnam, und außerdem noch an China. Indochinas bedeutendster Strom, der Mekong, bildet über eintausend Kilometer hinweg die Grenze zu Thailand und Burma. Mit einer Fläche von 236.900 qkm ist Laos fast so groß wie Großbritannien, allerdings mit seinen nur sieben Millionen Einwohnern der Zwerg unter den Nachbarvölkern, die es auf 90 (Vietnam), 70 (Thailand) oder über 53 Millionen (Burma) Einwohner bringen.

Die Laoten (Lao) wanderten ebenso wie die Thais seit dem 9. Jahrhundert von Szechuan aus nach Indochina ein. Die weit überwiegende Zeit ihrer Geschichte waren sie von den größeren Nachbarreichen, dem Imperien von Angkor oder Siam, abhängig. Wahrscheinlich wären die Laoten als ethnische Minderheit im thailändischen Staat verschwunden, hätten nicht die Franzosen als Kolonialmacht die Verhältnisse des späten 19. Jahrhunderts zementiert und ihre Hand über Laos gehalten. Im 20. Jahrhundert wurde Laos wie fast alle Länder der Region in den Vietnamkrieg hineingezogen, wenngleich nicht so blutig wie Vietnam selbst oder Kambodscha. Hier wie dort ergriffen die Kommunisten nach dem Abzug der Amerikaner die Macht, ohne vergleichbar zu wüten wie ihre ideologischen Genossen in Phnom Penh. Die nackte Not und der drohende Staatsbankrott zwangen Laos, ähnlich wie Vietnam, Ende der Achtziger Jahre zu einer marktwirtschaftlichen Wende, die der Wirtschaft des Landes gut bekam, wenngleich das Einparteienregiment der ehemaligen Kommunisten fortdauert.

Obwohl seitdem beachtliche Wachstumszahlen gemeldet werden, ist Laos noch immer das mit Abstand unterentwickelteste Land der Region. Die Hälfte des Landes ist von Bergen und Wäldern bedeckt, und die einzigen, die es dauerhaft in diese Zonen verschlägt, sind die Holzfäller, die diesen Rohstoff rücksichtslos schlagen und verwerten. Nur etwa die Hälfte der Bevölkerung ist alphabetisiert, in weiten Teilen des Landes sind Krankenversorgung und Schulbesuch eher ein Luxus als die Regel. In der Regenzeit grassiert die Malaria, das Trinkwasser im Umkreis der Siedlungen ist mit Vorsicht (besser noch: nur abgekocht oder mit Mikropur bearbeitet) zu genießen. Die Handelsbilanz ist chronisch negativ, da Kaffee, Holz und Nahrungsmittel, die Laos exportiert, bei weitem nicht die Devisen bringen, die der Kauf von Industrieanlagen oder Maschinen erfordern würde. Dass in den Grenzgebieten zu Burma und Laos Opium angebaut wird, kommt nicht der Wirtschaft, sondern kriminellen Netzwerken zugute.

Laos ist also ein Entwicklungsland im alten Wortsinn, eine Land, dessen Infrastrukturaufbau gerade erst begonnen hat und das mit Bevölkerungswachstum und Armut kämpft. Umso erstaunlicher, dass es dem Reisenden mit Laos ein wenig wie mit Tibet geht: der mitunter bedrückenden Armut steht eine warmherzige und gastfreundliche soziale Praxis gegenüber. Was an Ressourcen mangelt, wird durch die Gaben Buddhas ersetzt, das scheint noch immer die Maxime vieler Menschen zu sein, und auch wenn diese Haltung nicht zukunftsträchtig sein mag, die Gegenwart macht sie auf jeden Fall erträglicher.

Szenen aus Vientinae

Eingang des Thanon That Luang- Vientiane

164

Ein Denkmal
für die Plünderer der Staatskasse

*Eine Fahrradtour durch Vientiane,
die kleinste Hauptstadt Asiens*

Wer das Fahrradfahren in asiatischen Hauptstädten lernen möchte, sollte in Vientiane beginnen. Kann der durchschnittliche Radler in Delhi leicht an einer der zahlreichen Kühen scheitern, riskiert man in Saigon die Karambolage mit einer heranrasenden Honda, braucht man sich in der laotischen Hauptstadt Vientiane vor Kühen und Hondas nicht zu fürchten. Und wo man sich in Peking oder Hanoi, eingesponnen in ein Kollektivgeschöpf aus Tausenden von Fahrradfahrern wie ein Schwarmfisch auf Rädern fortbewegen mus, fährt man in Vientiane mit reichlich Platz über die geräumige Bühne des laotischen Straßenverkehrs.

Zwar wird es den Einheimischen ein Rätsel bleiben, warum sich die steinreichen Gäste aus dem Westen nicht komfortabel und preiswert mit einer Rikscha durch die Hauptstadt fahren lassen wollen, doch wo eine Nachfrage entsteht, entwickelt sich seit der marktwirtschaftlichen Wende der Neunziger Jahre auch in Laos das passende Angebot. Diese Angebote zur Befriedigung der touristischen Strampellust kommen vorwiegend aus China und sind als Fahrräder daran zu erkennen, dass sie über einen Sattel, über Pedale und zwei Gummireifen verfügen. Sie besitzen außerdem ein Körbchen und ein Schloss, aber dafür leider kein Licht und in der Regel auch keine funktionstüchtige Bremse. Aber das macht nichts, denn Vientiane ist wahrscheinlich die einzige Hauptstadt der Welt, in der man mit einem Fahrrad ohne Bremse ganz gut über die

Runden kommt. Wegen der zumeist nur notdürftig geteerten Straßen wird man ohnehin nicht schnell fahren können, und eventuelle Verkehrshindernisse kann man bequem und weiträumig umkurven.

Von Verkehrshindernissen aber konnte an diesem Morgen noch keine Rede sein. Lediglich die Bettelmönche, die nach Auskunft sämtlicher Reiseführer so zuverlässig zum laotischen Morgen gehören wie der Briefträger in unseren Breitengraden, liefen in ihren verkehrssicheren organgefarbenen Kutten durch die Straßen, blieben hier ein wenig stehen, blickten dort fragend über die Auslagen eines Marktstandes hinweg, bis ihnen eine Handvoll Klebreis, ein wenig Obst oder einige Geldscheine in ihre Opferschalen gelegt wurden. Einige der frommen Männer zogen während der Spende genüsslich an einer Zigarette, was ihnen die tolerante buddhistische Weltanschauung gerne gestattet, weil sie sich ansonsten tagaus tagein im Dienste des allgemeinen Karmas mit der Befolgung von nicht weniger als 227 Verhaltensvorschriften plagen müssen. Auch dass die kahl geschorenen Mönche sich gleich nach dem Erhalt der Gaben brüsk abwenden und zielgerichtet weiten marschieren, muss man verstehen, tickt doch sogar im religiösen Leben des südostasiatischen Mönches unerbittlich die Uhr: Bis etwa 11.00 Uhr, das heißt, zu einer Zeit, in der mancher touristische Langschläfer gerade sein Frühstück beendet hat, muss die buddhistische Betteltour abgeschlossen und die einzige Tagesmahlzeit gegessen sein.

Gerne hätte ich über diese Merkwürdigkeiten ein wenig nachgegrübelt, doch leider sprang mir schon bald die Kette vom Fahrrad ab, und am Beginn der Thanon That Luang kullerte mir sogar ein Pedal vom Fuß. Doch was in unseren Breitengraden das Ende einer Fahrradfahrt bedeuten würde, war in Laos nur eine lässliche Pause, während der man unter gefälliger Anteilnahme der Bevölkerung die Ketten und die Schrauben immer aufs Neue befestigen und mit den Passanten ein Schwätzchen halten konnte. Sogar ein Mönch mit seiner Bettelschale nickte mir während der Reparaturarbeiten aufmunternd zu, was ich als gutes O-men werten wollte, erreichte ich doch trotz aller Unwäg-barkeiten meines Gefährtes schließlich nach einer guten Stunde den nordöstlichen Hügel der Stadt, von dem aus ich den großen Platz erblickte, auf dem sich die That Luang, das laotische Nationalheiligtum, erhob.

Unter den Individualreisenden, den bekanntlich nichts heiliger ist als ihre Reisekasse, nennt man die Stupa der That Luang die "Rakete". Andere gemahnt der schon von weitem sichtbare dreißig Meter hohe Turm der großen Pagode an einen erhobenen göttlichen Zeigefinger, der die buddhistische Gemeinde zu einem Leben nach dem Vor-bild des achtfachen Pfades ermuntert. Ob nun Rakete, Zei-gefinger oder stilisierte Lotusblüte, wie es der Reiseführer behauptete, auf jeden Fall erhob sich der That Luang an einem Ort, der noch viel älter war als Laos selbst. Hier im Nordosten der Hauptstadt sollen nach der Legende die buddhistischen Missionare, die der indische Kaiser Ashoka im dritten Jahrhundert vor Christus durch ganz Südasien schickte, den ersten buddhistischen Tempel erbaut und in seinen Gemäuern ein originales Brustbein des Erleuchte-ten bestattet haben. Ist man als laizistischer Westreisen-der auch immer wieder über die Anzahl der buddhisti-schen Brustbeine, Zähne, Finger oder Haare in ganz Asien überrascht, so hielten sich die Laoten, die erst ein gutes Jahrtausend nach eben jenem Brustbein im heutigen Laos erschienen, mit dergleichen Fragen nicht auf und erklärten mit der urwüchsigen Glaubenskraft eines frisch missionierten Volkes diesen Ort zu einem der heiligsten Plätze ihrer Kultur.

Als König Setthathirath, dessen geschichtliche Wirksamkeit fast so schwer einzuordnen wie der Name auszusprechen ist, die laotische Hauptstadt im 16. Jhdt. vom nördlichen Luang Prabang nach Vientiane verlegen ließ, begann der Bau der ersten großen Tempelanlage, und auch seine frommen Nachfolger investierten einen Großteil der Steuereinnahmen in die Ausschmückung der großen Stupa. Der Holländer Gerrit von Wuysthoff, der im Jahre 1641 als erster Europäer die That Luang besuchte, geriet beim Anblick der vergoldeten Ummantelung derart ins Schwärmen, dass er in einem Brief nach Amsterdam vieldeutig anmerkte, in diesem reichen Land gäbe es mehr Mönche als Soldaten. Tatsächlich war die laotische Kultur immer viel frommer als wehrhafter, so dass von der goldenen Ummantelung der großen Stupa heute leider nichts weiter geblieben ist als ein grellgelber Anstrich. Von Thais, Burmesen und Chinesen immer wieder geplündert und zerstört, wurde die im wechselvollen Rhythmus der laotischen Geschichte reichlich ramponierte That Luang schließlich im Jahre 1935 aufgrund der Rekonstruktionsvorschläge der Eoole Francais d' Extreme-Orient in ihrer heutigen Außenansicht wieder errichtet - zusammen mit einer gleichfalls grellgelb bemalten und überlebensgroßen Steinfigur König Setthathiraths, der in sitzender Haltung mit einem Gewehr auf dem Schoß wie eine Wächterfigur die Besucher empfängt.

Die großen Rundgänge der That Luang, in denen der Gläubige auf mehreren Etagen über die Stufenfolge der grobstofflichen und feingeistigen Welt meditieren konnte, waren gänzlich menschenleer, als ich den Tem-

168

pel besuchte. Statt dessen hatte in der benachbarten Grundschule soeben der Unterricht geschlossen, und die Kleinen flitzten mit einer Geschwindigkeit über den Vorplatz, die man ihnen mit ihren kurzen Beinchen gar nicht zugetraut hätte. Gravitätisches Murmeln dagegen drang aus den Versammlungshallen der beiden benachbarten Klöster - hier hatten die Mönche die Erträge der morgendlichen Betteltour auf ihren Bastmatten ausgebreitet und schickten sich an, noch rechtzeitig vor 11.00 Uhr die Tagesmahlzeit einzunehmen. Allzu abgehoben darf man sich diesen innerklösterlichen Verköstigungstermin nicht vorstellen, kombiniert doch die Existenzform des buddhistischen Mönches Weltlichkeit und Frömmigkeit in einer ganz eigenen Gestalt. So trugen zwei der speisenden Mönche schrille Käppis auf ihren Köpfen, und hinter den Räucherstäbchen dröhnte aus einem übersteuerten Fernsehempfänger das extravertierte Gebrüll einer asiatischen Comedy-Sendung.

So rollte ich alsbald die Thanon That Luang wieder zurück in die Stadt, mäßigte meine Geschwindigkeit mit der Fußbremsung, die ich seit meinen Kindheitstagen gut beherrsche, und besuchte die verschiedenen Klöster in der Nähe des Mekong-Ufers. Im Umkreis der Thanon Setthathirath reihten sich die Klöster und Pagoden tatsächlich aneinander wie die Perlen einer Gebetsschnur, Wat Ong Tu, Misay, Chan, Inpeng und viele andere mehr - ein jedes mit einer anderen Mythologie versehen, die sich auch der eifrigste Besucher nicht wirklich wird merken können. Die Tempeldächer waren weniger verglitzert als in Thailand, die steinernen Wächterfiguren erschienen mir freundlicher als in China, doch insgesamt glich der Spaziergang durch die verschiedenen Wats von Vientiane einem Streifzug durch eine fremde

169

Formenwelt, die letztlich mehr die Ästhetik als das Erkenntnisvermögen stimulierte. Mich stimmten all die malerischen Klosterhöfe mit ihren Palmenkronen, all die unendlich gleichmütig dreiblickenden Buddhagesichter sogar ein wenig besinnlich, was bei mir stets gleichbedeutend mit hungrig ist, und so dass ich bei der nächstbesten Garküche eine Mittagspause einlegte. *„Der Laote als Solcher ist ein unkomplizierter Esser"*, berichtete der Lonely Planet Guide, und im Klartext. bedeutete das wohl: es wird gegessen, was aus den Flüssen, der Luft oder aus der Erde auf die Tische der Garküchen kommt: Huhn und Rind, Fisch und Fleisch und Feuertopf, gesalzene Termiten, gebratene Schlangen und Gemüse in jedweder Zubereitung genießt der Laote genauso gerne wie die kulinarischen Errungenschaften fremder Völker. Frankreich hat Laos als Essenz seiner Kulturexporte das üppig mit Wurst und Salat gefüllte *Baguette* vermacht, *Chicken Curry* kam aus Indien und die Nudelsuppe *Mie Po* entstammt der großen Zivilisation der Han. Nur mit dem Hund auf dem Speisezettel, einer Spezialität des vietnamesischen Nachbarn, können sich die gutherzigen Laoten nicht so recht anfreunden, und so blieben ihre struppigen Vierbeinerbestände, durchweg typische Binnenlandhunde mit langem Leib und kurzen Beinen, bisher vor einem traurigen Ende in der Bratpfanne bewahrt.

Inzwischen hatte die Sonne ihren Zenit erreicht, es war heiß wie in einem Backofen, so dass ich mich zwischen zwei Alternativen entscheiden musste. Entweder zog ich mich zu einer Art asiatischer Siesta in den Schatten zurück, oder ich trank einen Oo-Liang, einen gesüßten, nachtschwarzen Cafe Lao, von dem es hieß, dass sein Genuss wie ein kräftiger Schlag in den Nacken jede Müdigkeit vertrieb. Ich wählte die zweite Alternative und radelte, solchermaßen aufgepäppelt, zum interessantesten Museums der Stadt, dem ehemaligen Klosters Wat Sisaket. Mit seinen rotbraunen Wänden, den tief herabgezogenen Tempeldächern und dem üppigen Palmenbewuchs rund um seine Mauern erschien mir der Wat Sisaket wie die Blaupause für die Tempel der Elben im „Herrn der Ringe". In Wahrheit erinnert die Geschichte des Wat Sisaket eher an einen nationalen Alptraum, als an den geschichtlichen Glanz vergangener Tage. Denn schon zwei Jahrhunderte nach der Errichtung der großen That Luang war das Gebiet des heutigen Laos in Zwergstaaten zerfallen, die ihrerseits unter den Übergriffen der vietnamesischen, burmesischen oder thailändischen Nachbarn zu leiden hatten. Als die Drangsalierungen kein Ende nehmen wollten, fasste König Tiao Anou von Vientiane einen tollkühnen Plan. Im Jahre 1827 machte er sich mit seiner kleinen Elefantenarmee auf den Weg, um die Thais im eigenen Land zu schlagen, ein Unternehmen so waghalsig wie der Alexanderzug, nur mit einem anderen Ergebnis. Denn der Feldzug endete bereits wenige Kilometer südlich des Mekong in einer militärischen Katastrophe, und die siegreichen Thais legten im Gegenzug Vientiane in Schutt und Asche. Der erfolglose König starb in thailändischer Gefangenschaft, und der größte Teil des heutigen Laos wurde Teil eines großsiamesischen Reiches. Lediglich der Wat Sisaket überstand die Verwüstungen und erinnert heute, zum Museum umgewandelt, an den patriotischen König und den Tiefpunkt der nationalen Geschichte.

Dass Laos als Nation heute überhaupt noch existiert, ist den Franzosen zu verdanken. Sie errichteten in der zweiten Hälfte des 19. Jahrhunderts nicht nur ihr indochinesisches Kolonialreich, sondern verhinderten gleichsam nebenbei per Kolonialverordnung die völlige Aufteilung des laotischen Territoriums unter die großen Nachbarstaaten. Das zerstörte Vientiane wurde unter französischer Regie wie eine mitteleuropäische Provinzstadt wiederaufgebaut und mit einer französischen Kolonialelite bevölkert, die im Hinterhof Indochinas von einem größeren südasiatischen Kolonialreich inklusive Südchina fantasierte. Außerdem erzwangen die Franzosen von den Thais um die Jahrhundertwende die Rückgabe zahlreicher laotischer Territorien, so dass die heutigen Grenzen des laotischen Staates im Wesentlichen den Erfolgen der französischen Kolonialpolitik zu danken sind.

Niemand wird sich deswegen wundern, dass die Laoten trotz aller Turbulenzen der jüngeren Geschichte den Franzosen ein insgesamt positives Andenken bewahrt haben. Wie eine Karikatur dieses Gedenkens, mit den wirren Versatzstücken des Ost-West-Konfliktes durchsetzt, so wirkte der gänzlich überdimensionierte *Anousavali,* ein grotesk verziertes Steingebilde, das am Ende der Lane Xang Avenue sämtliche städtebaulichen Maße der kleinen Hauptstadt sprengte. Ursprünglich vom vorkommunistischen Regime noch in den Sechziger Jahren als "Denkmal für die Helden der königlichen Armee" konzipiert, wurde es nach der kommunistischen Machtergreifung zum Siegesmonument der Revolution erklärt. Dass sich schließlich im Volksmund die überaus treffende Bezeichnung "Denkmal für die Plünderer der Staatskasse" durchsetzte, hatte mit der durchaus systemübergreifenden Tatsache zu tun, dass die erklecklichen Summen, die sowohl vom altfeudalistischen wie vom neukommunistischen Regime für den Anousavali bewilligt wurden, zu einem großen Teil

Der Anousavali von Vientinae

den privaten Bauvorhaben der jeweiligen Machthabern zugute kamen. Konzipiert nach dem Vorbild des Arc de Triomphe', durchsetzt mit indischen Stilelementen an seinen Zinnen und Türmchen und erbaut mit gestohlenem amerikanischen Beton, der eigentlich für die Planierung der Flughafenlandebahnen vorgesehen war, wirkte der Betonklotz in seiner Außenansicht wie eine unfreiwilliges Selbstparodie historisierenden Kitsches. Die Innenräume glichen einer Ansammlung von Trümmerschutt, die man nur durchquerte, um über zwei rappelige Treppen die Aussichtsplattform zu erreichen, von der aus man einen Blick auf die Palmenalleen der dörflichen Hauptstadt werfen konnte. Die große Freundschaftsbrücke, die das thailändische Nong Khai mit den östlichen Ausläufern Vientianes verbindet, war vom Dach des Anousavali aus nicht zu sehen, wohl aber das, was von der thailändischen Seite in absehbarer Zeit herüberkommen würde: Auf der anderen Seite des Mekong waren ganz in der Ferne die Umrisse der thailändischen Hotels zu erkennen, in denen bereits die Geschäftsleute logierten, die den wirtschaftlichen Wandel in ihrem Sinne lenken werden.

Auch die Uferstraßen am Mekong waren dabei, sich zu verändern Süßliche Thai-Musik dröhnte aus den Garküchen. Das Lao Bier und Mekong Fisch, der Reisschnaps und der Bananen-Liqueur kommen heute schon gegen thailändische Baht über die Grenze. Unwahrscheinlich, dass es noch lange möglich sein wird, auf einem baufälligen Fahrrad gefahrlos durch geräumige Straßenfluchten zu radeln, fraglich auch, ob es in wenigen Jahren überhaupt noch die Garküchen an der Fa Ngum geben wird, jene kleinen Familienbetriebe auf der aufgeschütteten Uferpromenade des Mekong, auf der es zur Abendstunde Kokosnussmilch und

174

Lao Bier für kleines Geld und den spektakulären alltäglichen Sonnenuntergang gratis zu sehen gibt. Wahrscheinlich wird dieser Sonnenuntergang das einzige sein, was sich in den nächsten Jahren nicht verändern wird.

Unbeeindruckt vom Wandel der Zeiten sank die Sonne dem Horizont in malerischer Pracht entgegen: stechend scharf konturiert wie ein göttlicher Ball, der seine Form im dunklen Dunst behauptete, zog die untergehende Sonne, kurz bevor sie ganz hinter den Palmen am anderen Ufer verschwand, eine blutrote Schneise durch den großen Fluss. Mit dem Licht der abendlichen Sonne verhielt es sich wohl wie mit allen Dingen, die vergehen. Kurz bevor sie verschwinden, sind sie am schönsten. So wird es auch mit dem traditionellen Laos sein.

Buddhistischer Tempel am Ufer von Luang Prabang

176

Laos ist zuallerst
ein Gemütszustand

In der laotischen
Königsstadt Luang Prabang

Im Jahre 1860, also in jenen Tagen, als das Reisen in die fremden Winkel der Erde nicht nur Zerstreuung, sondern auch Abenteuer und Gefahr beinhaltete, begann der junge Franzose Henri Mouhut seine Reise in die Tiefen der südostasiatischen Geschichte. Keine zwanzig Jahre waren seit der Veröffentlichung von Stephens und Catherwoods "Incidents of Travel in Central America, Chiapas und Yucatan" vergangen, und das Jahrhundert fieberte nach der Wiederentdeckung der versunkenen Maya-Welt auf neue Sensationen aus der Vergangenheit.

Mouhut war den vagen Berichten eines buddhistischen Mönchs gefolgt und durchstreifte das Nordufer des Tonle-Sap-Sees im kambodschanischen Tiefland. Als er im Unterholz des Dschungels plötzlich den riesigen Augen einer überlebensgroßen Buddha-Skulptur gegenüberstand, mag er schon gehofft haben, einem großen Fund auf der Spur zu sein. Aber erst nach der Entdeckung immer neuer Tempelruinen in den folgenden Wochen begriff er dessen ganze Bedeutung: Über Hunderte von Quadratkilometern erstreckte sich, von Würgefeigen umschlungen, von Dschungelgewächsen überwuchert, Angkor Wat, die größte Tempelstadt der Erde.

Über die Grenzgebirge von Kambodscha und Vietnam führte Mouhuts Reise weiter in das südliche Laos, immer weiter den Mekong entlang nach Norden, vorüber an den großen Wasserfällen von Khong Pha Pheng, vorbei an der eine Generation zuvor von den Siamesen zerstörten Stadt Vientiane, bis er im Herbst 1861 die alte Tempelstadt Luang Prabang erreichte. Die Königsstadt der Lao, wie ein Schiffsbug am Zusammenfluss von Mekong und Nam Khan gelegen, hatte nichts von der gigantischen, toten Imposanz der großen Stadt Angkor, doch sie war lebendig. Sie war das pulsierende Herz einer exotischen Kultur in einem bis dahin unbekannten Winkel der Welt unmittelbar vor den südlichen Grenzen des Chinesischen Reichs.

Es war der 19. Oktober 1861, als Mouhut zum ersten Mal in seinem Tagebuch eine kurze Bemerkung über einen Fieberanfall notierte. Was für die meisten Forschungsreisenden in den tropischen Zonen des neunzehnten Jahrhunderts das fast sichere Todesurteil bedeutete, war nun auch Mouhut widerfahren: Er hatte sich mit der schwarzen Malaria infiziert. "Mein Gott, hab Erbarmen mit mir . . ." endet schon wenige Tage später das Tagebuch. Am 10. November 1861 starb der junge Forschungsreisende, gerade 36 Jahre alt. In einem kleinen Grab an der Uferböschung des Nam Khan bestattet, war der Entdecker von Angkor Wat und Luang Prabang bald von der Nachwelt vergessen.

Erst 1990 wurden die Überreste des Mouhut-Grabes in der Nähe Luang Prabangs durch eine internationale Hilfsorganisation wiederentdeckt und durch seine Vaterstadt Montéliard so restauriert, dass man es sich versteckter, aber auch malerischer kaum vorstellen kann. Etwas oberhalb des Flusslaufs, am Ende eines kleinen Dschungelpfads, hat Henri Mouhut in einem kleinen Sarkophag auf einem Steinplateau die letzte Ruhestätte bezogen. Es ist ein Ort der Stille, an dem nichts zu hören ist als Wasser und Wind und die Geräusche des Fernwehs - umwölkt von jener magischen Aura, die mit dem Abstand der Zeiten selbst die bitterste Laune des Schicksals zur Poesie verklärt.

Auch für die modernen Nachfolger Henri Mouhuts markiert Luang Prabang den letzten Endpunkt ihrer indochinesischen Reise. Die Malaria ist schon seit langem nicht mehr so gefährlich wie im neunzehnten Jahrhundert. Auch kommen keine burmesischen oder chinesischen Banditen mehr über die Grenze, und was die moderne Reise nach Luang Prabang an Gefahr und damit vielleicht auch an Reiz verloren hat, gewinnt sie im Kontrast – dem Kontrast zu einem sich immer moderner gebärdenden Asien, das dabei ist, seine Traditionen zu verschleudern. "Laos ist kein Ort, es ist ein Gemütszustand", heißt es unter Asien-Nostalgikern.

Wenn dieser Satz noch eine Berechtigung besitzt, dann für die kleine Königsstadt am Mekong.

Gleich, ob der Besucher die Stadt nach einer dreitägigen Bootsfahrt vom thailändischen Chiang Khan aus erreicht, ob er die beschwerliche Busreise durch das Land der Kasi riskiert oder mit chinesischen Propellermaschinen in fünfzig Minuten aus der Hauptstadt Vientiane die Stadt anfliegt: Das erste, was er schon von weitem erkennt, ist der Phou-Si, der schöne Berg, der wie eine goldene Krone weithin sichtbar die Stadt überragt. Wie eine exotische Blüte, koloriert von den Stimmungen einer vergangenen Zeit, liegt eine Tempelstadt en miniature inmitten eines dichtbewachsenen Hochlandtals - geschmückt mit Palmenkronen und Pagoden und noch immer geprägt vom zeitlosen Takt asiatischer Langsamkeit, der dem Rest des Kontinents abhanden gekommen ist.

Nicht nur der erste Blick gehört dem Phou-Si, auch der erste Weg führt die meisten Besucher die 328 Stufen von der Thanon Phothisarath direkt hinauf auf den Gipfel des Berges, von dem aus sich Geschichte und Gegenwart Luang Prabangs in einem einzigen Panoramablick erschließen. Am Schnittpunkt der beiden Ströme Mekong und Nam Khan, im Nordosten der Stadt, wurden bereits vor weit mehr als tausend Jahren die ersten laotischen Siedlungen errichtet. Auf der anderen Seite des Tals, am westlichen Ortsende, erkennt man die Umrisse des Wat That Luang, eines Kultplatzes, auf dem die ersten indischen Missionare schon im dritten Jahrhundert vor unserer Zeitrechnung den ersten buddhistischen Tempel erbaut haben sollen. Reichen die legendenhaften Ursprünge des Buddhismus im Hochland von Laos also weiter zurück als die Präsenz der Lao-Völker selbst, repräsentieren die zahlreichen Klöster und Pagoden, die wie die

Filialen einer einzigen großen Kirche über die ganze Stadt verteilt sind, die buddhistischen Traditionen der Königszeit. Aus der Ära der französischen Kolonialzeit entstammt der Königspalast von Luang Prabang, der gleich unterhalb des Phou-Si an der Uferstraße des Mekong steht. Doch auch die Gegenwart hat ihre Schneisen in das Bild gerissen: Im Südosten der Stadt landet auf den häßlichen und abgerodeten Landeflächen des neuen Flughafens täglich ein halbes Dutzend Maschinen, die eine steigende Zahl von Besuchern auf dem schnellsten und bequemsten Weg auf diese Bühne altasiatischen Lebens transportieren.

Noch ist von dem Wandel, der sich in der Hauptstadt Vientiane seit der marktwirtschaftlichen Öffnung Mitte der neunziger Jahre deutlich zeigt, in den Straßen Luang Prabangs nur wenig zu spüren. An den Ständen des Talaat-Dala-Markts gibt es zwar chinesische Töpfe und thailändische Plastik im Angebot, auch die Zahl der Automobile und Motorrikschas hat zugenommen, doch noch immer bringen die Hochlandlao in ihren rustikalen Trachten wie seit Jahrhunderten ihre landwirtschaftlichen Erzeugnisse in die Stadt, die Frauen der umliegenden Dörfer nehmen auf den Wiesen Platz und bieten ihre Stoffe und Stickereien feil, und allmorgendlich machen sich die Mönche mit ihren Bettelschalen pünktlich auf die Wanderschaft, um von den Frommen und Schuldbeladenen gleichermaßen ihre Tagesrationen einzufordern. So farbenfroh und wechselhaft das Geschehen an den Kais und Garküchen, auf den Märkten und den Rikschaständen auch sein mag, die steingewordenen Formen der Frömmigkeit bleiben sich in den zahlreichen Klosteranlagen der Stadt im Wesentlichen gleich; lange, bis fast an den Boden gezogene Tempeldächer, kleine und große, alte und renovierte Stufen flankieren wie eine endlose Kette heiliger Ausrufezeichen die großen Versammlungshallen im Wat Xieng Thong, im That Luang, im Wat Visounnarat und in den zahlreichen anderen Anlagen, die mal in pompöser Gestaltung, mal fast versteckt an Flussufern und Waldrändern über das ganze Tal verstreut errichtet wurden. Vor all den buddhistischen Altären, den kunstvollen Einlegearbeiten an den Tempelwänden, den Nagaschlangen auf den Tempelsimsen und den flammendroten Bougainvilleen über den Mönchsbehausungen kapituliert die registrierende Vernunft zugunsten einer naiven Lust an der Anschauung.

Faszinierend wie die Aura der Tempel und Klöster erscheint auch das ländliche Leben an den Rändern der Stadt. Vor dem Besucher erstreckt sich ein sanft geschwungener Flusslauf mit dschungelartigem Bewuchs an beiden Seiten, hin und wieder unterbrochen von flachen Feldern, die bis unmittelbar an den Wasserrand reichen und auf denen die Protagonisten des asiatischen Fleißes, die Bauern mit ihren Kulihüten, die Felder einhegen, die Setzlinge pflanzen, ihre Wasserbüffel versorgen oder die Bewässerung kontrollieren. Nackte Kinder baden im Fluss neben den Goldschürfern, die hier tagaus, tagein auf der Suche nach dem großen Fund den Schlamm mit rostigen Sieben filtern - und im Fluchtpunkt des Bildes überragt die vergoldete Spitze der Phaa-Phon-Paa-Pagode die Szene wie ein kaum überbietbares Symbol dafür, dass sich über aller Mühe, aller Hoffnung und allem Spiel die Gnade Buddhas erhebt.

Dass gerade die Stadt Luang Prabang auf die Gnade der Götter und Geister in besonderem Maße rechnen kann, ist nach dem Glauben der Menschen dem Pha-Bang-Buddha zu verdanken, dem die Stadt nicht nur ihren Namen, sondern auch einen Großteil ihrer kulturellen Bedeutung verdankt. Wie bei vielen Nationalsymbolen erschließt sich die Bedeutung der nur 83 Zentimeter großen und komplett vergolde

Markthafen von Luang Prabang

ten Statue allerdings nicht auf den ersten Blick, sondern vornehmlich durch geschichtliche Fantasie. Wie bei ihrem thailändischen Pendant, dem Pha Keo aus Chiang Mai, der im großen Königspalast von Bangkok eine ungleich pompösere Heimstätte gefunden hat, handelt es sich auch bei dem Pha-Bang-Buddha um ein Palladium auf Wanderschaft. Nach der Legende im Reich von Anuradhapura auf Sri Lanka entstanden, soll die Statue bald nach Angkor gekommen sein, von wo aus das zerfallende Reich der Khmer in einem Akt letzter Kulturstiftung die kostbare Statue dem ersten laotischen König Fa Ngum im Jahre 1353 gleichsam als Staatsgründungsgeschenk übersandte - zusammen mit der berühmten Delegation von 10.000 Mönchen. 1489 kam der Pha Bang nach Luang Prabang, das damals noch Xieng Dong Xien Thong hieß und erst 1560 zu Ehren eben dieses Nationalsymbols seinen heutigen Namen erhielt. Im Zuge der innerlaotischen Auseinandersetzungen fand die Statue 1706 einen neuen Standort in Vientiane, wo sich allerdings schon der Pha Keo aus Chiang Mai befand. Man muß kein asiatischer Mantiker sein, um zu ahnen, dass eine derart enge Nachbarschaft zweier so hochrangiger Heiligtümer für die Stadt, die sie beherbergt, nichts Gutes bringen konnte - und tatsächlich eroberten und plünderten die Thais 1779 Vientiane, brachten den Pha Keo nach Bangkok und gaben dankenswerterweise den Pha Bang an Luang Prabang, ihren innerlaotischen Verbündeten, zurück. Im neunzehnten Jahrhundert zog die Statue auch in Luang Prabang noch dreimal um, bis sie heute, auch wenn das gerne bestritten wird, allein und verlassen in den Tresoren der Laotischen Nationalbank dahinglänzt, während eine Kopie hinter Gittern im rechten Flügel des ehemaligen Königspalasts zu besichtigen ist. Damit nicht genug, wird demnächst auch diese Kopie ihrerseits zum ersten Mal in einen neuen und prächtigen

Wat umziehen, der im Garten des Königspalasts fertigge-
stellt wurde.

Umziehen mußte auch der letzte König von Laos, Si
Savang Vatthana, der nach der kommunistischen Machtergreifung im Jahre 1975 seinen Palast nach der offiziellen
Lesart "freudig und freiwillig" verschenkte, um dann so
lange immerhin noch als Berater der kommunistischen
Staatsführung zu agieren, bis er sich in einen Putschversuch
verwickeln ließ. Nach dessen Scheitern mußte er mitsamt
seiner Familie wie Hunderttausende seiner Landsleute auf
Nimmerwiedersehen in eines der Umerziehungslager in den
Bergen umsiedeln, wo er sich bis an das Ende seiner Tage
als Gärtner betätigt haben soll. Erst Ende der achtziger Jahre
wurde der Tod des Königs in den nördlichen Bergen zur
Gewißheit, als der laotische Außenminister, in Paris von
Journalisten nach dem Schicksal der königlichen Familie
befragt, nur antwortete: "Wir alle sind sterblich . . ."

Aber gerade an die Verstorbenen pflegt man sich mitunter
besonders gut zu erinnern, und so wird im Laos unserer
Tage das Gedenken an die Königsfamilie liebevoll gepflegt.
In einem der schönsten Hotels der Stadt, in der "Villa Santi",
die von der Schwiegertochter des verschwundenen Königs
betrieben wird, werden unter den Symbolen der laotischen
Monarchie an den Wänden die wohlhabenden Westtouristen und die Angehörigen der kommunistischen Nomenkla-
tura ebenso königlich verköstigt wie die neureichen Auf-
steiger aus der thailändischen und laotischen Geschäftswelt.
Schlürfen die gutbetuchten Gäste hier den einheimischen
Bananen-Sud zum Apéritif und essen kunstvoll gefüllte Tomaten zum Nachtisch, bieten die Garküchen an den Straßenrändern eine nicht weniger schmackhafte, wenngleich
preiswertere und vielfältigere Küche. Huhn und Rind, Fisch

185

und Fleisch und Feuertopf, gesalzene Termiten, gebratene Schlangen und Gemüse in jedweder Zubereitung genießt der Laote genauso gern wie die kulinarischen Importe fremder Völker.

Die Garküchen, in denen die Laufkundschaft aus Lokalem und kosmopolitisch-Kulinarischem wählen kann, befinden sich in der Nähe des Mekong-Kais. Es handelt sich um einen ökonomischen Miniaturorganismus aus Brettern, Kisten und Gemüseballen, Schweinen im lebenden und toten Zustand, Tischen, Stühlen, Metallteilen und Textilien aller Art, die die Stadt nach wochenlanger Fahrt aus dem chinesischen Yünnan erreichen und die von den abschüssigen Uferkais aus in der Hochwasserzeit bis nach Vientiane verschifft werden können. Denn nichts wäre die Stadt ohne den großen Fluss, der sie wie eine Lebensader mit den anderen Regionen Indochinas verbindet.

Lacang Jiang, stürmischer Fluss, so heißt der Mekong in China, wo er sich von den Hochebenen Osttibets kommend seinen Lauf durch tiefe Schluchten nach Süden bahnt. Mutter allen Wassers, Mae Nam Kong, nennt man den Mekong in Thailand und Laos, und als Tonle Thom, das große Wasser, bezeichnen ihn die Khmer in Kambodscha. Schließlich mündet er als Cuy Jong, als Neun-Drachen-Fluss, im gewaltigen und vielarmigen großen Mekong-Delta Südvietnams. So viele Male wie er die Grenzen streift und überschreitet, wechselt der große Strom seinen Namen, so viele Länder hat er geprägt, so viele Völker und Kulturen nährt er an seinen Ufern, doch keines tiefgreifender als das eng mit den Thais verwandte kleine Völkerbündel laotischer Stämme, die vor etwa tausend Jahren in immer neuen Schüben aus Südchina die Berge und Ebenen am Mittellauf des Mekong erreichten und inmitten der schier übermächtigen thailändischen, burmesischen und vietnamesischen Nachbarn sich mit ihrer Kultur und Nationalität bis heute behaupten konnten.

Deswegen ist es kein Zufall, dass sich die reizvollsten Zeugnisse der altlaotischen Kultur, die buddhistischen Höhlen von Pac Ou, direkt an den Ufern des Mekong befinden. Dass der Besucher eine mehrstündige Anreise mit einer flachen Transportdschunke den Mekong aufwärts in Kauf nehmen muß, wird man unter diesen Umständen als Vorteil verbuchen, stimmen doch die Eindrücke dieser Reise wie ein Vorprogramm auf das Kulturerlebnis von Pac Ou ein. Auf der anderen Seite stellt der Mekong besonders in der Trockenzeit erhebliche Anforderungen an die Steuerleute, denn auf dem Weg zu den Buddhagrotten sind jede Menge Untiefen und Strudel zu meistern. Überall sieht man befestigte Sampans, die den Familien als Behausung und Zentrum ihrer Uferfelder dienen. Hinter flachen Böschungen erstrecken sich weite Wälder, und hinter ihnen füllen, je weiter die Reise ostwärts geht, immer wunderlicher geformte Bergrücken den Horizont. Nach gut einer Stunde passiert man Ban Sang Hay, das sogenannte Töpferdorf, das allerdings nicht wegen seiner Töpfe, sondern wegen des Inhalts eben dieser Töpfe weit über Luang Prabang hinaus berühmt ist. Denn am Ufer von Bang Sang Hay destillieren die Frauen und Mädchen den herben laotischen Reisschnaps, von dem der männliche Lao, gleichsam als irdische Flankierung religiöser Tröstung, bei Fest und Feier beträchtliche Mengen zu sich nimmt. An der bislang schönsten Stelle der Fahrt, am Zusammenfluss des Mekong mit dem Ou-River, gegenüber einem dichtbewachsenen Bergmassiv, das mit seinen Höckern an ein urzeitliches Kamel erinnert, ankert das Boot. Über eine kleine Treppe gelangt man direkt in die Höhle von Tham Thing, in der die Könige und Adligen aus Luang

Prabang seit dem sechzehnten Jahrhundert immer neue buddhistische Statuen und Altäre errichteten, bis ein bizarres Guckloch des Göttlichen entstand, aus dem heraus Hunderte kleiner und mittelgroßer Buddha-Gestalten wie die Angehörigen einer religiösen Spielzeugarmee in sitzender, meditierender, stehender oder lehrender Haltung über die Höhlenbrüstung auf die prächtige Naturszenerie von Pac Ou schauen. Als seien sie mit der Schöpfung zufrieden, blicken sie mit dem Ausdruck unendlicher Güte über die Köpfe der Touristen hinweg.

189

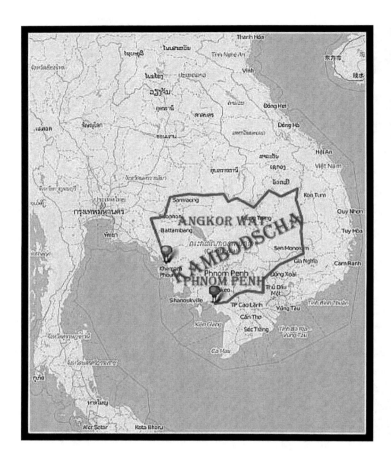

190

Kambodscha

Kambodschanische Nationalflagge in Siem Reap

Einleitung

Unter den großen Völkermorden des 20. Jahrhunderts nehmen die Gemetzel der Roten Khmer in Kambodscha eine makabre Sonderstellung ein. Nicht weniger als zwei Millionen Menschen wurden nach dem Ende des Vietnamkrieges unter dem Regiment eines durchgedrehten Steinzeitkommunismus auf den „Killing Fields" der Hauptstadt, in den Sümpfen oder in den Dschungelcamps erschlagen, erschossen, erwürgt oder ertränkt. Man hat von einem versuchten „Auto-Genozid" gesprochen, und möglicherweise war es nur die Invasion des vietnamesischen Erbfeindes im Jahre 1979 gewesen, die das Volk der Khmer vor der Selbstauslöschung durch eine wahnsinnig gewordene Kommunistenclique gerettet hat.

Die Erinnerung an diese politische Apokalypse liegt noch immer wie ein Alb auf dem Land, auch wenn Kambodscha aus dem Abgrund der Geschichte zurückgekehrt ist. Doch es war eine Rückkehr, die einem Neuanfang glich. Galt Kambodscha vor dem Vietnamkrieg als die „Schweiz Südostasiens" mussten Infrastruktur, Bildungswesen, Krankenversorgung und Transport praktisch von null aus wieder aufgebaut werden. Erst am Anfang der Neunziger Jahre bescherte ein internationaler UN-Einsatz dem Land einen zerbrechlichen Frieden. Die Reste der Roten Khmer lösten sich auf, und Hilfsgelder und Investitionen führten zu einer Wiederbelebung der Wirtschaft. Wie ein Phoenix aus der Asche entwickelte sich eine umfangreiche Tourismusindustrie, die mit dem kostbarsten Kapital des Landes zu wuchern verstand: seiner großen Geschichte. Waren es zunächst nur Zehntausende im Jahr, die sich wie ich ab den Neunziger Jahren auf den beschwerlichen Weg von Phnom Penh nach Angkor machten, wurden daraus schon zur Jahrtausendwende Hunderttausende. Seitdem die Überlandverbindung nach Thailand geöffnet ist, besuchen jährlich Millionen Menschen die größte Sehenswürdigkeit ganz Südostasiens: die gewaltigen Tempelanalgen von Angkor Wat.

Die Schattenseiten dieser Entwicklung, die Umweltschäden und die Bodenerosion infolge der forcierten Entwaldung und den anhebenden Sextourismus in der Küstenregion wird der Reisende, der von Phnom Penh aus das Land bereist, nicht sehen. Ihm begegnen statt dessen noch immer die Außenansichten einer scheinbar perfekten asiatischen Ländlichkeit, in der die Menschen beten und arbeiten, lachen und feiern. Mehr noch als in Burma verdecken solche Bilder die allumfassende Korruption, die das öffentliche und wirtschaftliche Leben Kambodschas in einer Weise verheert, die selbst in Indochina einmalig ist. Auch die Demokratie, die sich mit ausländischer Hilfe in den Neunziger Jahren unter heftigen Geburtswehen wenigstens zeitweise etablierte, ist mittlerweile durch zunehmenden Machtmissbrauch der Regierung bedroht. Hier wie in Laos ist es die spirituelle Kraft des Buddhismus, die das Leben der Menschen unter diesen schwierigen Bedingungen erträglich macht, zugleich trägt der Buddhismus durch die ihm innewohnende Weltentsagung und Passivität aber auch zur Perpetuierung der Probleme bei.

Dies alles im Hinterkopf ist Kambodscha doch noch immer das touristische Schatzkästlein Indochinas. Nirgendwo in der Welt, Burma vielleicht ausgenommen, erlebt der Reisende einen solchen Zusammenklang von Landschaft Kultur und Geschichte in der Gestalt von Bildern und Stimmungen, die ihn sein weiteres Leben lang wie ein imaginäres Guthaben an Schönheit begleiten werden. Manche Reisende plagt ein schlechtes Gewissen, wenn sie sich diesen Wonnen hingeben, denn sie denken an die Entbehrungen und Zwänge, denen die Menschen in ihrem konkreten Leben ausgesetzt sind. Das halte ich für unnötig. Denn man kann durchaus das Glück, das dieses Land seinen Besuchern bereitet, schätzen, ohne die Probleme, die es plagen, zu verdrängen. Vielleicht ist sogar der massenhafte Besuch von Touristen, die das Land mit offenen Augen und Respekt vor den Menschen und ihrer Kultur bereisen, ein kleiner Teil der Lösung.

Auf dem Weg von Phnom Penh nach Angkor

Die „Killing Fields" vor den Toren Phnom Penhs

Die Totenschädelpagode
will niemand sehen

In der kambodschanischen Hauptstadt
Phnom Penh

Es war eine Szene von beklemmender Symbolik: Während Hunderttausende Menschen aus der kambodschanischen Hauptstadt Phnom Penh evakuiert, die Schulen, Krankenhäuser und Klöster geschlossen und die ersten tausend Gefangenen exekutiert wurden, detonierte am 18. April 1975 unter dem roten Eisenbeton-Gebäude der Zentralbank eine Serie von Sprengsätzen. Die Mauern flogen ebenso in die Luft wie die Tresore, und durch die Straßen der menschenleeren Stadt wirbelten unbeachtet und nutzlos Millionen von Geldscheinen wie das Herbstlaub einer ganzen Epoche. Unter dem Würgegriff der Roten Khmer versank die kambodschanische Gesellschaft in den Abgründen eines grausamen Steinzeitkommunismus, in dem für alles Menschliche, für Familie, Religion, Bildung, Kunst - und das Geld - kein Platz mehr war.

Welche unglaubliche Amplitude von Untergang und Neuanfang das Volk der Khmer im Zeitraum von etwas mehr als zwanzig Jahren durchmessen hat, zeigt ein Blick auf die Hauptstadt eine knappe Generation nach der Sprengung der Zentralbank. Telefone und Fernschreiber funktionieren wieder, es gibt Kinos, Theater und Tanzveranstaltungen, süßliche Popmusik scheppert schrill aus den Lautsprechern, und die Marktfrauen feilschen nicht anders als in Rangun oder Vientiane mit ihren Kunden. Das Geld ist mit Macht zurückgekehrt und mit ihm die Freiheit und die Kriminalität, der Individualismus und der Egoismus, die Kultur und

197

der Kitsch - der ganze Kosmos des Zukunftsträchtigen und des Unerfreulichen also, der unvermeidlich zu sein scheint, wenn sich ein ganzes Volk nach einem Albtraum ohnegleichen auf eine große Aufholjagd begibt.

So wie der Geldregen der Riel-Scheine die Katastrophe der Siebziger Jahre in einem einzigen absonderlichen Bild zusammenfasste, so begann auch die Wiedergeburt der scheinbar für immer verwaisten Hauptstadt mit einem Geldsegen der besonderen Art. Die mehr als zwanzigtausend Soldaten und Aufbauhelfer der Vereinten Nationen, die im Jahr 1992 in das Land einfielen wie Wesen von einem anderen Stern, injizierten mit ihren Dollarmillionen dem städtischen Organismus eine monetäre Adrenalinspritze, die ihn in unverhofft kurzer Zeit wieder auf die Beine brachte. Was immer auch die zweifelhaften Erfolge der unter Aufsicht der Weltgemeinschaft organisierten freien Wahlen gewesen sein mögen - als Initialzündung eines wirtschaftlichen Neuanfangs kann die UN-Aktion durchaus als Erfolg gewertet werden. Die plötzlich zu neuem Leben erwachte Stadt blieb selbst nach dem Abzug der Fremden 1993 und sogar während des kurzen Bürgerkriegs der beiden Ministerpräsidenten auf Reanimationskurs.

Auch die touristischen Refugien, in denen man ein wenig Abstand vom Katastrophenambiente halten kann, sind wiedererstanden. Als hätte es die Roten Khmer niemals gegeben und als wäre das Land gleichsam von der französischen Kolonialepoche direkt in die Gegenwart gesprungen, kreiert der abendliche Drink etwa im "Foreign Correspondent Club" noch immer jene Stimmungen, die Graham Greene in seinen Indochina-Romanen beschwört: ein exotisches, oberflächliches Idyll, das nur zu existieren scheint, damit sich die Europäer an ihm erfreuen können. Eine morbide Atmosphäre herrscht in den Räumlichkeiten des Klubs, die Damen aus der Halbwelt lassen die Blicke kreisen, Geschäftsreisende nehmen einen Snack, Zuhälter und Abstauber sitzen an der Bar und schlürfen amerikanische Cocktails.

Im "Capitol" in der Nähe des Monivong-Boulevards versammelt sich dagegen die internationale Gemeinde der Rucksackreisenen bei Pancake und Müsli. Auch diejenigen, die nicht in den dunklen Bretterverschlägen des angeschlossenen Hotels übernachten möchten, schauen abends gerne einmal vorbei, um sich zu den Klängen einer altersschwachen Musikbox ein wenig unter Seinesgleichen zu entspannen. Kein Zweifel: Phnom Penh ist dabei, neben Angkor, Vientiane, Luang Prabang, Saigon, Hue und Hanoi zu einem weiteren Knotenpunkt im Netz des Individualtourismus in Indochina zu werden, und vielleicht wird es nur noch wenige Jahre dauern, bis sich die Straßen zwischen dem Monivong-Boulevard und dem Psah Orasey zu einem jener wohlorganisierten Zentren juveniler Reiseherrlichkeit entwickelt haben werden, wie man sie an der Khao San Road in Bangkok besichtigen kann.

Schon heute können sich die Wagemutigen, denen der asiatische Straßenverkehr keinen Schrecken einjagt, ein Fahrrad leihen. Einen neueren Stadtplan sollte man allerdings mit auf die Reise nehmen, denn die Straßen Phnom Penhs haben ihre Namen in jüngster Vergangenheit oft geändert. In den Achtziger Jahren ging die Verwaltung dazu über, sie einfach durchzunumerieren, doch der zurückgekehrte König Sihanouk belebte nicht nur monarchische Traditionen neu. Jetzt heißt die große Straße zwischen dem Stadion und dem Zentralmarkt wieder "Boulevard Charles de Gaulle", was insofern passend erscheint, weil man an den

Kreuzungspunkten dieser langgezogenen Durchgangsverbindung die besten Baguetteverkäufer Phnom Penhs findet.

Die Teilnahme am asiatischen Straßenverkehr ist eine Attraktion eigener Art, gleich, ob man auf den breiten Boulevards, am Ufer des Tonle Sap oder am Boeng-Kak-See entlangradelt: Tausende Fahrräder und Motorräder, Lastwagen und Limousinen, von denen man sich fragt, wie sie in der kurzen Friedenszeit so schnell ihren Weg in das Land gefunden haben, jagen die Fußgänger über die Straßen; die Bürgersteige rund um den Central Market quellen über von Karren, Tischen, Verkaufsständen und den Hockern der Garküchen, und immer wieder kracht ein abgedrängtes Fahrrad samt seinem Besitzer in das Gewirr der Plastiktöpfe. Offene Kanalisationsschächte, Kabeldickichte, die von den Telegraphenmasten durch die Fenster in die Wohnräume führen, und Trümmerlandschaften am Straßenrand, die von zu hastig hochgezogenen Neubauten künden, sind in Phnom Penh die Ausdrucksformen einer wiedererstandenen Stadt, deren Bewohner der verlorenen Zeit einer ganzen Generation hinterhasten.

200

Der Wechsel scheint in Phnom Penh die einzige Konstante zu sein. Sogar der Tonle Sap, der südlich von Phnom Penh in den Mekong mündet, ändert zweimal im Jahr seine Richtung. Diesem geografischen Kuriosum verdankt das Land seine Existenz. In der Regenzeit drückt der Mekong, der die Wassermassen aus China, Burma, Thailand und Laos aufgenommen hat und in das Tiefland schwemmt, mit der Gewalt seiner Flut die Zuflüsse des viel kleineren Tonle Sap an Phnom Penh vorbei wieder zurück in den nördlicher gelegenen Tonle-Sap-See. Auf diese Weise schwillt der See während der feuchten Jahreszeit auf ein Mehrfaches seines normalen Umfanges an und bildet ein riesiges Bewässerungsreservoir. Wenn im Herbst die Trockenzeit beginnt und die Wasser des Tonle Sap wieder in Richtung Meer nach Süden fließen, begeht Phnom Penh das "Bon Oumtouk", das Fest der wechselnden Strömungen. Die Wiederbelebung der Feier in den Achtziger Jahren wurde zu einem Symbol für die Renaissance der kambodschanischen Kultur.

Nur wenige Minuten westlich des Tonle Sap steht der Wat Phnom, der älteste Tempel der Stadt. Das Reich von Angkor war unter den Schlägen der aus Südchina eingewanderten Thais schon zusammengebrochen, als nach der Überlieferung eine gewisse Frau Penh im späten vierzehnten Jahrhundert eine Buddha-Statue aus den Fluten des Tonle Sap zog, deren heilige Aura sie zur Gründung eines Klosters auf einem "Phnom", einem Hügel, veranlaßte. Damit erhielt nicht nur die Statue eine würdige Bleibe, sondern auch die Stadt Phnom Penh ihren Namen. Der im Laufe der Jahrhunderte mehrmals abgebrannte und wiederaufgebaute Wat Phnom ist bis heute das religiöse Zentrum der Stadt. Grob behauene Steinlöwen aus rotem Sandstein säumen die Treppenaufgänge, zu deren Füßen sich zu allen Tageszeiten eine exotische Gesellschaft versammelt: Garköche und Drachenbauer, Spatzenverkäufer und Wahrsager bieten den Besuchern ihre Dienste an, Mönche öffnen ihre Bettelschüsseln und die Fotografen ihre Kameralinsen, um die Brautpaare zu fotografieren. Vor den Füßen des mit Aureolen und elektrischen Lämpchen behangenen Buddhas im großen Tempelraum erfleht jeder das, woran es ihm mangelt: der Geschäftsmann einen besseren Umsatz, der Beamte eine Beförderung und die Schulkinder, die am Nachmittag gerne vorbeikommen, gute Noten.

Mit der Originalität des Wat Phnom kann der Königspalast nicht konkurrieren. Ein Besuch der Anlage wirkt wie ein Abstecher ins Nachbarland, und wer den Wat Prah Kaeo in Bangkok gesehen hat, wird vom Palast in Phnom Penh enttäuscht sein. Denn im kulturellen Schlepptau der siamesischen Kultur imitierten die Könige Kambodschas im neunzehnten Jahrhundert die thailändische Kunst so originalgetreu wie möglich. Die Herrschaft der Franzosen trug sodann das Ihre dazu bei, die siamesischen Tempelräume mit derart viel chinesischem Porzellan, französischen Schmiedegittern, italienischen Marmorbüsten, englischen Lampen und Belle-Epoque-Schmuckstückchen aller Art aufzufüllen, dass man sich fast in ein Disneyland epigonaler Kunst verschlagen fühlt.

Die große Cham-Moschee im Norden der Stadt wiederum erinnert an Brunei oder Sumatra. Wie ein deplaziertes Siegeszeichen Allahs in einer gänzlich unislamischen Weltregion ragt die vergoldete Kuppel der Moschee über dem Boeng-Kak-See auf. Die muslimischen Cham, die sich dort, mit Fes und langen Umhängen bekleidet, zum Freitagsgebet versammeln, sind die letzten Nachkommen eines alten Kul-

Dach des Königspalastes in Phom Penh

turvolkes, das die Geschichte von seinen Siedlungsplätzen an den Ufern des Südchinesischen Meeres in alle Winde zerstreute. Im jahrhundertelangen Kampf gegen das Imperium von Angkor hatten sich die ursprünglich hinduistischen Cham noch mit Not behauptet, der große Zug der Vietnamesen nach Süden aber nahm ihnen ihre heiligen Städte und Kultplätze in Zentralvietnam und drängte sie in das heutige Kambodscha ab, wo sie inmitten einer buddhistischen Bevölkerung zum Islam konvertierten.

Unter der Terrorherrschaft der Roten Khmer waren sie besonderer Verfolgung ausgesetzt, und auch die vietnamesischen Besatzer, die die letzten Cham 1979 aus den Todeslagern befreiten, zeigten gegenüber der eigenwilligen islamischen Minderheit wenig Wohlwollen. Heute halten immerhin reiche arabische Staaten die Hand über die Cham, unterstützen karitative und pädagogische Institutionen und finanzieren den Unterhalt der großen Moschee. So endet die Geschichte dieses Volkes mit einer kuriosen Pointe: Als Hindus von den konfuzianischen Vietnamesen aus ihrer Heimat in das buddhistische Kambodscha vertrieben, leben sie heute unter dem muslimischen Patronat ferner Wüstenherrscher.

Bei der Fahrt durch die Straßen und Zeiten bleibt die jüngste Vergangenheit in Phnom Penh merkwürdig unsichtbar. Die Erinnerungsstätten an die Terrorherrschaft der Roten Khmer sind nur mit Mühe zu finden und werden von den Einheimischen so wenig besucht, als wollten sie jede Erinnerung an diese traumatische Epoche verdrängen. Nur ein paar Behinderte und Kriegsversehrte warten vor dem unscheinbaren Eingang des Foltermuseums Tuol Sleng im Süden der Stadt und strecken den wenigen Touristen ihre Stümpfe und Prothesen wie Anklagen entgegen.

Tuol Svay Prey war der ursprüngliche Name der Schule, die sofort nach der Machtergreifung der Roten Khmer im April 1975 in das Internierungs- und Folterlager Tuol Sleng umgewandelt wurde. Mehr als zwanzigtausend Männer, Frauen und Kinder durchliefen diesen Ort des Grauens, bevor sie auf den "Killing Fields" vor den Toren der Hauptstadt mit Schaufeln und Stangen totgeschlagen wurden. Nach dem Einmarsch der Vietnamesen wurde das Foltergefängnis zu einer Gedenkstätte, in der - nicht zuletzt von den propagandistischen Bedürfnissen der Besatzer motiviert - das Leid des kambodschanischen Volkes in ein makabres Bild gesetzt wurde, das sich bis heute erhalten hat.

Beschmierte Betonzellen, Bettgestelle, auf denen verrostete Eisenketten liegen, Folterwerkzeuge aller Art und Größe sind ebenso zu besichtigen wie eine wandgroße Landkarte Kambodschas, die aus Hunderten von Totenschädeln besteht und in deren Mitte der Tonle-Sap-See als Blutpfütze erscheint. An nahezu allen Wänden der vier Gebäude hängen Bilder des kambodschanischen Malers Henh Nath, der als einer der wenigen Insassen von Tuol Sleng mit dem Leben davonkam und den Folteralltag in plakativen, comicartigen Bildern festgehalten hat: Menschen werden erschlagen, erdrosselt, erschossen, erhängt, ihnen werden die Gelenke ausgekugelt, die Knochen gebrochen, ihre Kinder werden an Bäumen und Wänden zerschmettert oder den Krokodilen zum Fraß vorgeworfen.

Erschütternder als die Bilderfolgen Henh Nats wirkt das Fotoarchiv von Tuol Sleng. Es umfasst Tausende penibel geordneter Porträtaufnahmen der Opfer, die kurze Zeit später in den Massengräbern verschwanden. Nicht nur Ausländer und Erwachsene jeden Alters, auch Kinder, die noch niemand etwas zuleide getan haben können, blicken so ungläubig in die Kamera, als könnten sie nicht begreifen, welches Verhängnis über sie hereingebrochen ist. In überfüllten Gruppenzellen oder frisch gemauerten, nur wenige Quadratmeter große Stehwaben wartete die Mehrzahl dieser vollkommen unpolitischen Menschen auf die Folterungen und Verhöre, in denen sie Verbrechen gestanden, an die sie nie auch nur gedacht hatten, und Denunziationen über Menschen aussprachen, die sie nicht einmal gekannt hatten. Zwölf Kilometer südwestlich von Phnom Penh, im Vorort Choeung Ek, erreichte der Leidensweg der Gefangenen von Tuol Sleng sein Finale. Um Munition zu sparen, hat man hier und auf Hunderten anderer "Killing Fields" im ganzen Land die verschleppten Opfer einfach erschlagen und in riesigen Gruben verscharrt. Achttausend Totenschädel wurden von der vietnamesischen Armee in den Achtziger Jahren ausgegraben und in einer Vitrine des Todes gesammelt. Fein säuberlich nach Männer-, Frauen-, Kinder- und Ausländerschädeln sortiert, lagern die Knochen heute in der Totenkopfpagode von Choeung Ek. Es ist ein unwirklicher Anblick, in dem sich die Leidensgeschichte der Khmer, der endzeitliche Abgrund des Grauens, in den das ganze Volk stürzte, in einem einzigen Bild verdichtet.

Totenkopfpagode von Phom Penh

Apsara Darstellungen in Angkor Wat

Die hundert Augen
des Lokesvara

Über Land und See
zu den Ruinen von Angkor

Am Anfang war der See gar kein See, sondern eine weitge-
schwungene Bucht des Südchinesischen Meeres. Dann hob
und senkte sich im Rhythmus der Jahrmillionen das junge
südostasiatische Land, das Wasserbecken wurde vom Meer
getrennt, und zurück blieb der Tonle-Sap-See, das größte
und fischreichste Binnengewässer Südostasiens. Fast wie
ein schlagendes Herz von ungeheuren Ausmaßen dehnt er
sich aus und zieht sich zusammen im Wechsel der Jahreszei-
ten. Er vergrößert sich während der Regenzeit, durch die
Fluten des Mekong gespeist, auf ein Mehrfaches seines Umfanges, um in der Trockenzeit wieder auf sein normales Maß
zu schrumpfen. So bringt dieses pulsierende geografische
Zentrum Indochinas doppelten Segen über die Völker:
Durch seine natürliche Funktion als Rückstaubecken erspart
er den Bewohnern des Mekong-Deltas in Vietnam die re-
gelmäßigen Überschwemmungen, für die die anderen großen asiatischen Ströme so berüchtigt sind, und nach dem
Abfluss der Wassermassen in der Trockenzeit bleibt im
Umkreis des Sees ein paradiesischer Garten der Fruchtbarkeit zurück.

Es ist deshalb wenig erstaunlich, dass dieses geografisch
so begünstigte kambodschanische Becken zum Nährboden
einer der faszinierendsten Hochkulturen Asiens wurde. Die
zierlichen und dunkelhäutigen Vorfahren der heutigen

Kambodschaner, lange vor Burmesen, Vietnamesen oder Thais bereits in Südostasien ansässig und über Jahrhunderte hinweg Vasallen des sagenhaften Seefahrerreiches von Funan, schlossen sich am Ende des achten Jahrhunderts zum ersten Staat der Khmer zusammen, regiert von absolutistischen Herrschern, die ihr Regiment mit den Vorstellungen des hinduistischen Gottkönigtums legitimieren. Als ein Geschenk Shiwas mit der üppigen Fruchtbarkeit der Felder und dem immensen Fischreichtum des Tonle-Sap-Sees betrachteten die Khmer die gesegnete Tiefebene. Zu Hunderttausenden besiedelten sie das Land, bauten Straßen, Städte und Bewässerungstanks, brachten über das Jahr drei Ernten in die Scheune und schufen mit ihrem Reichtum die glanzvollsten Tempelanlagen Asiens. Zwischen dem neunten und dreizehnten Jahrhundert herrschten die Gottkönige von Angkor über Millionen Untertanen im heutigen Burma, Thailand und Vietnam. Die neuerrichtete Hauptstadt Angkor Thom gehörte zu den prächtigsten Kapitalen der Zeit.

Als hätten die Götter das kleine und begabte Volk der Khmer für diese immense weltgeschichtliche Glanzstunde strafen wollen, folgte der imperialen Epoche eine Aneinanderreihung geschichtlicher Katastrophen: Die aus Yünnan in immer neuen Wellen einwandernden Thai zerstörten Angkor, die Vietnamesen anektierten das Delta des Mekong, die Franzosen gliederten das Land kurzerhand in ihr indochinesisches Kolonialreich ein, bis im zwanzigsten Jahrhundert der Steinzeitkommunismus der Roten Khmer das Volk an den Rand seiner physischen Vernichtung führte. Über die Paläste von Angkor wucherte der Dschungel, und an den Ufern des Tonle-Sap-Sees versteckten die Roten Khmer ihre Minen.

Tausende der Minen liegen wohl noch heute im Unterholz, in Feldern oder zwischen überwachsenen Ruinen, aber auf einer Fahrt über Land ist von der Bedrohung nichts zu spüren. Ein dänischer Tennislehrer, ein Schornsteinfeger aus Quebec, die muntere Christa aus Porz, ein französischer Rentner in kurzen Hosen und ein junger Unternehmensberater aus Brüssel begegnen auf der Ladefläche eines alten Trucks ihren eigenen Traumbildern eines asiatischen Idylls. Tausende von Zuckerpalmen säumen wie eine Galerie überdimensionaler Pusteblumen den Horizont, und über schmale Feldwege flanieren die Mönche unter ihren Sonnenschirmen. Stelzenhäuser stehen wie kleine Burgen inmitten erntereifer Felder. Lotusteiche wechseln mit kalkweißen buddhistischen Pagoden, während kleine Sampans den Tonle-Sap-Fluss abwärts fahren. Kinder mit den Physiognomien ihrer Rasse, aber ohne das Leid der Geschichte in ihren Gesichtern, sitzen auf Wasserbüffeln und winken allem zu, was sich auf der Straße bewegt.

Auf dem Weg von Phnom Penh nach Angkor Wat

Seit gut einem Jahr gilt die Nationalstraße 5 zwischen Phnom Penh und dem Tonle-Sap-See als sicher, und längst organisieren findige Unternehmer den preiswerten Überlandtransport nach Angkor. Die Reise nach Norden führt durch einen zwiespältigen Frieden, denn alle paar hundert Meter sitzen gelangweilt Soldaten am Straßenrand. Ihre Gewehre wie Spazierstöcke in den Händen, blicken sie gierig in die Karren und Fahrzeuge, trauen sich aber angesichts so vieler ausländischer Zeugen nicht, ihre Begehrlichkeit offen zu zeigen. Nach einer dreistündigen Fahrt durch eine topfebene Landschaft erreicht man das Ostufer des Tonle-Sap-Sees, durchquert Felder und metertiefe Wasserlöcher auf der Zufahrt zu einem der schwimmenden Pontondörfer, die sich jedes Jahr mit der Vergrößerung des Sees zu Inseln inmitten einer unübersehbaren Wasserfläche verwandeln. Wie ein glattes Samttuch, unbeweglich und von der Wolkenspiegelung blauweiß gescheckt, erstreckt sich der See über den gesamten Horizont, an den meisten Stellen nur noch wenige Meter tief und entlang seines gesamten Ufers von Schilf bewachsen. Fischer mit ihren kubischen Fangreusen kreuzen in kleinen Booten die Ufer entlang, während auf der Hauptwasserstraße des amphibischen Dorfes ein permanenter Markt mit den Erzeugnissen der asiatischen Landwirtschaft betrieben wird. Gemüse, Gewürze, Obst, alle Arten Fisch in grellbunten Plastikeimern, Blumen, Tee, Bastmatten, Decken und Webereien werden über die Boote hinweg angeboten und getauscht. Wettergegerbt und listig erscheinen die Gesichter der älteren Frauen. Abschätzig blicken die Männer auf unser Boot, als wüßten sie, dass sie von diesen durcheilenden Reisegruppen keine Gewinne zu erwarten haben.

Knapp drei Stunden benötigt das Schnellboot für die tägliche Ost-West-Durchquerung des gesamten Tonle-Sap-Sees.

Von den Süßwasserkrokodilen, die es im See noch immer in großer Zahl geben soll, ist ebensowenig zu sehen wie von den Roten Khmer, die früher die Ufer unsicher machten. Schließlich taucht am nördlichen Seeufer der Phnom-Krom-Berg auf, um den sich die Regierungstruppen und die Roten Khmer noch vor wenigen Jahren erbitterte Gefechte lieferten. Auf dem Gipfel des 137 Meter hohen Hügels erwartet den Besucher eine bizarre Melange aus kambodschanischer Geschichte und Gegenwart: Neben den von braungelb verbranntem Gras überwachsenen und völlig zerfallenen hinduistischen Tempelresten aus dem zehnten Jahrhundert steht eine moderne buddhistische Pagode. In ihrem Schatten essen Mönche und Soldaten ihre tägliche Reissuppe. Der Raketenwerfer ist im Regen verrostet, die Munition liegt auf dem Boden herum, dafür brennen im Tempel wieder die Räucherstäbchen. Ein Blick von den Höhen des Hügels offenbart, wie reich dieses Land sein könnte, würde es nur endlich seinen Weg in den Frieden finden: Wie eine flache Lebensschüssel erstreckt sich die kambodschanische Ebene vor unseren Augen, aufgeteilt in den fischreichen See und ein Reisfeldermeer bis zum Horizont.

In Siem Reap, der touristischen Drehscheibe aller Angkor-Besucher, stehen die meisten Hotels leer. Obwohl die letzten Kämpfe zwischen den UN-Truppen und den Roten Khmer vom Mai 1993 datieren und seitdem die gesamte Umgebung durch Regierungssoldaten abgesichert ist, will der Tourismus nicht in Schwung kommen - nicht zuletzt, weil der verehrte König Sihanouk selbst im vergangenen Jahr vor einem Besuch seines Landes gewarnt hat. Auch die weltweit verbreiteten Berichte über die Ermordung dreier Reisender in einem allerdings ganz anderen Landesteil Ende 1994 haben das Ihre dazu beigetragen, von einem Besuch Angkors abzuhalten.

Die wenigen organisierten Touristengruppen erreichen den Ort nur mit dem täglichen Flug von Phnom Penh. Sie bleiben selten länger als ein oder zwei Tage. Auch die wenigen Einzelreisenden bringen nicht das Geld, das das Land so bitter benötigt. Ob die gut hunderttausend Besucher, die die Kambodschaner in Siem Reap von 1995 an jährlich erwarten, wirklich erscheinen werden, hängt von vielen Unwägbarkeiten ab, nicht zuletzt vom Schicksal und der Nachfolge des schwerkranken Königs - aber auch von dem leicht beeinflussbaren Presseecho in der westlichen Welt. So bleiben die Fremden derzeit in einer fast familiär anmutenden Atmosphäre unter sich: Im Bayon-Restaurant ordern sie ihren Pancake am Morgen und den Fisch mit Reis zum Abendessen, im Hao Sotha Guesthouse leihen sie sich ihre Fahrräder für einen Dollar am Tag, und für einen Bruchteil dieses Preises können sie sich im „Bayon Barber Shop" die Haare schneiden lassen. Die unangenehme Abstauber- und Schlepperszene, die das Reisevergnügen am Toba-See, in Yogjakarta oder Bali manchmal so bitter beeinträchtigt, ist hier nicht einmal in Ansätzen etabliert. Statt dessen wird auch der preisbewußteste Tourist von der leidgeprüften Bevölkerung als Begleiterscheinung einer neuen und besseren Normalität begrüßt.

Wer sich Zeit nehmen und die Tempel in der Reihenfolge ihrer Entstehung studieren will, ist gut beraten, zuerst die Roluos-Tempelgruppe östlich von Siem Reap zu besuchen. Hier im Umkreis der alten Hauptstadt Hariharalaya begann am Ende des neunten Jahrhunderts die klassische Khmer-Kunst. König Jayavarman II. ließ nicht nur den ersten Baray, den ersten großen Wasserspeicher, vor den Toren der Hauptstadt errichten, sondern vollzog während seiner Regierungszeit - von indischen Meistern inspiriert - den Übergang von der Holzbauweise zum Steintempelbau. Umgeben von einem System aus Wassergräben und Ziegeltürmen und mit einem fünfzehn Meter hohen konisch zulaufenden Turm auf der obersten der fünf Terrassen repräsentiert der Bakong-Tempel aus dem Jahre 881 zum erstenmal den Weltberg Meru als steinernen Monumentaltempel. Nach der hinduistischen Kosmologie residiert Shiwa auf der Spitze des imaginären Berges Meru im Himalaya als Herrscher der Welt und als Ursache aller irdischen Schöpfung und Vernichtung. Wie die Minarette für den Islam oder der Satteldachbau für den chinesischen Kulturraum, so sind die konisch zulaufenden Tempeltürme als symbolische Zentren der Welt das Erkennungszeichen von Shiwas ehemals schier unendlichem Reich, das sich am Ende des ersten nachchristlichen Jahrtausends weit über die Grenzen des eigentlichen Indiens hinaus bis nach Angkor, Vietnam und Java erstreckte.   Doch die Gottkönige des Khmer-Reiches gaben sich mit der ersten Hauptstadt, dem ersten Monumentaltempel und dem ersten Baray nicht zufrieden. Wie auf der Suche nach immer neuen Bauflächen verlegten die Herrscher in den folgenden Jahrhunderten mehrfach ihre Hauptstädte an verschiedene Orte. Kaum einen hielt es in den Mauern, die der Vorgänger errichtet hatte, und keiner wollte sich als Shiwas Inkarnation in einem Tempel verehren lassen, den ein anderer König hatte bauen lassen. So entstand durch die Jahrhunderte auf einem Gelände von mehreren hundert Quadratkilometern eine schier unübersehbare Anzahl von Tempeln, Palästen, Prozessionsstraßen und Klöstern, manchmal nur von einer Generation bewohnt und gepflegt, um vom neuen Herrscher verlassen und durch neue Bauwerke übertroffen zu werden. Ähnlich wie im altägyptischen Kulturkreis waren auf der Grundlage landwirtschaftlicher Überproduktion große Teile des Volkes an der Errichtung immer imposanterer Anlagen beteiligt, bis die Kräfte des Staates, durch Überschwemmungen und äußere Einflüsse geschwächt, schließlich erlahmten und das Reich von Angkor zusammenbrach.

Ohne jemals vom Volk vergessen zu werden, waren die Tempelanlagen von Schlingpflanzen und Würgefeigen fast gänzlich überwuchert, als die französischen Expeditionen am Ende des neunzehnten und am Beginn des zwanzigsten Jahrhunderts die Ruinen neu entdeckten und restaurierten. Den Franzosen, die heute wieder als Angestellte der "L'Ecole Française d'Extrême-Orient" bei den Restaurierungsarbeiten vor Ort federführend sind, ist auch die Anlage der beiden Rundwege zu danken, auf denen man auf einer Gesamtstrecke von gut vierzig Kilometern alle bedeutenden Tempel des Angkor-Parks besuchen kann.

Niemandem, der auf einem Fahrrad den großen und den kleinen Rundkurs in bequemen Etappen befährt, wird es gelingen, die Vielfalt der Bilder in eine zusammenhängende Vorstellungswelt zu überführen, und fast jeder wird in seiner Erinnerung einen anderen Schwerpunkt bilden. Das königliche Tempel-Krematorium Pre Rup, Neak Pean, der Tempel der sich windenden Schlange mit seinen Seen und Türmen, oder das Shiwa, Vischnu und Buddha geweihte Kloster Pra Khan aus der Spätzeit des Angkor-Reiches wären jedes für sich eine Attraktion ersten Ranges. So aber sind diese Monumente von Dutzenden anderen umgeben, zwischen denen sich der Besucher verliert.

Den Ta-Prom-Tempel aber, den die französischen und kambodschanischen Archäologen mit Absicht in seinem überwachsenen Zustand beließen, wird keiner vergessen. Kapokbaum und Würgefeigen kamen über die Galerien, Türme und Dächer des ehemaligen Klosters wie die Exeku-

Ta Prom Tempel von Angkor Wat

217

toren einer rachsüchtigen Natur, und der Besucher, der Ta Prom durchwandert, erhascht einen Blick in einem fremdartigen Rhythmus der Vergänglichkeit. Vor dem Zeittakt der Natur sind die Tempel nichts weiter als Geschöpfe des Augenblicks, gerade entstanden und schon wieder verlassen, blitzschnell bemoost von den zunächst nur fingerdicken Fangarmen der Würgefeige, dann von grotesk geschwollenen meterdicken Wurzelarmen wie von den Händen eines Riesen umklammert. Ganze Türme und Mauerpassagen wurden von der Kraft der Natur einfach zerquetscht, zerdrückt oder umgeworfen. Als würden die Wurzeln aus dem Zusammenbruch der Menschenwerke unter ihren Fangarmen eine besonders bekömmliche Nahrung beziehen, erheben sich die Bäume wie triumphierende Sieger in den Himmel.

Ist die Vegetation im Ta-Prom-Tempel dabei, menschliche Kulturleistungen in den Stoffwechselkreislauf der Natur zurückzuholen, so hat sich der Mensch in Angkor Wat die Natur in Gestalt von künstlichen Seen und abgezirkelten Wiesen als ornamentalen Rahmen dienstbar gemacht, in dessen Mitte sich das gewaltigste religiöse Bauwerk der Erde erhebt. Kein Tor oder Geländer, keine Wölbung, Arkade oder Fensterfront könnte irgendwo anders stehen, ohne dass der Gesamteindruck leiden müßte - zugleich aber erscheinen die Formen und Skulpturen wie steinerne Zitate aus dem ewigen Lexikon menschlicher Baukunst: Die löwenähnlichen Gestalten vor der Sandsteinbrücke erinnern an Luxor, die Seitengalerien ähneln den Orangerien barocker Schlösser. Geriffelte Säulen lassen an Bernini denken, und die Apsaras wirken, als wären sie als steingewordene Engel direkt aus den Höhlen von Ajanta nach Angkor geflogen. Der Großkönig Suryavarman II., der sich in Gestalt dieses gewaltigen Komplexes am Anfang des zwölften Jahrhunderts sein Grabmal erbaute, erreichte mit diesem Werk nach einer Bauzeit von fast einem halben Jahrhundert das Äußerste, was sich über ein sakrales Gebäude sagen läßt: In sich geschlossen wie alle große Kunst und doch mit einem Konzentrat an Möglichkeiten und Verweisen überzogen, gehört Angkor Wat zu den wenigen Orten auf der Welt, in deren Umkreis das Erlebnis der Vollkommenheit zur religiösen Empfindung konvertiert.

Stand das Reich von Angkor unter Suryavarman II. noch auf dem Höhepunkt seiner Machtentfaltung und hielten seine Heere noch immer die Thais und Burmesen im Westen ebenso im Schach wie die hinduistischen Cham im heutigen Vietnam, so geriet der Staat schon kurz nach seinem Tod in eine existenzgefährdende Krise. Bewässerungstanks wurden überflutet, Mißernten, Lebensmittelknappheiten und Thronstreitigkeiten führten zu einer Zeit der Wirren, in deren Verlauf es den Cham im Jahre 1177 gelang, mit ihrer Flotte bis an das Nordufer des Tonle Sap zu segeln und Angkor zu plündern. König Jayavarman VII., Zeitgenosse Kaiser Barbarossas und Sultan Saladins, konnte das Reich am Ende des zwölften Jahrhunderts noch einmal unter Aufbietung aller Kräfte restituieren. Es gelang ihm nicht nur, mit der reorganisierten Armee ein letztes Mal die Grenzen des Khmer-Imperiums zu behaupten, sondern er begründete zudem eine im Kontext der kambodschanischen Geschichte untypische Sozialpolitik. In der Abenddämmerung des imperialen Staates entstanden Schulen, Armenhäuser und Hospitäler, und die neugegründete Hauptstadt Angkor Thom mit ihren fünf Toren bündelte ein letztes Mal den Kunstsinn und Prunk für eine nunmehr hinduistisch-buddhistische Mischkultur. Denn Jayavarman VII. hatte sich dem Mahayana-Buddhismus zugewandt, dem "Großen Fahrzeug" der buddhistischen Lehre, in dessen Zentrum das

Mitleid der vollkommenen Heiligen, der Bodhissatvas, steht, die auf den Eingang ins Nirwana verzichten, um den Menschen in Not und Gefahr beizustehen. "Ich verehre den erhabenen Weg, der zur höchsten Erleuchtung führt, die einzige Lehre, die es wirklich erlaubt, das Verständnis der Wirklichkeit zu erlangen, das Gesetz, das auch die Unsterblichen in den drei Welten befolgen müssen", ließ der König als einleitende Inschrift in die große Stele von Pra Khan meißeln. Ausdruck und Wahrzeichen dieser letzten Epoche der Khmer-Architektur ist der Bayon-Tempel inmitten der Ruinen von Angkor Thom als die letzte große, bereits als Verdichtung hinduistischer und buddhistischer Glaubenserfahrung vollzogene Symbolisierung des Weltberges Meru. Sieht man den Bayon-Tempel im Gegenlicht, wirken die Hundertschaften freistehender Säulen, die zahlreichen Türme und der große Zentralbau fast wie ein Steinbruch. Der ganze Komplex scheint gegenüber der Vollkommenheit Angkor Wats abzufallen, doch je mehr man sich dem Gebäude nähert, je mehr identifiziert das überraschte Auge immer neue Gesichter in Tempelflächen, Türmen und Emporen. Überall erkennt man den Kopf des Bodhissatva Lokesvara mit seinen vier Gesichtern, die in alle Himmelsrichtungen nach Notleidenden und Hilfsbedürftigen Ausschau halten. König Jayavarman VII. selbst, der sich für eine Reinkarnation des Lokesvara hielt, lieh den zweihundert Physiognomien, die den Besucher des Tempels über allen Galerien, Türmen, Treppen und Nischen betrachten, seine Züge. Ein Besuch des Bayon am späten Nachmittag zeigt das verhundertfachte Antlitz Lokesvara-Jayavarmans vom goldgelben Nachmittagslicht überzogen. Für einen Augenblick scheint es, als würde die Vergangenheit Angkors lebendig und der gütige König würde seine Stimme wieder über der Hauptstadt erheben.

Bayon-Tempel in Angkor Wat

221

An den Schnittpunkt von Vergangenheit und Gegenwart führt der Besuch des Phnom Bakheng. Auf dem knapp siebzig Meter hohen Hügel zwischen dem großen Wat und dem Bayon-Tempel versammeln sich allabendlich die Besucher, um über dem Tempelbezirk und dem Tonle-Sap-See den Sonnenuntergang zu erleben. Zur kakophonischen Abendmusik der Grillen senkt sich der scharf konturierte glutrote Sonnenball wie vom Anbeginn der Zeiten über die westlichen Ebenen herab und verwandelt die Szene in eine magische Bühne. Die letzte Helligkeit des versinkenden Tages sammelt sich über dem großen westlichen Baray, klammert sich über der halbverschlammten Oberfläche noch einige Minuten fest, ehe sie, vom Abendnebel durchdrungen, verschwindet. Die Umrisse des Angkor Wat, mit seinen fünf großen Türmen weit über den Urwald herausragend, scheinen sich in der hereinbrechenden Dunkelheit selbst in ein Pflanzensystem zu verwandeln, das als Mischgeschöpf aus Natur und Kultur den Tempelbezirk in der Nacht bewachen wird. Nur wenige Minuten nach dem Sonnenuntergang verfärbt sich der Himmel in weißrote Streifen, übernimmt eine bedrohlich dunkelrote Färbung, als würden sämtliche Feuersbrünste der kambodschanischen Geschichte in den Himmel projiziert - bis sich die letzten Farben des vergangenen Tages in der Schwärze der Nacht verlieren. Nach diesem Spektakel ist es stockdunkel. Die Touristen verschwinden nach Siem Reap, die Soldaten, die auf dem Hügel stationiert sind, bleiben. Früher beobachteten sie vom Bakheng-Tempelhügel die militärischen Bewegungen der Roten Khmer in den Ebenen. Heute sammeln sie mit Taschenlampen nach dem Abgang der Touristen den Abfall ein - und selbst dies wirkt wie ein Fortschritt.

Gesamtansicht der Tempelanlage von Angkor Wat

VIETNAM

Der „Fluss der Wohlgerüche" in Zentralvietnam

EINLEITUNG

Peter Scholl Latour hat in seinem Vietnambuch „Der Tod im Reisfeld" die These vertreten, es gäbe in ganz Asien keine schärfere Grenze als die zwischen Laos/Kambodscha auf der einen und Vietnam auf der andern Seite. Er bezog sich damit auf den Unterschied der Mentalitäten, und auch wenn man sich der Unschärfe dieser Kategorie immer bewusst bleiben muss, ist etwas dran an der Vorstellung vom freundlichen, geschmeidigen, mitunter auch etwas schalmeienhaften Khmer oder Laoten im Kontrast zum herben und stolzen Vietnamesen, der sich auf seine Zuverlässigkeit und Arbeitsfreude viel zugute hält.

Aber Vietnam ist auch noch in anderer Hinsicht anders. Es besitzt nicht nur die mit Abstand größte Bevölkerung Indochinas (90 Millionen Menschen), sondern es hat auch eine andere kulturelle Prägung erfahren als Thailand, Kambodscha, Laos und Burma. Vietnam ist „Indochina" mit eindeutiger Betonung auf „China", was seine ethnischen Ursprünge und seine Geschichte betrifft. Auf der anderen Seite besitzt Vietnam den höchsten christlichen Bevölkerungsanteil der gesamten Region - und benutzt eine Schrift, deren lateinischen Buchstaben auf die Transkriptionen christlicher Missionare zurückgehen.

Im Norden ist Vietnam China so ähnlich, dass man sich mitunter in Guangxi oder Henan wähnt, die gleiche Tempelarchitektur, das gleiche Essen, eine ähnliche Landschaft – und selbst Hanoi sieht auf den ersten Blick nicht viel anders aus als eine südchinesische Stadt. Erst wenn man weiter in den Süden kommt, nehmen Landschaft und Kultur ein eher südostasiatisches Gepräge an. Im Umkreis von Saigon und im Delta des Mekong ist man schließlich endgültig in den Tropen angekommen. Mit anderen Worten: Vietnam verfügt über das reichhaltigste Angebot an Landschaftsformen, den diese Weltteil zu bieten hat: einen kühlen Norden, in dem es durchaus auch mal schneien kann, Berge an den Grenzen zu Laos, weite Strände am Ufer des südchinesischen Meeres und das Mekong-Delta, ein amphibisches Region zwischen Land und Meer.

Auf einer Reise durch Vietnam durchquert man stark bevölkerte und fast menschenleere Gebiete. Auf einem Viertel der Fläche leben ¾ der Bevölkerung (In Japan leben 90 % der Menschen auf 15 % der Fläche). Gemessen an seiner Gesamtbevölkerung ist Vietnam übrigens ein relativ homogenes Land. Der Anteil der ursprünglich drei Millionen Chinesen hat sich durch die Massenvertreibungen nach dem Sieg der Kommunisten mehr als halbiert, die nationalen Minderheiten machen gerade einmal 5 % der Bevölkerung aus. Über die Hälfte der Bevölkerung ballt sich in den Mündungsgebieten des Roten Flusses und im Umkreis des Mekong-Deltas. Im Gebiet Hanoi-Haiphong, dem industriellen Zentrum des Landes, ist die Bevölkerungszahl inzwischen auf über 20 Millionen angestiegen, wovon man aber nur wenig mitbekommt, weil man jenseits der eigentlichen Stadtgrenzen endloses, dicht zersiedeltes Bauernland durchfährt. Ein kleineres Szechuan am südchinesischen Meer. Der Süden mit etwa 35 % der Fläche und 35 % der

Bevölkerung war von jeher die Reisschüssel des Landes. Inzwischen ist er auch das expandierende Dienstleistungszentrum Vietnams, in dem sich der allgemeine Wandel am schnellsten vollzieht.

Doch ganz gleich, wohin man auch kommt, überall sind die Zeichen der Veränderung unübersehbar- ebenso wie die Ungleichzeitigkeiten und Engpässe, die jeder forcierte Wandel mit sich bringt. Wo sich hier die Angestellten eines Familienbetriebes fast zu Tode schuften, sitzen dort in staatseigenen Betrieben noch immer zwei bis drei Personen auf einer Stelle, die ein einziger Arbeitnehmer bequem ausfüllen könnte. Überall, wo mit der Modernisierung wirklich ernst gemacht wird, explodieren Arbeitslosigkeit und Kriminalität, neuer Reichtum entsteht ebenso wie Verarmung. Der agile Süden, in dem das Tempo der Veränderung am höchsten ist, profitiert nicht nur vom Kapitalimport sondern auch von den Devisenüberweisungen, die die vietnamesischen Verwandten aus Europa und den USA in die alte Heimat schicken. In diesem langfristigen Sinne hat der Süden den Vietnamkrieg vielleicht gar nicht verloren.

So beinhaltet eine Reise durch Indochina nicht nur einer Reise zu den Spuren einer vielfältigen Geschichte in unterschiedlichen Klimazonen und Landschaftsformen, sondern auch die Beobachtung eines gewaltigen gesellschaftlichen und sozialen Wandels. Ganz ähnlich wie in China ist man auf einem Terrain unterwegs, das sich bereits während man es erkundet, so schnell verändert, dass man es bei seinem nächsten Besuch möglicherweise gar nicht mehr wiedererkennen wird.

Straßenszene in Hanoi

Kaffee mit Ei
im Reich des Konfuzius

In den Straßen von Hanoi

Der geografische Umriss Kambodschas gleicht dem eines Balls, mit dem die großen Mächte Fußball spielen. Laos dagegen erinnert an einen großen Knochen, an dem die Elenden herumnagen. Die Umrisse Thailands und Burmas wurden oft mit denen von Papierdrachen verglichen, die man an einer langen Schnur gen Himmel steigen lässt. Der geografische Umriss Vietnams dagegen ähnelt dem einer Tragestange mit zwei Reisschüsseln an ihrem oberen und unteren Ende.

Ein einprägsames Bild, auch wenn es sich nicht um eine waagerechte, sondern um eine senkrechte Tragestange handelt. Im Norden ist es der Rote Fluss, der die Reisschüssel füllt, im Süden das Delta des Mekong. Dazwischen liegen, je nach Reiseroute, zweitausend Kilometer.

Ich blickte aus dem Fenster der Cathay Pacific Maschine, die ihren Anflug auf Hanoi begonnen hatte. Unter mir erstreckte sich das Delta des Roten Flusses, flach, eben und in wintergrauer Farbe. Der Rote Fluss, mit seinen etwa 1100 Kilometern Länge noch nicht einmal so lang wie der Rhein, entspringt im südchinesischen Yünnan und transportiert reichlich Löss und Schlamm ins Tiefland. Dadurch hebt sich sein Flussbett immer höher an, so dass der Fluss permanent eingedeicht werden muss. Die Amerikaner hatten während des Vietnamkrieges die Deiche bombardiert und große Teile des Nordens unter Wasser gesetzt. Schönheit und Verletzlichkeit liegen auch in der Geografie eng beieinander.

231

Es war erstaunlich kühl, als ich das Flughafengebäude verließ, es war frisch, als ich mit dem Taxi in die Stadt fuhr und regelrecht kalt in meinem Zimmer. Und es war ruhig, so ruhig in der Nacht, wie man es in einer asiatischen Hauptstadt wohl nur selten erlebt. Als ich aus dem Fenster blickte, sah ich, dass es regnete. Ein feuchter Nebel umgab das Licht einer Straßenlaterne wie ein milchigweißer Hof.

Am nächsten Vormittag war es mit der Ruhe vorbei. Schon als ich vor dem Frühstück ein wenig durch die Innenstadt spazierte, waren die Straßen überfüllt, aber auf eine andere Weise, als man es von uns her kannte. In westlichen Städten besitzen die Menschenmassen etwas Atomistisches, die einzelnen Personen bleiben erkennbar, es ist nur die schiere Menge, die nervt. In Hanoi erschienen mir die Menschenmassen dagegen wie kompakte Wellen, die an mir vorüberrauschten, ohne dass einzelne Personen hervorgetreten wären. Welle um Welle ergoss sich in unaufhaltsamer Stetigkeit durch die Straßen, verband sich zu Fahrrad-, Auto und Motorrollerströmen, mischte sich mit anderen Strömen und gabelte sich an der nächsten Ecke, um in neue Ströme einzutauchen. In der eigentümlich distanzierten Perspektive, die einem nachwirkenden time-lag eigen ist, kam ich mir vor, als stände ich in der Mitte eines wild um sich selbst kreisenden Mahlstroms, in dem nur die winterkahlen Platanen an den Straßenrändern der Szene einen festen Rahmen gaben. Der erste Eindruck einer südostasiatischen Stadt ist immer wie ein Schlag auf die Augen. Man braucht eine gewisse Zeit, ehe man die Einzelheiten wahrnimmt.

Vieles ging ineinander über auf den Straßen von Hanoi, das Alte und das Neue, das Ruhige und das Hektische, das Bescheidene und das Prahlerische, und wie es sich zu einer

Metzgerei-Facharbeiter bei der Arbeit / Hanoi

233

dauerhaften Form verbinden würde, war noch nicht abzusehen. In einer Seitengasse fiel das milde Licht der spätwinterlichen Sonne durch eine Jalousie aus Ästen und Blättern auf kleine Garküchenrestaurants, deren Töpfen Dampffahnen entstiegen, um wie weiße Girlanden in den trüben Himmel zu entschwinden. Baufällige Häuser, deren Balkone durch waghalsige Stützkonstruktionen vor dem Einsturz bewahrt wurden, standen neben Neubaufassaden, in denen nur noch die Fenster fehlten. Wie Partisanen auf Feindfahrt rasten die Motorradfahrer auf ihren kleinen Hondas durch das Gewühl, hupten, schnitten, beschleunigten und schossen, wo immer sie wollten, einfach aus den Seitenstraßen heraus. Den verkehrstechnischen Kontrapunkt zu den Motorrollern bildeten die Fahrradrikschas, die quälend langsam über die Kreuzungen fuhren, sich gegenseitig blockierten sich beluden und entluden oder einfach nur in solchen Mengen an den Straßenkreuzungen herumstanden, als hätte man allen entlassenen Industriearbeitern eine Rikscha als Abfindung verpasst. Nun warteten sie auf Kundschaft, hielten ein Nickerchen, lasen, rauchten oder lagen so lang ausgestreckt in ihren Gefährten, dass sie unausgesprochen die Botschaft vermittelten: „Such dir einen anderen Fahrer und hau ab!" Übrigens war die vietnamesische Fahrradriksha eine Backbordriksha, das heißt, der Fahrer saß nicht wie in der indischen Fahrradriksha vorne und zog sein Gefährt, sondern er saß hinten und „schob" seine Fracht. Ein amüsantes Buch von Luciano de Crescenzo fiel mir ein, in dem Norditaliener und Süditaliener dadurch unterschieden wurden, dass die ersten bevorzugt duschten und die zweiten badeten. Konnte man Südasien und Indochina eventuell dadurch unterscheiden, dass ihre Rikschas „gezogen" beziehungsweise „geschoben" wurden? Und was bedeutete das? Zweifellos implizierte die vietnamesische Backbordriksha ein höheres Maß an Kontrolle, denn man hatte während der

235

Fahrt die Hinterköpfe seiner Kundschaft und den Straßenverkehr stets vor Augen, während der Fahrer in der indischen Frontrikscha immer damit rechnen musste, dass seine Kundschaft kurz vor der Erreichung des Fahrtzieles einfach abhauen würde.

Vor einer Teestube saß ein alter Mann mit dem Gesicht eines Weisen auf einem Hocker und zündete sich eine Opiumpfeife an. Sie war einen halben Meter lang und so dick wie ein Ofenrohr. Ihre Dämpfe zogen nach nebenan zu einem Straßenrestaurant, in dem eine junge Frau schnell und routiniert frisches Baguettebrot aufschnitt und mit allerlei Aufschnitt belegte. Wo so viele Einheimische herzhaft zulangten, wollte auch ich nicht zurückstehen und erwarb ein vietnamesisches Käse-Schinken Baguette. Es schmeckte großartig und kam mir erheblich besser vor als die vergleichbaren Produkte aus Paris oder Marseilles. Eine alte Frau mit weißen, glattfrisierten Haaren und einem gütigen Großmuttergesicht saß zusammengekauert in einem Hauseingang und bot ein Dutzend Eier an, die vor ihr in einem kleinen Korb lagen. Ängstlich huschte ihr Blick hin und her, als fürchte sie, ein Passant könne aus der Menge herausstürzen und die Eier stehlen. Neben ihr war ein wuchtiger Mensch mit einem dürren Chinesenbärtchen damit beschäftigt, zwei lebende Schweine auf der offenen Fläche seines Karrens festzubinden. Die fetten Tiere ließen es ohne Gegenwehr über sich ergehen und quiekten nur dann und wann einmal wie ein Zeichen dafür, dass noch Leben in ihnen war. Auch die Gänse, die eine Frau an der Lenkstange ihres Fahrrads an den Füßen festgebunden hatte, lebten noch, schnatterten und flatterten aber so lebhaft, dass die Frau mit ihrer Fracht nur im Zickzackkurs über die Straße fahren konnte.

Körperkraft und Körpereinsatz waren Trumpf auf den Straßen von Hanoi - hier flitzten Lastträger mit Chinesenhüten und Schulterstangen wippenden Schrittes an Fahrzeugen, Rikschas und Motorrollern vorbei auf die andere Straßenseite, dort wurden mit Muskelkraft und Rollvorrichtungen die Schranken über Kreuzungen und Hinterhöfen gezogen, damit die Züge der vietnamesische Eisenbahn ihre lange Reise nach Saigon beginnen konnten. Einige vietnamesische Schulkinder feixten an einem Straßenstand, an dem eine Riesenauswahl fantasievoll gestalteter grellbunter Kondome angeboten wurde. Sie hielten sich die Hand vor dem Mund und kicherten, ehe sie der Standinhaber davonscheuchte. Zwei junge Frauen im traditionellen vietnamesischen Ao-Dai mit seinem raffinierten Seitenschlitz saßen nur wenige Meter entfernt in einer neueröffneten französischen Patisserie, in der kleine Törtchen und Importkaffee verkauft wurden. Sie waren ausnehmend hübsch, mit merkwürdig stimmigen Gesichtern, in denen die Strenge des Nordens durch einen Stich südlicher Süße ausbalanciert wurde. Der Vietnamese war möglicherweise doch nicht nur Chinese, sondern in seiner Physiognomie durch einen Schuss Malayentum veredelt. Der Polizist, der auf einer winzigen Verkehrsinsel wie verrückt mit den Armen fuchtelte und in seine Trillerpfeife blies, war dagegen eher der chinesische Landarbeitertypus mit Höckerstirn, Henkeltopfohren und weit herausragendem Adamsapfel. Natürlich beschlich mich ein schlechtes Gewissen bei diesen Betrachtungen, denn die Physiognomik, so reizvoll ihre Anwendung auf Reisen auch sein mochte, ist der Zeitvertreib der Müßiggänger, der nichts weiter hervorbringt als jede Menge Pseudoevidenz.

Von der Paul Doumer Brücke, einer Brücke aus der französischen Kolonialzeit, die lange Zeit die einzige Verbindung zwischen Hanoi und der Küste gewesen war, blickte ich über die das Ufer des Roten Flusses. Hier war er also, einer der beiden Ernährer Vietnams, und sonderlich gut sah er nicht aus. Wie eine rötlichbraune Kloake floss er an baufälligen Hütten vorüber, die nur wenige Meter über dem Fluss erbaut worden waren und das nächste Hochwasser nicht überstehen würden. Unter diesen Hütten stapelte sich der Müll, den Hühner und Hunde nach Essbarem durchwühlten, während gleich nebenan eine Dschunke mit Kies beladen wurde. Knochenbrecherische Gewichte hingen den jungen Männern an den Tragestangen, ein älterer Mann stand auf dem Dach der Ladefläche, rührte in seinem Gemächt und rauchte eine Zigarette.

Am späten Nachmittag bestellte ich an einer offenen Garküche in der Innenstadt eine sogenannte „Hanoi-Suppe", eine Art Brühe mit Rindfleischstücken und Nudeln. Das besondere, das diese Hanoi-Suppe von einer ordinären Hühnersuppe unterschied, waren die Zugaben an Gewürzen, Sojasprossen und frischen Kräutern, die die Suppe allerdings so scharf machten, dass ich ein Hanoi-Bier dazu bestellte. Das Hanoi-Bier war neben dem Baguette ein weiteres Überbleibsel der französischen Kolonialzeit. Ursprünglich ein erfolgreich platziertes Produkt französischer Kolonisten aus dem späten 19. Jahrhundert, war es nach dem Sieg der Kommunisten vom Markt verschwunden, um im Zuge des „Doi Moi" als hopfenartiges Malzbier eine feuchtfröhliche Wiederauferstehung zu feiern. Um mich herum beherrschte allerdings der Reis das Angebot. Reis mit Huhn, Schwein, Rind oder Fisch wurden in atemberaubender Geschwindigkeit in einer nicht einsehbaren Küche zubereitet, möglicherweise war auch der eine oder andere junge Hund dabei, der in Vietnam als besondere Delikatesse gilt. Aber egal was es war, es wurde blitzschnell verputzt: die Reisschalen samt Einlagen wurden wie kleine Container einfach vor dem offenen Mund in Stellung gebracht, um ihren Inhalt in Windeseile mit den Stäbchen in den Mund zu schaufeln. Nach dem Essen brachte mir der Wirt eine kleine Kanne grünen Tee ohne Zucker, der mich an den dritten Aufguss des Tees auf dem Emei Shan in Szechuan erinnerte: er schmeckte nach nichts, war aber ein ganz klein wenig parfümiert. Da ich davon nicht wirklich munter wurde, orderte ich zum Finale des Tages einen „Ca Phe Trung", einen sehr starken Zuckerkaffee mit einem zu Schaum geschlagenen Ei.

Am Abend lernte ich im Hotel einen deutschen Geschäftsmann aus Baden kennen, der im Auftrag einer großen Glühlampenfirma den vietnamesischen Markt erkundete. Die Geier des internationalen Kapitalismus waren also nun auch schon in Vietnam unterwegs, Onkel Ho würde sich im Grab umdrehen. Wieder trank ich ein Hanoi Bier und erfuhr vom Agenten des internationalen Kapitalismus dass die geplante Massenproduktion deutscher Qualitäts-Glühbirnen sich vor Ort in Haiphong vollziehen sollte, denn die Lohnkosten in Vietnam seien unschlagbar und die Arbeitsmoral der einheimischen Bevölkerung beispielhaft. Ein noch besseres Geschäft wäre allerdings die flächendeckende Anlage verkehrssicherer Fahrradwege in Hanoi, erzählte der Agent des internationalen Kapitalismus, ohne dass ich erkennen konnte, ob er das ernst meinte. Da seien aber schon die Holländer dran. Hahaha.

In der Nacht war es wieder merkwürdig still. Ich konnte nicht schlafen und las lange in Graham Greenes Roman „Der stille Amerikaner", einer Dreiecksgeschichte aus der Spätzeit der französischen Kolonialherrschaft. Die Hauptfiguren des Romans waren Thomas Fowler, ein alternder, abgeklärter, leicht zynischer Journalist, der von der Welt die Nase voll hatte und kein anderes Ziel mehr verfolgte, als mit der schönen Vietnamesin Phoung seinen Lebensabend zu verbringen. Sein Antagonist, sowohl was die Politik wie die

239

Liebe betraf, war Alden Pyle, der „stille Amerikaner", ein ahnungsloser Idealist im Dienst des amerikanischen Geheimdienstes - wie es hieß „bis zur Unverwundbarkeit gepanzert mit seinen guten Absichten und seiner Unwissenheit." Übrigens hatte Greene den Ausgang des Vietnamkrieges im „stillen Amerikaner" zwanzig Jahre vor dem Fall Saigons in staunenswerter Hellsichtigkeit vorausgesagt. „Erst ermutigen wir sie," hieß es an einer Stelle des Buches über die Vietnamesen, „dann lassen wir sie im Stich –mit unzulänglicher Ausrüstung und einer Spielzeugindustrie."

*

Hanoi ist nicht nur eine Stadt mit vielen Facetten sondern auch mit vielen Namen. Die älteste Siedlung im Umkreis der Stadt war Co-Loa, heute ein Ruinenfeld in der Nähe des Flughafens etwa zwanzig Kilometer nördlich von Hanoi. Archäologen haben in Co-Loa den Umriss einer beachtlichen Zitadelle identifiziert, von der aus die ersten Könige Vietnams im dritten und zweiten Jahrhundert vor der Zeitrechnung über das Delta des Roten Flusses geherrscht hatten. Natürlich hatte es damals ein Vietnam im heutigen Sinne noch nicht gegeben. Am ehesten lässt sich die Ära von Co-Loa als die Zeit verstehen, in der sich aus den Bewohnern der Berge, aus zugewanderten südchinesischen Yüeh und Einwanderern aus der indonesischen Inselwelt das Volk der „Dai Viet" (chinesisch: „die südlichen Yüeh") bildete.

Wie immer es sich auch im einzelnen verhalten haben mochte, die ersten tausend Jahre Geschichte der Dai Viet hatte sich als eine Geschichte im Schatten Chinas vollzogen – und das nicht unbedingt zum Schaden des Landes. Auch wenn die Vietnamesen das heute nicht mehr so gerne hören wollen: Praktisch alles, was zur Entstehung der vietnamesi-

240

schen Kultur beitrug, stammt aus China. Die erste Schrift, die Seide, die Techniken des Tempelbaus, der Metallbearbeitung und der Bewässerung, der Tee und die Ethik des Konfuzius - alles kam aus dem Norden. Selbst ihren Namen erhielten die Vietnamesen von China, denn die chinesische Garnisonsstadt im Umkreis des heutigen Hanoi trug den Namen „Dong Kinh", was die Franzosen später zu „Tonking" verballhornten. Lange Zeit war Vietnam auch unterm Namen „Annam" bekannt, was auf Chinesisch, ein wenig euphemistisch, „befriedeter Süden" bedeutete.

Irgendwann, genauer gesagt, ab dem 9. und 10. Jahrhundert aber war es mit diesem „Frieden" vorbei. Mit wechselndem Erfolg erhoben sich lokale Machthaber der Dai Viet gegen die Besatzer, siegten und wurden besiegt, bis endlich im Jahre 938, in einer Schwächephase der chinesischen Song Dynastie, die Chinesen aus dem Land geworfen wurden. Nicht lange danach erklärte König Ly Thai to das heutige Hanoi als „Thang Long", als die „Stadt des aufsteigenden Drachen" zur Hauptstadt Vietnams. Den Namen „Hanoi" - „zwischen den Flüssen" - trägt die Stadt übrigens erst seit 1831. Das Ende der chinesischen Besetzung änderte jedoch nichts an der Vorherrschaft der chinesischen Kultur. Der neugegründete vietnamesische Staat mit seinem Hofzeremoniell, seiner konfuzianischen Sittenlehre, dem schachbrettartig angelegten Zentrum inklusive der verbotenen Kaiserstadt repräsentierte nichts weiter als ein China im Bonsai-Format.

Von dieser Geschichte ist fast nichts erhalten geblieben. Zu oft wurde Hanoi zerstört, zu eigenwillig waren die Restaurationen, wenn es sie überhaupt welche gab, um ein historisches Kolorit zu bewahren. Allenfalls im Van Mieu, im sogenannten „Literaturtempel" zwischen dem Hoan Kiem- und dem Tay-See, wurde mit ein wenig Fantasie der Geist der frühen Tage lebendig. Ein hellblaues Pagodentor, lange, bemooste Wälle, künstliche Teiche, gepflegte Rasenanlagen, abfallende Schieferdächer im Drachenschwung, Altäre und Räucherstäbchen erzeugten eine durch und durch chinesische Atmosphäre, wie man sie intensiver auch in Souzhou oder Hangzhou nicht antreffen würde. Im Literaturtempel befand ich mich eindeutig im Reich des Konfuzius, des großen Ethikers, der die Kultur Chinas, Japans, Koreas und Vietnams so stark geprägt hat, dass die Gesamtheit dieser Völker auch als „konfuzianistischer Kulturkreis" bezeichnet wird. Erbaut um 1070 als erste große Kultstätte des Konfuzius in Vietnam, wurde dem Van Mieu-Tempel schon wenige Jahre später eine Art Hochschule angegliedert, in der zunächst nur der Adel, dann auch Novizen aus dem ganzen Land in der konfuzianische Sittenlehre unterrichtet wurden. Der Literaturtempel bestand aus fünf Gebäuden und vier aufeinanderfolgenden Höfen, die man Hof für Hof durchschritt, bis man den Altar des Konfuzius erreichte. Was für ein bezaubernder Gedanke, dass in den altvorderen Zeiten die Gelehrten in den Mauernischen des zweiten Tempelhofes beieinandergesessen und sich aus ihren Werken vorgelesen hatten. Im dritten Tempelhof stieß ich auf eine Ansammlung überlebensgroßer steinerner Schildkröten, die in Vietnam von alters her als Symbol für Langlebigkeit, Stärke und Ausdauer gelten. Auf ihrem Rücken trugen die steinernen Schildkröten waagerecht aufgerichtete Stelen, auf denen nicht mehr und nicht weniger als die Namen der 1295 Sieger der konfuzianischen Literaturprüfungen in den Jahren zwischen 1484 bis 1779 verzeichnet waren. Der Rundgang durch den Literaturtempel endete im fünften und letzten Gebäude vor dem Altar des Konfuzius, der inmitten von Blumen und Devotionalien den sitzenden Meister zeigt, wie er in ganz undramatischer Pose wie ein geduldiger Nachrichtensprecher mit seinem charakteristischen Schnurrbärtchen auf die Besucher niederblickte. Der deutsche Philosoph Karl Jaspers hatte in seinem Buch „Die maßgeblichen Menschen" Konfuzius neben Sokrates und Buddha als einen der ethisch-religiösen Vatergestalten der Menschheit bezeichnet und darauf hingewiesen, dass diese drei Gestalten in einer rätselhaften Gleichzeitigkeit im sechsten und fünften Jahrhundert vor der Zeitrechnung voneinander vollkommen unabhängig ihre universell gültigen Lehren verkündet hatten. Im Falle des Konfuzius war es die Lehre vom richtigen Verhalten, das alle Ebenen des menschlichen Zusammenlebens umfassen sollte. Von der kleinsten Zelle der Gesellschaft, der Familie über das Dorf und den Staat bis zur Gesamtheit aller Menschen ergab sich nach Konfuzius das richtige, das gute Leben durch die Verwirklichung der fünf Kardinaltugenden *Nächstenliebe, Rechtschaffenheit, Anstand, Weisheit und Aufrichtigkeit.* So bedeutet etwa der „Anstand" für den Konfuzianer nicht nur anständiges Benehmen, sondern die strikte Beachtung sozialer Umgangsform, ohne die ein zivilisiertes Miteinander unmöglich ist – auf unseren eigenen Kulturkreis übertragen etwa so elementare Verhaltensweisen wie das Aufstehen in der Straßenbahn für ältere Menschen, das Aufhalten der Türe als Höflichkeitsgeste, das angemessene Grüßen und Verabschieden, die Beachtung sozialer Zeremonien wie Trauer- und Gratulationsbekundungen und vieles andere mehr. Ohne dass im 6. Jahrhundert vor der Zeitrechnung schon irgend jemand in China an die Soziologie gedacht hätte, lag dieser Handlungslehre eine extrem moderne systemtheoretische (zugleich aber auch eine extrem konservative) Einsicht zugrunde: nämlich die Erkenntnis, dass für den Erhalt sozialer Systeme pures Wissen weniger leistet als eingespielte und allgemein anerkannte Rituale. In dem prekären Antagonismus zwischen sozialer Harmonie und persönlicher Freiheit liegt bei Konfuzius das Schwergewicht eindeutig auf dem ersten Aspekt, während die westliche Ethik die Freiheit favorisiert und dabei der ambitionierten Hoffnung anhängt, die soziale Harmonie wäre durch eine freiwillige Übereinkunft der vielen Freiheiten möglich.

Sei es, weil das Wetter an diesem Tag immer schlechter wurde und heftiger Regen auf das Dach des Literaturtempels prasselte, sei es, weil ein trübes Halblicht den Altar des Meisters umgab, jedenfalls überkam mich bei diesen Gedanken zu Füßen des Konfuzius eine trübe Stimmung. Das Übermaß an Freiheit hatte die Geltung vieler sozialer Regeln in meinem eigenen Kulturkreis längst ins Beliebige verschoben. War ich nicht das Kind einer Kultur, die einen Kult der schrankenlosen Selbstverwirklichung ausgerufen hatte - notfalls auf Kosten des Partners, der Eltern oder des Gemeinwesens? Explodierende Kriminalitäts- und Scheidungsraten bewiesen, dass dieser säkulare Trend die westlichen Gesellschaften in eine tiefe Krise gestürzt hatte. Der große amerikanische Romancier Cormack McCarthy fiel mir ein, der am Ende seines Romans „Kein Land für alte Männer" nach einer Serie abscheulicher Morde einen alten Sheriff darüber nachdenken lässt, wie der allgemeine Verfall begonnen hatte. „Es fängt damit an, dass man schlechte Manieren übersieht", räsonierte der Sheriff. „Jedesmal, wenn Sie kein Sir oder Ma´am mehr hören, ist das Ende so ziemlich in Sicht." Das hörte sich absolut spießig an, doch Konfuzius würde es genauso sehen.

Die nächste Station meines geschichtlichen Spaziergangs durch Hanoi war der Hoan Kiem See, der „See des zurückgegebenen Schwertes" mitten in der Altstadt. Die Ufer des Sees waren dicht bewachsen, fast verbuscht, und in seiner Mitte erhob sich ein mehrstöckiger Turm, der sogenannte „Schildkrötentum", um den sich eine der bekanntesten Legenden des Landes rankt. Nach dieser Legende, erhielt der vietnamesische Freiheitskämpfer Le Loi im frühen 15. Jahrhundert von einer aus dem See aufgetauchten Riesenschildkröte ein goldenes Schwert, um die Chinesen zu bekämpfen, die wieder einmal in Vietnam eingefallen waren. Nach seinem Sieg über die Chinesen nahm sich die Schildkröte auf magische Weise das Schwert von Le Loi zurück, um als jadefarbener Drachen in den Wolken zu entschwinden, Eine der zahlreichen asiatischen Legende an der heiklen Schnittstelle zwischen Märchen und Kitsch? In finde nicht, denn die kleine Geschichte vom zurückgegebenen Schwert enthielt zwei Lehren, eine vietnambezogene und eine allgemeine: erstens die permanente Bedrohung Vietnams durch China (zuletzt übrigens im dritten Indochinakrieg von 1979) und zweitens die Einsicht, dass das Schwert nur in Kriegszeiten in die Hand des Herrschers gehört. In Friedenszeiten muss er sich anderer Mittel bedienen.

Nur zwei Straßen westlich des Hoan Kiem Sees erreichte ich die St. Josephs-Kathedrale, die katholische Bischofskirche von Hanoi. Umgeben von der hupenden Kakophonie des vorbeifließenden Straßenverkehrs und im Angesicht der wuselnden Vielfältigkeit einer vietnamesischen Großstadt wirkten die beiden Glockentürme der Josephskathedrale wie die surreale Installation eines modernen Künstlers. Notre Dame de Paris inmitten einer asiatischen Stadt. Ein großes Kreuz über dem Portal der Kathedrale erinnerte daran, dass sich noch heute immerhin etwa sechs Millionen Menschen zum Christentum bekennen, wobei ich erst im Süden erfahren sollte, welch bizarre Verbindungen das Christentum dabei mit asiatischen und modernistischen Erlösungsvorstellungen eingegangen ist. Die St. Josephs-Kathedrale aber war weder bizarr noch modernistisch, sondern ein neogotischer Nachbau der Notre Dame in Paris. Vor

245

ihrem Eingang erhob sich auf einem meterhohen Podest eine überlebensgroße Marienskulptur, die einen kleinen Jesus auf den Armen trug. Eigentlich ein friedliches Bild, das leicht darüber hinwegtäuschen könnte, wie maßgeblich die katholische Kirche an der gewaltsamen Integration Vietnams in das französische Kolonialreich beteiligt gewesen war. Wie überall in Asien waren die europäischen Mächte als Händler, dann als Missionare und schließlich als Soldaten aufgetreten.

Von heute aus betrachtet, vollzog sich die Okkupation Vietnams durch Frankreich nur als eine Episode im weltweiten Wettstreit des britischen und des französischen Imperialismus. Denn kaum hatten die Briten im 19. Jahrhundert damit begonnen, sich in Burma festzusetzen, griffen die Franzosen in Indochina zu. Zwischen 1858 bis 1883 gewannen sie durch Militärgewalt, Erpressung und Bestechung Schritt für Schritt die Kontrolle über das Land und begannen mit einer sogenannte „wirtschaftlichen Erschließung", die im Wesentlichen eine Ausbeutung Vietnams zugunsten Frankreichs war. Der vietnamesische Binnenmarkt wurde für französische Produkte geöffnet, der Abbau der Bodenschätze und der Kahlschlag der Wälder begann, während die landesweite Einführung der Geldwirtschaft die agrarische Subsistenzwirtschaft aus den Angeln hob. Dass die chinesische Minderheit in Vietnam die Franzosen unterstützte und von ihrer Herrschaft profitierte, sollte später, nach dem Ende des Vietnamkrieges, schrecklich auf die chinesische Minderheit zurückfallen.

Über die Kolonialzeit ist die Geschichte hinweggegangen. Geblieben ist das Hanoi Bier, das Baguette – und wenn man so will - auch die vietnamesische Schrift die zwar nicht auf die Franzosen, aber auf die christlichen Missionare zurückgeht. Schon im 17. Jahrhundert hatte der portugiesische Jesuitenpater Alexandre de Rhodes (1591-1660) eine lateinische Deskription der vietnamesischen Sprache entwickelt, indem er die bedeutungsrelevanten sechs unterschiedlichen Tonhöhen der vietnamesischen Sprache durch diakritische Zeichen fixierte. Rhodes Vorarbeiten wurden im Zwanzigsten Jahrhundert zu einer der Grundlagen der Nationalschrift Quoc Ngu weiterentwickelt, die sich mit ihren lateinischen Buchstaben nicht zuletzt deswegen durchsetzte, weil sich auf diese Weise eine demonstrative Abgrenzung zu China erreichen ließ.

Damit war ich bei meinem historischen Spaziergang durch Saigon schon in der kommunistische Ära angekommen. Ho Chi Minhs Erben waren zwar noch an der Macht, doch ihre Ideologie wurde mit jedem neuen Tag der marktwirtschaftlichen Wende ein Stück mehr entsorgt - auch wenn das Ho Chi Minh Mausoleum im Norden der Innenstadt einen anderen Eindruck erweckte. Pompös und zugleich trist wie das einfallslose Riesengrab eines Pharao erhob sich das Mausoleum auf einer meterhohen Empore. Parkanlagen und Palmengalerien umgaben das Grabmal, auf dessen Giebel groß und weithin sichtbar der Name „Ho Chi Minh" eingemeißelt war. Der Anblick dieses Namens bewegte mich, denn Ho Chi Minh war für die Angehörigen meiner Generation nicht nur ein politisch relevanter Name unter vielen gewesen, sondern in den wilden Spätsechzigern eine mit stakkatoartigem Gebrüll („Ho-Ho-Chi-Minh") vorgetragene Kampfparole, mit der wir unsere Lehrer- und Professoren erschrecken konnten. Ich hatte damals natürlich keine Ahnung gehabt, wer genau Ho Chin Minh war und wofür er stand, hatte es aber eine Zeitlang absolut cool gefunden, wie ein blökendes Schaf mit diesem Namen auf den Lippen Polizisten zu nerven. Heute schäme ich mich für diese Torheit, die in ihrer millionenfachen Verbreitung dazu beigetragen hatte, dass der Süden Vietnams am Ende dem kommunistischen Norden als Beute überlassen wurde. Genauso wie es Thomas Fowler dem „stillen Amerikaner" geweissagt hatte: „Erst ermutigen wir sie, und dann lassen wir sie im Stich" Sicher war Ho Chi Minh kein gnadenloser Verbrecher und Psychopath wie Mao, Stalin oder Pol Pot gewesen, und aus der heutigen Perspektive glich sein Kampf gegen Franzosen und Amerikaner eher einer antikolonialen als einer kommunistischen Revolution. Unstrittig ist aber auch sein brutales Vorgehen gegen politische Gegner, die Vertreibung Hunderttausender Katholiken aus dem Norden und die ausdrückliche Billigung der bestialischen Kriegsführung des Vietkongs gegen die Zivilbevölkerung. Diese gnadenlose Härte, verbunden mit dem ahnungslosen Pazifismus der westlichen Jugend, hatte den Nordvietnamesen den Sieg und die Wiedervereinigung des Landes beschert. Diesen Sieg hatte Ho Chi Minh nicht mehr erlebt, denn er war schon im Jahre 1969 im Alter von 79 Jahren gestorben.

Obwohl Ho Chi Minh ausdrücklich angeordnet hatte, dass seine sterblichen Überreste verbrannt werden sollten, errichtete die siegreiche Partei ihrem Heros in den Jahren 1973 bis 1975 ein aufwendiges Grabmal, in dem die Besucher heute unter Beachtung allerhöchster Ehrerbietung an einem wächsern einbalsamierten Onkel Ho hinter Glas vorbeidefilieren können. Wem das noch nicht reichte, der konnte anschließend das „Onkel Ho Haus" in der unmittelbaren Nachbarschaft besuchen, ein sehr einfach eingerichtetes einstöckiges Gebäude, in dem der gealterte Held der vietnamesischen Revolution, wie es in den englischen Begleittexten hieß, jede Menge Gedichte verfasst, grünen Tee getrunken und über das Wohl seines Volkes nachgegrübelt haben soll. Das schenkte ich mir sondern fuhr lieber nach Hause um weiter in Graham Greeens „Der stille Amerikaner" zu lesen.

Hanoi

249

Halong Bay

Ein Gottesbeweis
aufgrund der Schönheit der Natur

Eine Bootsreise durch die Ha Long-Bucht

Am Anfang war der Drache. Von den Höhen der Berge erspähte er den Vormarsch feindlicher Armeen aus dem Norden, vor denen die Bewohner des Roten Deltas in panischem Schrecken flohen. Als „Ha Long", als herabsteigender Drache, kam er den Vietnamesen zu Hilfe, vernichtete die Angreifer und versank anschließend im Meer. Berge und Schlünde taten sich auf, als der Leib des urweltlichen Riesen für immer in der Tiefe verschwand, ein Sturm kam auf, und die Wasser des südchinesischen Meeres überfluteten das Drachengrab. Und es entstand die perfekteste Seenlandschaft der Erde, ein Naturpark wunderlicher geologischer Formen über spiegelblankem, nebligen Wasser: die Ha Long-Bucht.

So erklären die Vietnamesen ihren Kindern die Entstehung der bizarren Meereslandschaft gut 160 Kilometer östlich der Hauptstadt Hanoi. Auch wenn die Geologen die Entstehung der Ha Long Bucht etwas anders darstellen, so passt dieser Mythos doch viel besser zu dem, was er beschreibt: der Entstehung einer der großartigsten Seenlandschaften der Erde. Außerdem verbindet die Geschichte vom herabsteigenden Drachen Vietnams touristisches Juwel mit Patriotismus und Geschichte – und das nicht ohne Grund. Denn gleich dreimal stand das Schicksal Vietnams in der unmittelbaren Nachbarschaft der Ha Long Bucht auf des Messers Schneide, und dreimal nahm alles einen guten Ausgang. Im

Jahre 938 lockten die leichten Sampans der Vietnamesen die chinesische Flotte von der offenen See in die Mündung des Bach-Dang-Flusses, in dem die schweren Schiffe kenterten und sanken. Im Jahre 981, kurze Zeit nach der Gründung des ersten vietnamesischen Reiches von Hoa Lu, siegten eben hier die Soldaten König Le Hoans über die Invasionsarmee der chinesischen Song-Dynastie, und 1288 ging die Invasionsflotte des mongolischen Großkhans Kubilai im Bach Dang Fluss ruhmlos zugrunde.

Auch wenn die Vietnamesen den mythischen Drachen im übertragenen Sinn aus Ausdruck ihrer Kriegslist und Intelligenz verstehen – kein Fabeltier half ihnen ein weiteres Mal, als die Franzosen im Jahre 1884 den gesamten Norden Vietnams in ihr indochinesisches Kolonialreich integrierten. Wieder spielte dabei die Ha Long-Bucht eine besondere Rolle – allerdings nicht die pittoresken Felsen über der offenen See, sondern die Kohleberge in der Nachbarschaft des Fischerdorfes Hong Gai. Zum Nutzen der französischen Kolonialherrschaft erschlossen Zehntausende Sträflinge und Kulis von 1888 an die ertragreichsten Kohlegruben des französischen Kolonialreiches, verluden das schwarze Gold im Hafen von Haiphong um es zum Nutzen der französischen Volkswirtschaft in die ganze Welt zu exportieren. Über der Ha Long Buch, dem Symbol vietnamesischer Eigenständigkeit, wehte die Fahne Frankreichs, über die Schönheiten der Meereslandschaft legten sich Abgase, Dreck und Kohleschwaden.

Die französische Kolonialherrschaft ist lange beendet, doch den Kohleabbau in der Ha Long Bucht gibt es noch heute. Ganz gleich, ob man als Tourist mit der Fähre von Haiphong oder mit dem Bus aus Hanoi anreist - anstelle des Feueratems mythischer Drachen erwartet die Besucher der Anblick unansehnlicher Kohleschiffe vor dem großen Felsen von Hong Gai. Im Touristenort Bay Chai bedeckte schmutziger Kies den Strand, und große Müll- und Ölinseln schwammen auf dem Wasser. Auf den ersten Blick wusste man gar nicht, was deprimierender war: der trübe Himmel über Bay Chay oder die Penetranz der Schlepper, die jedem Fremden Mädchen zum „special price" anboten.

Am nächsten Morgen war es nicht ganz einfach, das richtige Boot für die Fahrt zur Ha Long Bucht zu chartern. Manche Ausflugsboote waren rappelvoll mit kreischenden Asiaten, womit ich nichts gegen Asiaten gesagt haben möchte, außer, dass die andächtige Ruhe im Angesicht der Naturerhabenheit nicht unbedingt ihre Sache ist. Außerdem unterschieden sich die Routen, die die Boote nahmen – manche fuhren nur einmal durch die Bucht, andere erlaubten ihrer Besatzung das Anlegen und Aussteigen auf den interessantesten Inseln. Als all das schließlich nicht ohne Feilschen geregelt war, bestiegen wir zusammen mit zwei Briten das Boot und legten ab. Unser Fährmann, der den Kutter mit einem Holzruder und einem Rasenmähermotor von Backbord aus steuerte, trug eine ausgefranste Hose wie ein Pirat, ein zerfetztes Shirt und einen Strohhut, war aber guter Dinge, als er uns während der Fahrt das eine oder andere Detail in holprigem Englisch erklärte. Zuerst passierten wir Dutzende von Sampans und Fischkuttern, die wie ein Kordon vor der Anlagestelle der Boote lagen. Auf den kleinen Boten waren die kargen Utensilien zu erkennen, die der nordvietnamesische Seebewohner zum Leben benötigte: Fische und Krebse in Eimern, Pfannen voller Reis, Plastiktöpfe mit Wäsche, Fischreusen, winzige Stühle und Kästen und einen mattenüberdachten hüfthohen Schlafraum, in den sich die Familien samt Haustieren bei Regen zurückzog.

Kaum hatten wir den letzten Felsvorsprung von Hong Gai passiert, lag die Bucht von Ha Long zum ersten Mal unverstellt vor uns. Über den gesamten Horizont erstreckte sich ein Konturengeriffel von Zuckerhüten, Giebeln, Buckeln, Türmen, Pilzen und Kuppeln in scheinbar unendlicher Staffelung hintereinander gereiht – dunkel und schroff konturiert die vorderen, immer bläulich-heller die hinteren, bis sich die letzte Reihe im Dunst von Himmel und Meer verlor. Je mehr man sich dieser geologischen Phalanx aus Wasser und Stein nährte, desto fantastischer wurden die Panoramen. Aus der steinernen Skyline lösten sich einzelne Felsformationen und enthüllten ihre unverwechselbare Individualität vor dem Hintergrund eines strahlenden Frühlingstages, jeder Felsen für sich ein Produkt von Regen, Wind, Meer und Zeit. Finger, Fäuste, Arme, Tierköpfen oder Pilze ragten in einer derartigen Vielfalt aus dem Wasser, als wolle sich die Natur als ein Künstler erweisen, dessen Einfallsreichtum unerschöpflich ist. Etwa dreitausend dieser bizarr geformten Inseln auf etwa anderthalbtausend Quadratkilometern soll es in der Ha Long Bucht geben – die genaue Zahl kannte niemand, meinte unser Piraten-Bootsmann.

Die erste größere Insel mit einer eigenen Geschichte war Hang Dau Go, die „Insel der hölzernen Pfähle". In ihren Grotten soll General Tran Hung Dao die spitzen Bambuspfähle verborgen gehalten haben, die der Flotte Kubilai Khans 1288 zum Verhängnis wurden. Heute bildete die Insel Hang Dau Go in ihrer imposanten Verlassenheit das prachtvolle Tor zum Inselgarten von Ha Long.

Nicht ganz so verlassen, aber noch immer vom Tourismus weitgehend verschont war die zirka 350 Quadratkilometer große Insel Cat Ba. Nachdem im Zuge des vietnamesisch-chinesischen Krieges von 1979 die meisten der auf der Insel ansässigen Chinesen geflohen waren, hatte man einen großen Teil von Cat Ba zum Nationalpark erklärt. Mit ihren weißsandigen Badebuchten, die sich unterhalb sanft geschwungener Hügelketten erstreckten, mit ihren Grotten, Süßwasserseen und Wasserfällen wäre Cat Ba der ideale Standort für Hotelressorts gewesen. Populationen endemischer Geckos, Languren und Schnecken hatten das bis jetzt verhindert und dafür gesorgt, dass die gesamte Insel 1994 von der UN zum Biosphärenreservat erklärt worden war.

Östlich von Cat Ba erreichten wir den schönsten Bezirk der Ha Long Bucht. Wie Erscheinungen aus einer untergegangenen Welt ragten Hunderte Meter hohe Felsen aus der offenen See - „Schildkröten", „Kämpfende Hähne" , „schlafende Jungfrauen" ratterte unser Bootsführer-Pirat herunter und wies mit weiter Gebärde auf diesen oder jenen Felsen, in dessen Konturen man mit einigem guten Willen tatsächlich die genannten Formen erkennen konnte. Wie die perfekte visuelle Ergänzung dieser Bilder kreuzten Dschunken mit ihrer schmetterlingsartigen Takelage im glitzernden Wasser der spiegelblanken Bucht - allerdings transportierten die meisten von Ihnen Anthrazit und Kohle, die im Norden der Ha Long-Bucht abgebaut wurden.

Zahlreiche Fischerboote waren im Umkreis der Inseln Bo Nau und Sung Sot vertäut, und kaum steuerte ein Touristenboot auf eine der Anlegestellen zu, nahmen die Sampans Fahrt auf. Seerosen, Fische, Nudeln und Getränke wurden feilgeboten, und wenn man an Land ging, hetzten die Fischerfrauen den Besuchern ihre Kleinkinder auf den Hals. „Stylo, Stylo" krähten die Jungen und Mädchen, während wir die Grotten von Bo Nau erstiegen. Im Nachherein kann ich mich überhaupt nicht mehr an das Innere der Höhlen erinnern, ich weiß nur noch, wie reizvoll es war, sich nach dem

Betreten der Höhlen umzudrehen und die Schönheit der Ha Long-Bucht durch einen stalagmitengesäumten Ausschnitt verfremdet zu betrachten.

Ein struppig bewachsener Pfad führte uns zu den Grotten von Sung Sot, einem System von Höhleneingängen, die wie Balkone über die See hinaushingen. Wie in einem komponierten Naturidyll umrahmten Zweige und Blätter die Aussicht auf das smaragdgrüne Meer, in schwindliger Höhe blickte ich in die Abgründe unter meinen Füßen, sah die Dschunken, die tief unten im Meer ihre Kreise zogen und dachte: Gäbe es einen Gottesbeweis aufgrund der Schönheit der Welt, angesichts der Ha Long-Bucht, könnte man versucht sein, ihn hier zu finden.

Blick auf die Bucht von Sung Sot

„Soft-Seater Abteil" im Zug
zwischen Hue und Danang

Mit dem Bummelzug
über den Wolkenpass

Eine österliche Eisenbahnreise von Hue
nach Danang

„Kalt war es, sehr kalt: feuchte Kälte, die vom niedrig hängenden Himmel niederdrang, Nieselregen, feuchtkalte Räume, die nie mehr trocken zu werden schienen. Ich ging auf und ab und schlug die Arme um die Schultern, um mich warm zu halten." Mit diesen wenig einladenden Worten beschrieb Paul Theroux in der Endphase des Vietnamkrieges das österliche Klima im zentralvietnamesischen Hue, und so vieles sich auch seitdem in Vietnam geändert haben mochte, das elende März- und Aprilwetter in Hue war das gleiche geblieben. Eine Fahrradtour zur Thien Mu Pagode am Duftenden Fluss hatte den gleichen Effekt wie eine Volldusche, und die bleigrauen Farben des immerfort regnenden Himmels lieferten die Melancholie gratis.

Ostern in Hue hieß, die Zeichen des Himmels interpretieren zu lernen: feinste Schraffierungen in der ansonsten monoton mausgrauen Wolkendecke deuteten auf Wetterveränderung, und das konnte in Hue im März nur eine Änderung zum Besseren bedeuten. Die bläulichen Flächen, die der Besucher dagegen allmorgendlich am Horizont beobachten konnte, bezeugten dagegen die Ankunft neuer, wasserbeladener Wolkenklumpen. Zwei französische Individualtouristen, gerade aus dem sonnigen Süden eingetroffen, verspürten nur einen Wunsch: nichts wie weg aus diesem Regenloch! Leider hatten sie den Expresszug von Hanoi nach Saigon verpasst und mussten nun auf den täglichen Bummelzug warten, der die etwa einhundert Kilometer bis Danang in satten fünf Stunden bewältigt. Allerdings war eine Reise mit dem Bummelzug ohnehin unterhaltsamer, erlaubte ein Fensterplatz dem Besucher doch volksnahe Einblicke in die Usancen einheimischen Reisens.

Die Reisenden, die an diesem Tag den Zug nach Hue bestiegen, wurden von ihren Verwandten bis auf den Bahnsteig begleitet, wurden beklatscht und beklopft, und es gehörte anscheinend zum guten Ton, dass jeder noch etwas in das Reisegepäck steckte: sei es ein Huhn, ein Baguette oder ein Transistorradio, es musste hinein. Von einer Frequentierung der sogenannten „Hard-Seater Abteile", die diese wackeren Männer und Frauen nach der herzlichen Verabschiedung bestiegen, muß dem Europäer jedoch aus gesundheitlichen Gründen abgeraten werden, schlagen doch die harten Sitzkanten bei dem unablässigen Rucken und Stoppen des Zuges dem Passagier so lange in Rippen und Rückgrat, dass alle Reisefreude verlorengeht. Immerhin konnte man für umgerechnet etwa fünf US-Dollar im einzigen "Soft Seater" Abteil des Zuges mit provisorisch gepolsterten Sitzen platznehmen. Nur sieben Vietnamesen und vier Ausländer befanden sich in diesem Abteil - von den sieben Vietnamesen entpuppten sich vier als Mandarinen-, Melonen- Brot- oder Nussverkäufer, und die vier Ausländern gaben sich samt und sonders als Kunden zu erkennen. Das nennt man im Vietnam des wirtschaftlichen Neuanfangs („Doi Moi") angebotsorientierte Marktwirtschaft.

Mit einer halbstündigen Verspätung begann der Zug seine

gemächliche Reise. Ebenso gemächlich trudelten nun die Fahrgäste aus den billigeren Hard-Seater Klassen in das vermeintliche Luxusabteil, allen voran poppig gekleidete Jugendliche, die sich für die gesparte Fahrpreisdifferenz sogleich reichlich Hanoi-Bier beim Zugservice auf die Tische stellen ließen. Für die zerlumpten Kinder, die während der Fahrt auf den Zug sprangen und die Abteile bettelnd durchstreiften, hatten sie weder einen Schluck noch einen Dong übrig. Eine herzliche Abneigung zwischen den Klassen wurde sichtbar, und es dauerte nicht lange, da erschien die Zugaufsicht und scheuchte die kleinen Bettler aus dem Zug. Soziale Differenzierung im neuen Vietnam.

Langsam ratterte der Zug durch die Ebenen hinter Hue, während die Wolkenklumpen sich zu waschküchenartiger Nässe verdickten. Dann hielt die Eisenbahn in irgendeinem kleinen Bahnhof, um auf der einspurigen Schienenstrecke einen der Expresszüge aus dem Süden vorbeizulassen. Diese Schnellzüge, die für die Strecke von Hanoi nach Saigon ca. drei Tagen und zwei Nächten benötigen, sollen nach dem Hörensagen auf freien Strecken eine Spitzengeschwindigkeit von sagenhaften 35 km/h erreichen, doch heute rollte der Zug wie in Zeitlupe an uns vorüber. In den hinteren, halb offenen Waggons sah man die Ärmsten der Armen unterwegs: auf verschmiertem Böden und inmitten ihrer kärglichen Ernteerträge, umgeben von erbärmlichen Ziegen und von in der Kälte weinenden Kindern, reisten ausgemergelte Saisonarbeiter dem regnerischen Norden entgegen.

Nicht nur das Wetter, auch die Landschaft wurde immer dramatischer je mehr wir uns dem Wolkenpass näherten. Schluchten und Bergrücken erschienen wie mit einem durchsichtigen Behang aus weißer Nässe drapiert, und der

261

Horizont und das Meer waren längst zu einer einzigen Nebelwand verschmolzen. Hier, kurz vor dem Wolkenpass, der alten Kultur- und Klimascheide zwischen Nord- und Südvietnam, hatten alle Dynastien und Reiche ihre feuchten Bunker und Höhlen errichtet: die Cham und die Dai Viet, die Dynastien der Thrinh und der Nguyn, die Franzosen, die Japaner und zuletzt der Vietkong. „Die Brücken auf dieser Strecke sprechen die Sprache des Krieges, und die Ruinen stammen aus den verschiedensten Zeiten. Jeder Krieg aber hatte seine besonderen Spuren hinterlassen. die gewaltsamen Verrenkungen der Stahlkonstruktionen waren eindrucksvoll wie monströse Metallskulpturen", notierte Paul Theroux, der im April 1975 zu einem Zeitpunkt den Wolkenpass befuhr, als sich die Nordvietnamesen zum letzten und entscheidenden Schlag gegen den südvietnamesischen Staat rüsteten.

Die Nordvietnamesen hatten bekanntermaßen den Krieg gewonnen, aber zwanzig Jahre später schien es, als sei vom Sozialismus nur noch die Eisenbahnreise zum Nulltarif geblieben. Denn inzwischen hatten sich die hinteren Waggons durch überall aufspringende Nullzahler gut gefüllt, eine Beobachtung, die auch schon Theroux notierte und die beweist, wie wenig sich die Grundtatsachen der kollektiven Fortbewegung über die Systemgrenzen hinweg verändert hatten. „Die Vietnamesen stiegen auf die Dächer der Eisenbahnwagen und ließen die Beine über den Dachrand baumeln. Wir fuhren so nahe am Ufer entlang, dass wir das ständige Rauschen der Brandung hörten. Vor uns, in den kleinen Buchten, die noch näher an den Bahndamm heranreichten, glitten Fischerboote und Kanus über schäumende Brecher und fuhren auf den Strand zu, wo Männer mit spitzen Kulihüten rund geknüpfte Netze schwangen und Krebse fingen."

Leider war das Wetter heute etwas schlechter, so dass die Männer mit den Kulihüten an diesem Tage wohl in ihren Hütten geblieben waren und die auf- und abspringenden Reisenden sich nicht nur auf die Zugdächer sondern an die Fenster und Eingänge der überfüllten Waggons verteilten. Wie die Auswüchse einer langen, nassen und zerplatzenden Wurst, so hingen die Nichtzahler an Eingängen und Außenwänden, während der Zug die Ausläufer des Truong-Son Massivs unmittelbar am südchinesischen Meer durchquerte. Die Wolken schienen an den Gräsern, Farnen und Bergabhängen geradezu angepappt, und der Horizont des Meeres verschwand hinter einer trüben Suppe aus Regen, Brandung und Dunst. Den eigentlichen Wolkenpass erlebte ich nur als ein abgehacktes Stakkato von Dunkelheit in den zahlreichen Tunnels und weißlicher Nässe, ein feuchter Abschied von Ostasien, das klimatisch genau an dieser Stelle endet.

Gleich hinter dem letzten Tunnel begann der dramatische Wetterumschwung, für den diese Strecke so berühmt ist. Noch immer klatschte der Regen gegen die Zugfenster, doch der alles umlagernde Dunst schien sich zu heben, und zum ersten Mal seit Wochen ließ sich am Himmel eine leidliche Wolkenstruktur entdecken. Wie angeklebte, weiße Hütchen aus Watte, so türmten sich die Wolkenberge auf den Berggipfeln und den zahlreichen Inseln vor der Küste. Zauberhaft geschwungene Buchten wurden zwischen den überbordenden Grünflächen sichtbar, eingezäunt von mächtigen schwarzen Felsen und angefeindet von einer mächtigen Brandung, die noch immer mit beängstigender Kraft gegen die Küsten schlug. Die Farben des Himmels wechselten in allen Schattierungen zwischen tief dunkel und leichenweiß, die Wolken bildeten Fetzen, Klumpen und

Lücken, durch die uns blaue Himmelsfragmente wie eine Begrüßung in Südostasien entgegenleuchteten.

Inzwischen war der späte Nachmittag hereingebrochen, die bietrinkenden Jugendlichen waren nach ihrem Alkoholgenuß entschlummert, die Erwachsenen warteten auf das Ende der Fahrt, aßen, tranken, spuckten, ein geschwätziges Volk von auf Reisen. Der gesamte Boden war mit Bierdosen, Schleim, Schlamm und Essensresten überfüllt, und in dieser jämmerlichen Zustand fuhr der Zug unmittelbar vor Danang dem szenischen Höhepunkt der Reise entgegen: es war tatsächlich so, als würde die Klimascheide sichtbar und als könne man das Ende der Regenzeit auf die Sekunde erleben: die Wolken stiegen vor unseren Augen höher, ein nasser Schleier gab die gesättigte, fette Erde frei, und ein letzter Sonnenstrahl fand seinen Weg durch die aufgerissenen Wolkenwand um die Felder grünglühend zu illuminieren.

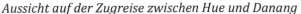

Aussicht auf der Zugreise zwischen Hue und Danang

264

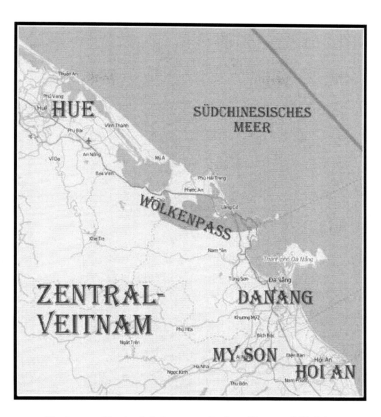

Karte von Zentralvietnam zwischen Hue und Hoi An
mit Danang, My Son und dem Wolkenpass

265

Oben: Die kleinen Vietkong von Danang
Unten: Marmorberge bei Danang

266

Reisen im Lande der Cham

Danang, Hoi An und My Son in Zentralvietnam

Schon wieder ein Drache! Wohin man in Vietnam auch kommt, immer wartet schon ein legendärer Drache auf den Reisenden. In Hanoi war es der „Drache des zurückgegebenen Schwertes" am Hoan Kiem See, in der Ha Long Bucht der „absteigende Drache" und auch in Danang hatte ein Drache seine Kralle im Spiel. Diesmal allerdings in einer Zeit, lange bevor die ersten Menschen in Vietnam auftauchten. Und eigentlich drehte es sich auch gar nicht um den Drachen, sondern um seine Brut respektive seine Eier, die er am Ufer des südchinesischen Meeres ihrem Schicksal überließ. Aber ach, die kleine Drachenbrut vermochte die Schalen nicht zu durchbrechen. Die Eier versteinerten im Lauf der Jahrtausende und verwandelten sich in ein Ensemble steiler Kegelberge, deren absonderliche Gestalt die einwandernden Völker und Stämme so stark beeindruckte, dass sie sie als heilig deklarierten, um in ihren Höhlen und Nischen ihre Tempel zu erbauen. Und damit fängt die Geschichte eigentlich erst an.

Die ersten, die ihre Altäre in den fünf dichtbewachsenen Hügeln im Süden der heutigen vietnamesischen Hafenstadt Danang errichteten, waren die Cham, und ihnen gleich taten es die fast ein Jahrtausend später von Norden her nachrückenden Viets. Sie gaben den etwa einhundert Meter hohen Riesenfelsen den Namen "Berge der fünf Elemente", worunter sie in Anlehnung an die chinesische Mythologie neben Feuer, Wasser und Erde auch Holz und Eisen verstanden. "Vietcong-Hills" nannten die amerikanischen Soldaten die

267

Berge in der Endphase des Vietnam-Krieges, weil die kommunistischen Guerrillas ausgerechnet von den schönsten Aussichtspunkten mit ihrer Artillerie den nahegelegenen "China-Beach" bestrichen, an dem sich die GIs von ihren Dschungeleinsätzen erholen wollten.

Heute, über ein Menschenalter nach dem Ende des Vietnam-Krieges, sind die Amerikaner als Touristen an die Stätten ihrer jugendlichen Kriegserlebnisse zurückgekehrt und besteigen unter dem beifälligen Gejohle der Andenkenverkäufer die ehemaligen Vietcong-Hills, die nun in den Reiseführern "Marmorberge" heißen. Zwar könnte sich hier, wo zwei Ozeane der Fruchtbarkeit zusammentreffen - ein Meer aus Reisfeldern und die Südchinesische See mit reichen Fischbeständen – den Wonnen der landschaftlichen Schönheit anheimgeben, doch mit Stille und Andacht ist es nicht weit her auf den Marmorbergen. Nicht nur, dass die einheimischen Händler den Fremden gnadenlos auf den Fersen bleiben, auch das Hupkonzert der Nationalstraße 1 tönt bis hinauf zu den Höhen des Son-Thuy-Berges und seine Pagoden und Tempel.

Das benachbarte Danang ist inzwischen eine große Stadt geworden. Als im Frühjahr 1847 die ersten französischen Kanonenboote ihre Salven abfeuerten, lebten hier nur wenige zehntausend Menschen. Der Ort verlor im französisch-indochinesischen Kolonialreich sogar seinen Namen und hieß nun Tourane - eine Maßnahme der Sieger, für die sich die Vietnamesen später dadurch revanchierten, dass sie ihren größten Boulevard nach dem Ort der entscheidenden französischen Niederlage im ersten Indochina-Krieg "Dien Bien Phu" nannten. Eine lange Atempause blieb den Vietnamesen jedoch nicht. Am 8. März 1965 erschienen die ersten 3500 amerikanischen Marines im Hafen von Danang,

268

gewissermaßen die Vorhut einer Streitmacht, die binnen weniger Jahre auf mehr als eine halbe Million Soldaten anwachsen sollte. Zehn Jahre später war auch diese Episode vorüber, und die Nordvietnamesen rückten ein.

Paul Theroux, der als einer der letzten westlichen Zivilisten das Land auf einer aberwitzigen Eisenbahnfahrt bereiste, beschreibt das Chaos kurz vor dem Zusammenbruch: "Die Umgebung von Danang glich einer wüsten Ansammlung verlassener Nachschubbasen, die von der südvietnamesischen Armee und den Obdachlosen besetzt worden waren, Unterkünfte, Hütten, Windschutzzäune, aus Kriegsmaterial gebaut, Sandkästen, Plastikplanen, Wellblech überall, alles war abgeholzt worden - wenn je ein Ort wie verseucht ausgesehen hat, dann war es Danang." Um so erstaunlicher ist die Veränderung, die sich seitdem vollzogen hat. Wo noch vor wenigen Jahren ein karger Sozialismus nichts weiter als öde Straßenfluchten zu bieten hatte, sind Kinos, Cafés und Hotels entstanden. Fahrräder, Rikschas, Motorroller, Busse, Taxis und Lastwagen verknäulen sich oft so, dass auch die Verkehrspolizisten sie kaum mehr entwirren können. Der Fleiß einer ganzen Generation und die Aussicht auf ein bescheidenes privates Wohlergehen haben viele Wunden des Krieges geheilt, oder mit anderen Worten: Asiatische Normalität ist nun auch in Danang angekommen.

Sieht man einmal von dem schönen Cham-Museum in der Nähe des Han-Flusses und einer von den Franzosen erbauten Kathedrale ab, gibt es in Danang selbst nur Gegenwart zu beisichtigen. Es sei denn, man reist nur etwa dreißig Kilometer südlich nach Hoi An, wo sich ein einzigartiges Freilichtmuseum der Wirtschaftsgeschichte erhalten hat. Hier war ab dem 15. Jahrhundert an der Mündung des Thun Bon Flusses eine gesamtasiatisches Handelszentrum entstanden, in dem Chinesen, Japaner, Javaner und Malaien ihren Geschäften nachgingen. Als die Portugiesen im Jahre 1535 als erste Europäer Hoi an erreichten, trafen sie auf eine kosmopolitische Stadt mit chinesischen Versammlungshäusern, vietnamesischen Märkten und einer prächtigen japanischen Brücke, in der sie mit der Erlaubnis der Fürsten von Hue Seide und Porzellan einkaufen durften, für die sie in den Faktoreien von Lissabon oder Antwerpen Höchstpreise erzielten. Der Glanz der Stadt sollte allerdings die Ankunft der Europäer nicht lange überstehen. Nachdem die Portugiesen in der zweiten Hälfte des sechzehnten Jahrhunderts mit Macao im Delta des Pearl-Flusses und die Spanier mit Manila bessere Ausgangspositionen für den China-Handel errichtet hatten, flossen die Warenströme an Hoi An vorbei. Hinzu kam, dass die japanischen Händler, 1636 vom Tokugawa-Shogun zur Heimkehr aufgefordert, diesem Ruf folgten und nicht mehr zurückkehrten. Nur die Chinesen blieben und prägten von nun an allein das Bild einer tropischen Diaspora, in der sie ihre Tempel und Schulen erbauten und im Rhythmus des chinesischen Festkalenders die Erinnerung an die Nebelberge der Heimat pflegten. Schließlich gab die Natur dem ehemaligen Handelszentrum den Rest: Die Schwemmlandmassen, die der Thu-Bon-Fluss zum Meer führte, ließen die Hafenanlagen verlanden, und Hoi An verlor sogar seine bescheidene lokale Bedeutung an Danang und das aufstrebende Saigon im Süden.

Geblieben aber ist ein asiatisches Venedig am Ufer des südchinesischen Meeres, in dem die Zeit stillzustehen scheint. An den ehemaligen Kais, an denen schon lange keine großen Schiffe mehr anlegen, werden tagtäglich auf dem lebhaften Markt den gefangenen Krebsen mit Seegras die Scheren zugebunden, und unter der gleißenden Sonne des vietnamesischen Tropenhimmels spiegeln sich die Kronen der Zuckerpalmen im Wasser. Wie ein Gruß aus einer anderen Welt wirkt die 18 Meter lange japanische Bogenbrücke, die dereinst das Chinesen- und Japanerviertel verband. In ihrem Grundriss überstand die Brücke mit leichten Veränderungen alle Stürme und gerät erst heute, unter dem zunehmenden Andrang der Händler, Autos und Touristen, in Bedrängnis.

In der Chua Puockien, in der die Chinesen die Retterin der Schiffbrüchigen verehren, kann der Besucher ein verkleinertes, aber maßstabgetreues Modell einer jener Dschunken betrachten, auf denen durch die Jahrhunderte hinweg immer neue Siedler nach Hoi An gelangten. Grelle Drachen und vom Duft der Räucherstäbchen umnebelte Ahnenbilder findet man in den zahlreichen Versammlungshallen, in denen die Nachfahren der Einwanderer den Geist der Heimat beschwören. Sei es die mildtätige Meeresgöttin, sei es der Gott des Wohlstandes, zu dem die Händler beten, oder eine Galerie weiblicher Götterskulpturen, zu deren Füßen die Kinderlosen um Nachwuchs flehen - das ganze Pantheon aus taoistischen, buddhistischen und konfuzianistischen Göttern steht hier bereit, wenn himmlischer Beistand nötig wird.

Seinen schönsten Anblick aber bietet Hoi an aus der Distanz. Fähren, zu gleichen Teilen mit Menschen, Fahrrädern und Vieh beladen, überqueren die Wasserstraßen rund um Hoi An, passieren Schiffsreusen und Stelzenhäuser und kreuzen den Weg der zahlreichen Sampans, die wie amphibische Flachwohnungen in der Bucht dümpeln. Die Kette der Marktstände an der Uferstraße wirkt von weitem wie ein wimmelndes Fest der Farben und Formen.

Doch der Aufenthalt in Hoi An ist nur eine Zwischenstation auf dem Weg in eine noch fernere Vergangenheit. Nur

Sampans auf dem Thun Bon Fluss / Hoi an

272

knapp vierzig Kilometer vom ehemaligen Welthafen entfernt, liegt My Son, ein Kultort der Cham, die vor zweitausend Jahren in Zentralvietnam eingewandert waren. Der Ursprung dieses begabten Kulturvolkes, das sich gegenüber Chinesen und Vietnamesen, dem Imperium der Khmer und javanischen Seeräubern über anderthalb Jahrtausende hinweg zu behaupten wusste, ist ungeklärt. Ob die Cham mit der austronesischen Urbevölkerung der Philippinen verwandt waren oder ob man in ihnen Vertreter der malaiischen Urrasse erkennen kann, wird die Wissenschaft nicht mehr herausfinden können, denn die geschichtlichen Zeugnisse sind spärlich. Von den dreihundert Tempeln der Cham blieben nur einhundert Ruinen erhalten, und die Sanskrit-Inschriften auf den wenigen lesbaren Stelen werfen mehr Fragen auf, als sie lösen. Ein eigenes Schrifttum der Cham ist nicht überliefert, und so ergibt sich die merkwürdige Situation, dass sich die Geschichte dieses Volkes vor allem aus der Perspektive seiner chinesischen, vietnamesischen oder kambodschanischen Gegner erschließt.

Wie so viele Völker Südost- und Ostasiens werden auch die Cham zuerst in den Annalen der chinesischen Kaiser "aktenkundig", als sie sich dem Vormarsch der Chinesen über den Wolkenpass widersetzten und ihrerseits Eroberungs- und Plünderungszüge in das Reich der Mitte unternahmen. Die Grundzüge ihrer Kultur importierten sie aus Indien: Animistischer Geisterglaube verschmolz mit hinduistischen und buddhistischen Glaubensvorstellungen; einer gesellschaftlichen Organisation, die auf der Clanstruktur beruhte, wurde eine milde Variante des Kastensystems übergestülpt. Ein leistungsfähiger Trockenreisanbau und die Erträge eines bescheidenen Handels bildeten die wirtschaftliche Basis des Landes. Die Könige galten ähnlich wie die Imperatoren von Angkor als Inkarnationen Shiwas, und als solche erbauten sie in ihrem gesamten ursprünglichen Siedlungsgebiet - vom Wolkenpass bis an die Grenzen des Mekongdeltas - immer neue Shiwa-Tempel. Zur "Zentrale" wurde dabei My Son, das zwischen dem vierten und dreizehnten Jahrhundert die religiöse Hauptstadt Champas war. Vielleicht ist es diesem Umstand zu danken, dass sich in einem abgelegenen Tal am Thu-Bon-Fluss wenigstens ein Abglanz der Cham-Kultur erhalten hat, während alle wechselnden politischen Hauptstädte des Reiches erobert und zerstört worden sind.

Der Weg von Hoi An nach My Son aber führt nicht nur zurück in die vergessene Vergangenheit Vietnams, sondern auch durch eine der schönsten Szenerien Zentralvietnams, einen großen Garten mit dicht bewachsenen Hügel, die kleine Pagoden auf ihren Gipfeln tragen, endlosen Reisfeldern, in denen sich ordentliche kleine Dörfer wie Inseln in einem grünen Meer aneinanderreihen. Dann plötzlich endet der Weg, und man steht an den Grenzen des Dschungels. Die Arbeiten an einer Asphalttrasse, die bis vor die Tore My Sons führen soll, kommen nicht voran, und so bleibt nichts weiter übrig, als die letzten fünf Kilometer zu Fuß zurückzulegen. Jeder Wanderer durch das Unterholz ist dabei gut beraten, für wenige Dong einen Einheimischen als Führer anzuheuern, denn längst nicht alle Minen, die während des Vietnam-Krieges in der Umgebung von My Son gelegt wurden, konnten bis heute gefunden und entschärft werden.

Leider wurde der überwiegende Teil der siebzig Tempel von My Son durch amerikanische Flächenbombardements zerstört, und es ist nur der Intervention international hochangesehener Wissenschaftler beim amerikanischen Präsidenten zuzuschreiben, dass während der erbitterten

Dschungelkämpfe des Jahres 1968 überhaupt noch Substanz erhalten blieb, die nachher mühsam rekonstruiert werden konnte.

Trotzdem ist der erste Eindruck märchenhaft. Jeder, der diesen Ort betritt, spürt ein Gefühl, wie es wohl Carl Mauch empfunden haben mag, als er auf die Ruinen von Great Zimbabwe stieß oder die französischen Archäologen, als sie im neunzehnten Jahrhundert Angkor Wat wiederentdeckten. Als stammten diese Tempel nicht nur aus einer anderen Zeit, sondern auch einer anderen Klimazone, scheinen die Täler rund um den My Son, den „schönen Berg" zu dampfen, Nebelfetzen wabern wie durchsichtige Schleier über den dichtbewachsenen Abhänge. Auf mehreren Emporen stehen die Tempeltürme und Hallen, von Büschen und Farnen überwachsen und eingerahmt von einem schier alles verschlingenden grünen Gras- und Pflanzenmeer.

Nach der hinduistischen Vorstellung residiert Shiwa auf der Spitze des Weltberges Meru im Himalaja als Herrscher über alles Irdische, und nahezu die gesamte hinduistisch beeinflusste Architektur ist diesem Motiv des Weltberges verpflichtet. So beschwört auch der Kalan, der Tempelturm der Cham, die Idee vom göttlichen Wohnsitz im Zentrum des Universums, den die Baumeister mit kunstvoll gestalteten Engelsscharen, den Apsaras, Tierplastiken und Ornamenten schmückten. Wie der chinesische Schriftsteller Ma Tuan Lin aus dem späten dreizehnten Jahrhundert berichtet, waren die meisten der Bauten in My Son mit Goldblech verziert, so dass im Widerschein der Sonne die Tempelstadt dereinst genau so geglänzt habe mag, wie es die Hindumythologie von den Gipfeln des Meru behauptet.

Mit etwas Fantasie kann man sich vorstellen, wie glanzvoll das Reich der Cham in seiner Blütezeit gewesen ist. Immer wieder allerdings wurde es von besser organisierten Gegnern bedrängt und erlitt bittere Niederlagen. Sinhapura, dessen kaum erkennbare Mauerreste im Umkreis der Bezirkshauptstadt Tra Kieu, 28 Kilometer von My Son entfernt, besichtigt werden können, wurde im Jahre 603 von den Chinesen zerstört, die nächste Metropole, Virapura, die "herrliche Stadt", fiel 787 den Javanern in die Hände. Die Vietnamesen, gerade von der chinesischen Kolonialherrschaft befreit, vernichteten im Jahre 982 Indrapura, die dritte Hauptstadt, und die Imperatoren von Angkor besetzten 1145 die vierte Hauptstadt Vijaya. Dagegen hatten die offensiven Aktionen der Cham immer nur provisorischen Charakter; etwa die tollkühne Eroberung Angkors, als eine Cham-Flotte im Jahre 1177 den Mekong und den Tonle Sap hochsegelte und die größte Tempelstadt Asiens in Flammen aufging. Im fünfzehnten Jahrhundert wurden die Cham von den Fürsten von Hue endgültig besiegt, und nach der Eroberung von Vijaya begann der große Zug der siegreichen Vietnamesen nach Süden. Nach und nach verschwand das Volk der Cham im übermächtigen Bevölkerungsmeer der neuen Herren, und es blieb nichts von ihnen außer den dschungelüberwucherten Tempelruinen als Grenzsteine Shiwas an den Ufern des Südchinesischen Meeres.

Shiwa Tempel in My Son

Nhatrang

278

Dollar und Dong
einträchtig am Strand

Shiva, Buddha und Christus in Nhatrang

Gerade sieben Jahre war die Vietnamesin Dao alt, als ihre aus China eingewanderte Familie die Drangsalierungen durch die kommunistische Regierung in Hanoi nicht mehr ertragen wollte. Sie stach zusammen mit Tausenden von Leidensgenossen aus Nhatrang, Tuy Hoa, Phan Thiet, Vung Tau und vielen anderen Küstenorten auf überfüllten Flößen und Booten in See, um jenseits des Meeres an den Küsten Malaysias und Thailands Asyl zu suchen. Eine unbekannte Zahl dieser unglücklichen "Boatpeople", für deren Schicksal sich die westliche Welt Ende der siebziger Jahre weit weniger interessierte als für die Heldentaten des Vietcong zehn Jahre zuvor, wurde von Piraten ausgeraubt und umgebracht. Viele ertranken oder verdursteten, und diejenigen, die die Todesfahrt über das Südchinesische Meer überstanden, wurden an den rettenden Ufern keineswegs mit offenen Armen aufgenommen. Dao und ihre Eltern aber hatten Glück: Sie erreichten nach einer zweiwöchigen Odyssee die malaysische Küste und erhielten politisches Asyl in der Schweiz, wo es ihnen gelang, mit dem sprichwörtlichen Fleiß der Ostasiaten sich eine neue Existenz aufzubauen.

279

Fünfundzwanzig Jahre später war Dao als schweizerische Staatsbürgerin nach Nhatrang zurückgekommen. Und sie glaubte, ihren Augen nicht zu trauen. Dort, wo einst die Flüchtlinge mit maroden Booten in See gestochen waren, saßen nun die Angehörigen der neuen vietnamesischen Geld- und Schieberaristokratie an reichgedeckten Tischen. Kommunistische Kader mit ihren Familien ließen gleich nebenan den Reisschnaps kreisen, und die amerikanischen und europäischen Individualtouristen flanierten mit dem lässigen Habitus derer, die schon alles schon einmal gesehen haben, die Strandpromenade entlang. Der ganze paradoxe Verlauf der vietnamesischen Geschichte, Kommunismus und Marktwirtschaft, die Landeswährung Dong und die Weltwährung Dollar und all das Disparate, das die Zukunft des Landes bestimmen würde, waren am Strand von Nhatrang wie in einem Probeentwurf zusammengefasst.

Aus diesem Probeentwurf soll eine lukrative Zukunft erwachsen. Aus Nhatrang, in der französischen Kolonialzeit als "vietnamesisches Nizza" gerühmt und von amerikanischen Soldaten während des Vietnamkriegs hochgeschätzt, wollen die Beamten in Hanoi ein erfolgreiches Zukunftsmodell gestalten, dessen Fundament der Tourismus sein soll. Noch war zwar kein Prinz in Sicht, der die Devisen für den Ausbau der Infrastruktur bereitstellen könnte, doch gemessen an der Zahl der Bettler und Garküchen, der Rucksackreisenden und Inlandsurlauber, war der Ort längst aus seinem touristischen Dornröschenschlaf bereits erwacht.

So attraktiv wie andere südostasiatische Urlaubsziele war Nhatrang schon heute. Eingerahmt von dichtbewaldeten Bergen, die den Fischerort wie ein Amphitheater vom Hinterland trennten, lag die Stadt an einer jener langen, weit geschwungenen, Weißsandbuchten, mit denen die Natur den Süden Vietnams im Übermaß gesegnet hat. Einerseits besaß die Innenstadt das Flair der französischen Kolonialzeit, anderersetis aber auch jene Exotik, die auswärtigen Besucher so schätzen. Bauern mit ihren pyramidenförmigen Kulihüten gehörten ebenso zum Straßenbild wie die Gänse, die von ernst dreinblickenden Kindern über die Fahrbahnen getrieben wurden. Schweine warteten, in Holzkarren gefesselt, auf ihre Schlächter, Pfeffer, Tee, Holz, Fleisch und Fisch fanden auf den Märkten ihre Käufer, aber auch Plastiktöpfe, Kassettenrecorder oder Game-Boys lagen in den Auslagen. Berge zuckender Fischleiber wurden an den Hafenkais sortiert, gewogen, ausgenommen und verkauft. Kommunistische Parteitagsparolen suchte man vergebens, und an den Verkehrspolizisten, die wie verloren in ihren viel zu großen Uniformen an den Straßenecken standen, lief das Geschehen vollkommen vorbei. Es schien fast, als würde sich die Aktivität der sozialistischen Obrigkeit auf jene Unterhaltungssendungen beschränken, mit denen der Staatsrundfunk über öffentlichen Lautsprecher die Bürger von Nhatrang kostenfrei beschallte.

Der Strand war eines der Pfunde, mit dem der Ort in Zukunft wuchern wollte, ein lang dahingestreckter, breiter Sandsaum, der die beiden unverzichtbaren Attribute eines international relevanten Traumstrandes geradezu in Reinkultur in sich vereinte: glitzernd weißen Sand vor einer flach abfallenden Küste und ein lückenloses Palmenspalier. Unter den Palmen ließen es sich die Gäste des Ortes schon heute gut gehen und orderten in den zahlreichen Garküchenrestaurants „Chicken Noodles" oder „Beef Napoleon" zum Spottpreis. „Beef Napoleon" (Spiegelei mit Nudeln und kleinen Fleischstückchen gemischt) sah lecker aus, wurde aber von den Travellern gemieden, weil sie die Wirte in Verdacht hatten, den einen oder anderen Hund in die Pfan-

281

ne zu hauen. Tatsächlich waren am Strand von Nhatrang kaum Hunde zu sehen, was aber auch daran liegen konnte, dass sie sich bei der Bullenhitze in den Schatten zurückgezogen hatten. Die Backpacker in machten es ähnlich, tranken eine Flasche Hanoi Beer nach der nächsten und vergammelten den lieben langen Tag.

Erst als der späte Nachmittag hereinbrach, sanken die Temperaturen so weit, dass wir mit geliehenen Fahrrädern einen Ausflug riskieren konnten. Langsam und behutsam, von Schatten zu Schatten kurvend und mit zahlreichen Pausen fuhren wir nach Norden zur Mündung des Cai Rivers, einem durch zwei Landzungen gebildeten Hafenbecken, in dem all die blau angestrichenen Fischerboote dümpelten, deren Lichter in der Nacht den Horizont des Meeres illuminierten. In kleinen kreisrunden Holzkörben, die umgedrehten Tropenhelmen glichen, ruderten Frauen und Kinder zwischen den Fischerbooten hin und her. Unterhalb einer kleinen Pagode vollzog sich direkt am Wasser der örtliche Markt.

Oberhalb des Hafens auf einem exponierten Hügel, der eine beeindruckende Aussicht auf die ganze Küste bot, befanden sich die Ruinen der Tempelanlage von Po Nagar, einem Heiligtum der Cham-Kultur, die mir schon in My Son begegnet war. Die große Treppe, die zu den Tempeln führte, war von Garküchen, Marktfrauen, Postkartenverkäufern und Bettlern gesäumt. Drei kleine Vietnamesen spielten Krieg zwischen den Ständen und droschen mit kleinen Stöcken aufeinander ein, ehe ihre Mütter kamen und sie mit ein paar Backpfeifen davonscheuchten. Vor dem Eingang zum Tempelgelände warteten sogenannte „Guides" mit ihren bescheidenen Sprach- und Sachkenntnissen auf Kundschaft und begannen sofort zu erzählen, kaum dass man sich dem

Eingang auf weniger als fünf Meter genähert hatte. Doch ganz gleich ob man sich ihrer Dienste bediente oder nicht – mit dem Eintritt in den Tempelbezirk verließ man Vietnam und betrat Indien. Die Hindugottheit Shiva ritt auf seinem Stier Nandi wie in Tamil Nadu oder Kerala, himmlische Apsaras schmückten die Friese, und die Göttin Bhagavati streckte helfend ihre zahlreichen Arme aus. Manche Details der vier restaurierten Tempel waren kaum noch zu erkennen, ganze Wände waren überwachsen und bemoost, als hole sich die Natur den verwitternden Stein in ihr Reich zurück.

Vor mehr als einem Jahrtausend, als die Tempel von Po Nagar zu Ehren Shivas errichtet wurden, hatten die hinduistischen Cham mit den Khmer von Angkor um die Vorherrschaft in Indochina gerungen. Als geschickte Seefahrer und Händler zogen sie aus dem südostasiatischen Gewürzhandel mit Zimt, Nelken, Pfeffer oder Kardamom hohe Gewinne und beherrschten mit ihren Flotten lange Zeit die Küstengewässer des Südchinesischen Meeres. Der Expansion ihrer Gegner aber waren sie auf Dauer nicht gewachsen, und so stand am Ende aller großen Kriege immer nur die Zerstörung ihrer Hauptstädte und Tempelanlagen. Chinesen, Javaner, Khmer und Vietnamesen plünderten ihre Hauptstädte Sinhapura, Virapura, Indrapura und Vijaya, und auch der Tempelberg von Po Nagar wurde mehrfach erstürmt und verwüstet. Schließlich gaben die Cham auf, zogen sich nach Süden zurück, erst in das Delta des Mekong, dann bis nach Kambodscha, wo sie heute, am Ende eines tausend Jahre währenden Niedergangs, auf den Status einer nationalen Minderheit herabgesunken sind, die zur Bewahrung ihrer Identität den moslemischen Glauben angenommen hat.

Als ich mit dem Fahrrad nach Nhatrang zurückfuhr, erblickte ich hoch über den Dächern der Stadt die Umrisse der christlichen Kathedrale und auf der andern Seite die Konturen des großen Long-Song Buddhas. Als die ersten christlichen Händler und Missionare im sechzehnten Jahrhundert die Küsten Vietnams erreichten, waren die hinduistischen Cham schon in das Delta des Mekong abgedrängt worden. Buddhisten und Konfuzianer, die sich nach dem Abzug der Cham in Zentralvietnam ausgebreitet hatten, sahen sich plötzlich mit einem neuen, dynamischen Gegner konfrontiert. Jesuiten missionierten bereits am chinesischen Kaiserhof der Ming-Dynastie, die christlichen Gemeinden im Süden Japans zählten unmittelbar vor der Errichtung des Shogunats Zehntausende von Mitgliedern, und der portugiesische Missionar Alexandre de Rhodes begann mit der Transkription der chinesisch geprägten vietnamesischen Schrift in lateinische Buchstaben. Um ihrer Mission zum Erfolg zu verhelfen, schreckten die Jesuiten nicht einmal davor zurück, die Jesus-Gestalt bis zur Unkenntlichkeit den asiatischen Glaubensvorstellungen so weit anzupassen, dass sie am Ende eher einem Mandarin als dem Gott des Neuen Testaments glich.

Doch mit dem Selbstbehauptungswillen des Buddhismus konnte das Christentum auf Dauer nicht konkurrieren. Die historische Gelegenheit - wenn sie denn jemals realistisch gewesen sein sollte - verstrich, die christlichen Missionare wurden aus China und Japan, später aus Thailand und Burma ausgewiesen, und auch in Vietnam konnte sich der Katholizismus nicht durchsetzen. Erst unter dem französischen Kolonialregime zwischen 1880 und 1954 gewann der Katholizismus wieder Oberwasser und wurde, wenn schon nicht zur größten, so doch zur einflussreichsten religiösen Minderheit des Landes. Die Erinnerung an diese „Kollaboration" mit dem Kolonialismus belastet übrigens die Position des vietnamesischen Christentums bis heute, denn seitdem gelten sie als „ausländisch", als franzosenfreundlich die Katholiken und als amerikahörig die Protestanten. Sie leiden unter staatlicher Diskriminierung, die sich in Verhaftungen von Priestern und schikanöser Finanz und Veranstaltungskontrolle niederschlägt, was in westlichen Ländern aber niemanden wirklich interessiert. Trotzdem bekennen sich noch immer etwa sechs Millionen Vietnamesen zum Christentum, womit die vietnamesische Gemeinde hinter den Philippinen und neben Südkorea eine der größten christlichen Gemeinschaften Asiens darstellt.

Von diesen Problemen war während des Osterfestes in Nhatrang nichts zu bemerken. Nhatrang war Bischofssitz und Mittelpunkt einer überaus regen Gemeinde, deren Mitglieder das Osterfest mit Enthusiasmus begingen. Von weit her strömten die Gläubigen zur neogotischen Kathedrale, passierten eine Galerie von Apostelfiguren, die den Kirchenaufgang säumten, bis sie den großen Vorplatz erreichten, auf dem eine überlebensgroße Christus-Skulptur mit dem Rücken zum Portal ihre segnende Hand über Küste, Stadt und Land erhob. Die Plastik des gekreuzigten Christus über dem Altar der Kathedrale war mit einer Sternenmütze versehen, die Wundmale waren grotesk vergrößert, und in Brusthöhe des Erlösers brannte – es tat mir in den Augen weh - ein dramatisch flackerndes elektrisches Licht in einem rotgefärbten Herzen aus Glas. Aus der geöffneten Kirchentür schallte der Gesang der Gemeinde machtvoll über den Vorplatz, inbrünstige Gebetschöre, wie man sie in der westlichen Welt kaum mehr hört, ließen das Gewölbe erzittern, während die Kirchenglocken über Nhatrang ertönten.

Nicht zuletzt wegen dieser starken christlichen Präsenz des Katholizismus in Nhatrang hatte der örtliche Buddhismus ungewöhnlich kämpferische Formen hervorgebracht. Die buddhistischen Mönche, die sich zum Entsetzen der Welt in den Neunzehnhundertsechziger Jahren aus Protest gegen das Regime des katholischen Diktators Diem vor laufenden Fernsehkameras verbrannten und seinen Sturz damit maßgeblich mitverursachten, kamen aus Hue, Danang und Nhatrang. Die Erinnerung an diese buddhistischen Märtyrer war ein fester Bestandteil der Kulthandlungen in der großen Long-Song-Pagode von Nhatrang.

Durch ein Spalier von Räucherstäbchen und Drachendächern, vorüber an Klosterküchen und den furchterregenden Wächterfiguren des Mahayana-Buddhismus betrat ich die Long-Song-Pagode. Händler, Bettler und Pilger saßen auf der weißen Treppe, die zum großen Buddha oberhalb des Tempels führte, einer vierzehn Meter hohen Monumentalskulptur, die Nhatrang wie ein Wahrzeichen überragte. Alte Frauen hockten im Schatten kleiner Kioske, Gläubige hielten den Kopf ihrer Kinder an die Umrisse des steinernen Lotusblattes, auf dem der Erleuchtete thronte. Es war einer jener Orte, an dem man sich dem asiatischen Wesen ganz nahe glaubte: Unendlich wie die Zahl der Wiedergeburten auf dem Weg ins Nirwana erstreckte sich der Horizont des Südchinesischen Meeres hinter dem Küstensaum. Und es konnte kein Zufall sein, dass die Erbauer von Long Song den Erleuchteten in seiner riesenhaften Gestalt frontal dem segnenden Christus vor der Kathedrale mit seinen ausgebreiteten Armen auf der anderen Talseite entgegengesetzt hatten - meditativ der eine, segnend der andere, überragte ein jeder die Dächer der Stadt.

Oben: Der Cai River
Unten: Der segnende Christus und der
Long Son Buddha auf der anderen Talseite –Nhatrang

Eingang zu den Höhlen von Cu-Chi

Auf allen Vieren ins dunkle Loch

Im Vietkong Park von Cu-Chi

So haben sich selbst die größten Fans des Vietkong den Krieg nicht vorgestellt: Hübsche und gut frisierte Befreiungskämpferinnen stillen ihre Babys, räumen die Bambushütten auf und knacken zwischendurch mal schnell mit einer Tellermine einen amerikanischen Panzer, der wild ballernd durch den Dschungel rollt. Ihre drahtigen Männer eilen derweil nach dem Einsatz im Schützengraben, das Gewehr noch über den Rücken, auf die Reisfelder um die Ernte einzubringen. Abends trifft sich die Familie in gelöster Heiterkeit bei der politischen Schulung, Ho Chi Minh schaut zufrieden auf die tapferen Kinder seines Volkes, alles könnte so wunderbar sein, würde der böse Feind doch endlich Ruhe geben. Aber nein, da ist er schon wieder, Bomben fallen vom Himmel und Panzer zermalmen, was ihnen vor die Ketten kommt. Doch die Bewohner des Dorfes verschwinden in einem geheimnisvollen Tunnelsystem unter der Erde, schwarze Löcher tun sich auf, in die nur der schlanke südostasiatische Menschenschlag hineinpasst, und die fetten Amerikaner müssen draußenbleiben.

Über zwanzig Jahre sind diese Kämpfe nun schon vorüber, und wer wird es den siegreichen Freiheitskämpfern verdenken, dass sie den Film über diese Ereignisse als eine fetzige Collage von Dokumentaraufnahmen und nachgestellten Szenen in aller Ruhe *nach* der Befreiung drehten? *Heute* zeigen sie ihn den westlichen Besuchern, die für eine bescheidene Eintrittsgebühr die Vietkong- Tunnels von

Cu-Chi, funfunddreißig Kilometer nordwestlich von Saigon, besuchen. Tatsächlich ist die Vergangenheit dieses Ortes grotesk und makaber zugleich: während die GI's oberhalb der Erde in einem gut klimatisierten Militärlager am Tage die Umgebung kontrollierten, kam der Vietkong in der Nacht aus seinen Verstecken, organisierte Versorgung und Logistik, bestrafte und herrschte in den Dörfern und verschwand am Morgen wieder unter die Erde. Fast so dunkel wie unter der Erde ist es im Vorführungssaal, als der Film zu Ende ist. Dann gehen die Lichter an, und alles blickt voller Staunen auf bunte Tafeln, erkennt im großzügigen Maßstab die Abbildung eines verwirrenden Tunnelsystem, das sich mit einer Gesamtlänge von zweihundert Kilometern unter der Erde von Cu-Chi bis unter die Behasungen der amerikanischen Soldaten erstreckte. Spätestens als es noch nicht einmal deutschen Schäferhunden gelang, in den Tiefen des Tunnel-Systems gegen den Vietkong anzukommen, hätte man im Pentagon eigentlich wissen müssen, dass der Krieg nicht gewonnen werden konnte.

Nach der visuellen Einstimmung im Klassenzimmer beginnt der eigentliche Rundgang durch das Cu-Chi-Camp, der schnell den Charakter einer Entdeckungs- und Bewegungstour annimmt. Vorbei an einem ausgebrannten Panzer, über trickreich getarnte Bambusfallen mit vergifteten Pfählen auf dem Grund der Grube, führt dieser schöne Wanderweg immer tiefer hinein in üppige indochinesische Bewaldung. Doch wer gehofft hatte, dass sich das Programm in solch reiner Beschaulichkeit erschöpfe, der sieht sich bald eines Besseren belehrt, denn schon auf der ersten Lichtung, die wir erreichen, fordert uns der englischsprachige Guide auf, den Eingang zu einem der unzähligen Tunnel zu suchen, eine schwierige Aufgabe für den westlichen Stadtmenschen, der leicht einen Maulwurfshügel mit einer Verkehrsberuhigung verwechselt. Und wirklich führt denn auch das verzagte Kratzen mit den Turnschuhen im Sand, das gutwillige Niedertrampeln der benachbarten Büsche zu keiner Entdeckung. Halb verlegen ob der eigenen Unfähigkeit und halb froh, hier nicht im Ernstfall mit einem Vietkong unter den Füßen herumstehen zu müssen, blickt man sich an, als der Guide gutmütig lächelnd eine erdgraue Kordel aus dem Staub ergreift und mit einem kurzen Ruck einen gulligroßen Deckel hebt. Schwarz wie der Eingang zur Hölle gähnt uns das Loch an, und obwohl schon lange kein Kämpfer mehr unter der Erde lauert, mag niemand in die Tiefe steigen.

Aber auch wer nicht kämpft, sondern nur besichtigt, hat Hunger, und so führt und der nächste Gang exakt zur Lunch-Zeit zur Vietkong-Küche, einer zwar vertieften, aber so großzügig wellblechüberdachten Räumlichkeit, dass auch der längste Nordamerikaner an der adrett hergerichteten Befreiungskämpfer-Tafel platznehmen kann. Tee und Maniok-Kolben, "Vietkong-Food" wie unser Führer erläutert, stehen bereit, und da wir uns in den Anlagen einer immerhin berühmten sozialistischen Kampf-Organisation befinden, gibt es den Guerillasnack gratis.

Solchermaßen gestärkt, verlassen wir die Küche, bewundern den sinnreich zur Täuschung des Feindes um fünfundzwanzig Meter versetzten Rauchabzug, schlendern ein wenig durchs Gelände, ehe wir ein zweites Mal in die Erde steigen, diesmal richtig tief in einen unterirdischen Vietkong-Konferenzraum mit einem Längstisch für die Kader und einem Quertisch für den örtlichen Kommissar, dessen Stuhl genau unter einem Ho Chi Minh-Portrait und der revolutionären roten Fahne mit dem gelben Stern postiert ist. Schön muss es für die Gäste sein, sich so nah und grinsend am ehemals unterirdischen Pulsschlag der Welt unter Onkel Hos Konterfei ablichten zu lassen, aber die Authentizität wird noch einen Schritt weiter getrieben: Als Resultat feinfühligen Tourismusmarketings hat man einen Teil der unterirdischen Tunnelröhren derart vergrößert, dass auch normal gewachsene Westtouristen eine Strecke von sechzig Metern unter der Erde ohne Folgeschäden zurücklegen können, und tatsächlich kriecht die betuliche Rotte ohne großes Zögern auf Geheiß einer nach dem anderen auf allen vieren in das dunkle Loch.

Als nach einer Viertelstunde auch die letzten Krabbler vollkommen verdreckt auf der anderen Straßenseite wieder in das Licht des Tages taumeln, nähert sich die Veranstaltung dem Höhepunkt. Die Besucher werden aufgefordert, ein umzäuntes Areal auf einem schmalen Waldpfad zu durchqueren, ohne auf eine Miene zu treten. Der Wahrheit halber muss natürlich gesagt werden, dass es sich um keine wirklichen Tretminen handelt, sondern um unsichtbare Drahtvorrichtungen, bei deren Berührung in unmittelbarer Körpernähe eine knallaute Platzpatrone detoniert. Wie verängstigte Störche auf einem zu heißen Boden, so stakste bald alles durch das Unterholz, es knallte und krachte an allen Enden, und als wir das Gelände verließen, waren die meisten von uns virtuell tot.

Damit war der Rundgang durch den "Vietkong-Park" sinnigerweise genau an jenem Punkt beendet, an dem die meisten Kriege enden. In der Hitze des frühen Nachmittages brannte den Besuchern der Schweiß in den Augen, alles kniepte und ächzte voller Dankbarkeit, als wir das Erfrischungszelt erreichten, wo es Seven-Up und Coca-Cola für gute Dollars gab, Getränke aus der Welt des Feindes, die nicht unterirdisch sondern ganz normal wie einst die GI' s auf dem Seeweg das Land erreichen.

Im Vietkong Park von Cu-chi

In Cholon/ Saigon

Kanäle, Pagoden
und eine Million Hondas

Mit dem Fahrrad durch Saigon

Ich saß kaum einige Minuten in Saigon auf dem Fahrrad und missachtete die Vorfahrt, da fuhr mich eine gut gekleidete Frau mit ihrer Honda glatt über den Haufen. Ich purzelte über die Straße, das Pedal der Honda kullerte in den Gully, und ich hatte ein schweres Ei im Vorderreifen zu beklagen. Etwas verschmutzt, aber unverletzt, auf jeden Fall aber mit beachtlicher *Contenance,* erhob sich die vietnamesische Dame und hielt mir mit ausgestrecktem Zeigefinger eine geharnischte Strafpredigt auf Vietnamesisch. Auch die Passanten, die uns sofort in einem dichten Menschenpulk umringten, schüttelten den Kopf: die Besucher aus Übersee haben hier bislang zwar jeden Krieg verloren, aber dass sie auch noch so schlecht Fahrrad fahren würden, hätte man nicht gedacht. Ich gab mich zerknirscht, nickte immerzu wie ein überführter Bonze vor dem Tribunal des Volkes und konnte mich schließlich, durch freundliches Schulterklopfen auch noch getröstet, mit meinem lädierten Velopezid entfernen. Viertausend Dong, das sind knappe siebzig Pfennige, zahlte ich auf der anderen Straßenseite für eine ambulante Fahrradreparatur, und binnen weniger Minuten war mein Zweirad wieder flott.

Eine Fahrradtour durch Saigon, dessen neukommunistischer Name Ho-Chi-Minh-City immer weniger verwendet

295

wird, vermittelt dem westlichen Besucher ein neues Verhältnis zur Kollektivität. Inmitten Hunderttausender von Fahrrädern und Hondas, Personen- und Lastrikschas wird man schnell zum Teil eines unendlichen, nach allen Seiten oszillierenden, niemals still verweilenden, gesamthaften Straßenverkehrswesens, dessen Einzelzellen nicht nur unbeeinflussbar wie Monaden ihren Weg durch Einbahnstraßen, über Kreuzungen und rote Ampeln suchen sondern die auch noch über einen rätselhaften Abstoßungsmechanismus zu verfugen scheinen, mit dem es immer wieder gelingt, den unausweichlichen Crash in letzter Sekunde doch noch abzuwenden. Auf der anderen Seite verhält es sich mit dem Fahrradfahren in Saigon ein wenig wie mit allen Unarten: man lernt sie schnell und findet schon nach kurzer Zeit auch noch Spaß daran. Erste Regel: Mit der Honda auf den Straßen verhält es sich wie mit der Partei in der Politik: sie hat immer Recht, sprich Vorfahrt, und als Fahrradfahrer gegenüber einem größeren Gefährt auf seiner Vorfahrt bestehen, kann nur als Zeichen von Lebensuntauglichkeit gelten. Hatte man diese entscheidende Lektion einmal begriffen, galt es zweitens, immer möglichst in der Mitte des Verkehrsstromes zu radeln, denn an den Straßenrändern wurde die Feinjustierung der Zweiräder durch die überbordenden Märkte erheblich erschwert. Karren, Tische, Waren, das Verkaufspersonal, alles quoll über die Bürgersteine, und dauernd krachte ein abgedrängtes Fahrrad samt seinem Besitzer in das Gemüse oder die Plastiktöpfe. Riskanten Links- und Rechtsabbiegungen auf großen Straßen näherte man sich am besten nur im Windschatten erfahrener Fahrer, um dann in die sich nur kurzfristig öffnenden Verkehrslücken blitzartig hineinzustoßen. Fußgänger auf der Fahrbahn waren dagegen kein Anlass, Hupe oder Klingel ertönen zu lassen: sie mussten ihre Beine unter die Arme nehmen und über die

296

Straßen flitzen, wenn der hunderttausendrädige Wurm durch die Straßen brauste.

Dieser hunderttausendrädrige Wurm durchpulste die ehemalige Hauptstadt Südvietnams wie ihr Lebenselixier, und der beherzte Radler konnte sich inmitten dieser unendlichen Schlange stundenlang durch die Straßen der Sieben-Millionen-Stadt treiben lassen. Kaum hatte man das Zentrum Saigons verlassen, verschwand das aufgesetzte kolonialfranzösische Ambiente zugunsten eines wildwuchernden Gemenges von Stromkabeln, Blumenkübeln, Wäscheleinen auf endlosen und schlecht verputzten Fassadenfronten. Überwohnt wie die Flussviertel von Chongking oder Yau Mai Tai führten die Straßenzüge immer tiefer hinein die bedrückenden Außenansichten asiatischen Lebens, wie es sie in gleicher Tristesse auch an den Peripherien von Karachi und Bombay, von Manila oder Djakarta zu sehen gibt. Im Süden des Binh Tay-Marktes durchkreuzten die stinkenden Seitenkanäle des Saigon Rivers die Stadt, und inmitten dieses dickflüssigen schwarzen Schlicks aus Fäkalien, Abfall, Schlamm und Schmutz beherbergten verrottete Holzkähne die Familien der Hafenarbeiter, die sich an den Kais des Saigon-Rivers den ganzen Tag für einige Dongs schinden müssen. Überdimensionale Kisten voller Kokosnüsse oder Säcke voller Reis waren noch das bequemste, was es über schmale Planken zu balancieren galt. Kohlekästen, Holz, Zement, Eisenteile, kein Gewicht schien es zu geben, das sich nicht mit der Muskelkraft der drahtigen Männer über eine beliebige Distanz bewegen ließ.

In dieser harten Menschenwelt hatten auch die Kampfhähne nichts zu lachen, die in den Pausen oder am Ende eines Arbeitstages von den Besatzungen der Schiffe und den Anwohnern aufeinandergehetzt wurden. Zuerst durch gegenseitige Schnabelhiebe scharfgemacht, stürzten sich die rostrot gefärbten Tiere mit ihren dolchartig zugespitzten Klauen aufeinander, zerfetzten sich abwechselnd mit blitzschnellen Attacken die Federkleider, um dann wie zwei erfahrene Ritualkämpfer ihre Hälse so umeinander zu schlingen, dass die Schnabelhiebe des einen den anderen nicht erreichen konnten. Dann wieder artete der fast taktisch anmutenden Kampf in ein wildes Gemetzel aus, ganze Fleischteile rissen sich die Hähne aus den Leibern, und die umstehenden Hafenarbeiter, die mich gerade noch so freundlich begrüßt hatten, gerieten bei diesem Blutrausch in Raserei. Auf meinem Fahrrad sitzend hatte ich die Metzelei verfolgt, und als ich mich kurz vor dem grausamen Ende des schwächeren Hahnes davonmachen wollte, sah ich einen der Straßenjungen mit meinen beiden Ventilen davonrennen.

Wieder konnte mir an der nächsten Ecke von einem ambulanten Fahrradreparateur geholfen werden. Mit beachtlicher Emphase machte sich der Monteur ans Werk, einmal bei der Arbeit klopft er mir auch noch den Lenker gerade, erhöht meinen Sattel und flickt zwei angeknickte Speichen am Hinterrad. Auf dem Bürgersteig neben dem Werkzeug hatte er sein restliches Angebot entfaltet: bei Bedarf hätte ich hier außer den Ersatzteilen eine Handvoll Reis, ein neues Käppi, ein Räucherstäbchen oder einen Stiftzahn erwerben können. Das Geheimnis dieser Ökonomie ist die kleine Menge, und als ein Hondafahrer am Seitenstreifen stoppte, erhielt er eine Bierflasche voller Benzin für den Rest des Tages, bezahlte in kleinen Scheinen und anstelle des Wechselgeldes wurden ihm drei Zigaretten ausgehändigt.

Hahnenkampf in Saingon/Cholon

Auch mir wurden nach der nächsten Fahrradetappe beim Eintritt in die Chua Giac Lam-Pagode, einige Kilometer nördlich von Cholon, Zigaretten als Wechselgeld angeboten. Ich steckte sie weg, weil man nie wissen konnte, wozu man sie noch brauchen würde. Die nach eigenen Angaben bis auf das Jahr 1744 zurückgehende Chua Giac Lam-Pagode war gerade erst grundlegend restauriert und um einen neuen Glockenturm und einen Pepsi-Cola-Stand erweitert worden. Ebendort vergnügten sich zu meiner Überraschung die Klosternovizen der der Chua Giac Lam-Pagode bei westlichen Getränken während ihrer Meditationspause. Im Unterschied zu den Trachten der burmesischen oder thailändischen Mönche, den diversen linksseitigen oder rechtsseitigen Schärpen, den Regenschirmen oder Wanderstöcken, trugen die jungen vietnamesischen Mönche breitkrempige Hüte, die mehr an die Kopfbedeckungen von Texas-Rangern erinnerten als an fernöstliche Orden. Während ihrer Meditationspause rauchten die Novizen eine Zigarette nach der anderen und zogen unter ihren voluminösen Gaucho-Krempen so genussvoll an den Stengeln, dass es eine Freude für jede Nikotinwerbung gewesen wäre. Drei große Räume besaß die Pagode, ein Unterrichtszimmer für die Novizen, einen Ehrenraum mit den Bildern und Namen der ehemaligen Äbte und die abgedunkelten Haupthalle für den Gottesdienst, eine sinnfällige Reihenfolge, wie mir schien, verdeutlichte sie doch schon dem Novizen, welche verlockenden Perspektiven sich spätestens nach einhundert bis zweihundert tadellos gelebten Leben hier andeuteten: erst wurde man durch den klösterlichen Unterricht ein guter Mensch, stieg zum Klosterabt auf, um im mittleren Raum mit Bild und Namen verewigt zu werden, um dann tatsächlich die Buddha- und Bodhissatvaschaft anzustreben, das Endstadium eines guten und mitleidigen Geistes, der den Menschen in allen Nöten zur Seite steht. 118 dieser holzgeschnitzten Buddhas und Bodhissatvas reihten sich in der Gebetshalle wie in einem Skulpturenwald aneinander, der historische, der zukünftige, der lächelnde, der taoistische Buddha, das Buddhakind sowie der allgegenwärtige Ananda nebst seiner Anhängerschar, alles war in diesem Konvent des ostasiatischen Buddhismus in mehrfacher Ausfertigung vertreten. Immerhin existierte auch ein durch Lampions erhellter künstlicher Wunschbaum neben dem Hauptaltar, an dessen Zweige man seine dringendsten Sehnsüchte, auf einen Zettel niedergeschrieben anheften und einem gnädigen Bodhissatva ans Herz legen konnte. Spätestens in ein oder zwei Leben darf man auf Erfüllung hoffen.

Mönche in der Chua Giac Lam Pagode

301

Sei es, weil ich vergaß, einen Bittzettel zugunsten meines Zweirades zu Buddhas Füßen zu deponieren, sei es aufgrund der ordinären Wirkung einer Glasscherbe, jedenfalls musste ich bei meiner Rückkehr zum Fahrrad im rechten Vorderreifen einen klassischen „Platten" feststellen, was mich aber nicht weiter verstimmte, wusste ich doch mittlerweile, dass in Saigon an jeder Straßenecke hervorragende Fachkräfte zur Behebung solcher Malheurs bereit standen. Diesmal allerdings dauerte die Instandsetzung etwas länger. Wer hätte gedacht, dass im dritten Distrikt von Saigon/Ho-Chi-Minh-City ein solcher Perfektionist auf mich wartete, der mich nicht eher von dannen ziehen lassen wollte, bis er nicht beide Schläuche dem zuverlässigen Wasserblasen-Test unterzogen hatte? Ich wurde derweil auf einen kleinen Schemel neben den Hausaltar gesetzt und durch einen vorbeirollenden Baguette-Wagen verpflegt. Bei dem indochinesischen Baguette- Wagen handelte es sich um kulinarisches Überbleibsel der französischen Kolonialzeit, offerieren seine Betreiber doch für wenige Dong üppige Baguettebrote mit Wurst, Schinken oder Käse, die sie mit Gurken, Tomaten, Mais und Salatblättern auch optisch aufs Ansprechendste herzurichten wussten. Doch auch die neuen Kolonialherren waren schon eingetroffen: Eine langsam vorbeiziehende Karawane völlig überladener Fahrradrikschas transportierte so erstaunliche Mengen großer, kleiner und mittlerer Boxen aus dem japanischen Markenangebot in einen verstaubten Hinterhof, als sollte die Grundausstattung aller künftigen Saigoner Discos aus diesem Lager bezogen werden.

Bei so viel Fremdländischem in der Vorstadt von Saigon fiel die einheimische Folklore natürlich angenehm auf: Immer wieder sah ich an diesem späten Nachmittag junge Mädchen in der vietnamesischen Nationaltracht, dem Ao

Dai, vorüberradeln. Das in der Regel blütenweise Gewand des Ao Dai besteht aus einer Hose mit sehr hohem Bund und einer langärmeligen, eng anliegenden Bluse, die allerdings seitlich rechts und links so hoch geschlitzt ist, dass je nach Armbeugung einige Quadratzentimeter originale Jungmädchenhaut sichtbar werden. Unnötig zu erwähnen, dass die beim Fahrradfahren in allen Teilen der Welt unvermeidliche Oberkörperstreckung es mit sich brachte, dass sich diese im Westen gänzlich unbekannte erogene Zone zur Freude der zweiradfahrenden vietnamesischen Junggesellen in reizvoller und zugleich keuscher Weise enthüllte.

Junge Frauen im Ao Dai auf der Honda – Saigon

303

Nachdem ich zwei Baguettes gegessen, zwei kleine Kannen Tee geleert und einige tausend Dong bezahlt hatte, machte ich mich schließlich mit zwei vollkommen runderneuerten Schläuchen auf den Heimweg. Inzwischen war der Nachmittag hereingebrochen und ein frischer Wind durchlöcherte den schwülen Smog über der Stadt. Ein mildes Licht fiel auf die Myriaden von Hondas und Fahrrädern, die sich wie in einem verstopften Schlauch in der Rush-Hour von Saigon den endlosen Thang Boulevard entlangquälten. Je näher ich dem Zentrum kam und je stärker sich die Dämmerung bemerkbar machte, desto hektischer wurde das Geschehen auf den Straßen, der Schweiß floss mir in Strömen den Körper herunter, und in so enger Nachbarschaft zu einer immer weiter anwachsenden Zahl von motorisierten oder unmotorisierten Zweirädern geriet ich gehörig ins Schwitzen. Von Adrealinaschüben im Feierabendverkehr geplagt, nahm ich nur undeutlich wahr, was sich in meinem Gesichtsfeld abspielte. Die Silhouetten der französischen Kathedrale und des Präsidentenpalastes, die Statuen der ruhmreichen Könige Vietnams, die das Land jahrtausendelang so tapfer gegen das Reich der Mitte verteidigt hatten, alles trat auf eine undeutliche Weise zurück hinter die fluoreszierenden Reklameflächen japanischer und amerikanischer Produkte oberhalb einer unübersehbaren Zahl mobiler Konsumenten. Ein neues Bangkok wurde hier geboren, in dem noch Vieles ungeschieden war: der Pauschalreisende, der Traveller und der Sextourist saßen noch in den gleichen Cafés und wohnten in benachbarten Hotels. Gleich nebenan lagen der Friseur, das Restaurant und der Sex-Shop Tür an Tür, und wie leicht könnte hier der ausländische Kunde, auf der Suche nach einem Massagesalon, auf einen Fahrradverleih stoßen.

305

Statt eines Nachwortes:

Reisen als Inszenierung der Welt

Ich war auf dem Weg von Rajastan nach Bombay, als ich in Mount Abu Station machte. Die Hitze der Wüste Thar lag hinter mir, ich lechzte nach ein paar Tagen Erholung, vielleicht sogar nach einem Moratorium von der bedrängenden Gegenwärtigkeit Asiens. Was lag da näher, als auf dem Weg nach Süden in die Berge nach Mount Abu zu fahren, wo sich schon die englischen Kolonialbeamten im 19. Jahrhundert bei Tee und Kuchen regeneriert und sogar eine christliche Kirche samt Friedhof eingerichtet hatten.

Doch schon, als ich zur späten Abendstunde durch die überfüllte Hauptstraße des Ortes zum großen Poloplatz lief, merkte ich, dass irgend etwas nicht stimmte. Zwar war ich zweifellos noch immer in Indien, die Physiognomien, die Geräusche und Düfte verscheuchten jeden Zweifel, doch die indischen Touristen auf den Straßen unterschieden sich ganz erheblich von den Menschen, die mir bislang an den Ufern von Ganges und Yamuna begegnet waren. Statt auf devotes Garküchenpersonal, bettelnde Kinder oder dienstbereite Rikschafahrer traf ich auf die selbstbewussten, adrett gekleideten Angehörigen der neuen indischen Mittelschicht, einer kleinen Minderheit im Lande, die gleichwohl absolut mehr Menschen zählte als das wiedervereinigte Deutschland Einwohner hat.

Anders als in Pushker, Goa oder Jailsalmer, wo die Unterkünfte von Einheimischen und Reisenden von Anfang an

307

getrennt sind und auch der abgerissendste Rucksackreisende als hochwillkommener Besucher durch die Tore eines Guesthouses schreitet, befand ich mich in Mount Abu plötzlich in der Rolle eines krassen Außenseiters. Hier war die Nachfrage nach Unterkünften immer hoch und jegliche Konzession an den westlichen Geschmack gänzlich unnötig, da die indischen Familien mit ihren fünf Kindern locker und unkompliziert in dünnwandigen Hotels logierten. Der Fernseher lief Tag und Nacht, die Babys plärrten, die Hunde heulten, die Busse hupten, und jeder Rundgang durch die Stadt glich einem Slalomlauf durch über Marktstraßen mit all den schrillen Angeboten, die das indische Mitteklassegemüt erfreuten.

Lange lief ich durch die Straßen und hielt die Augen offen, doch ich fand weder einen Deutschen, noch einen Franzosen und sogar die Holländer, die man gemeinhin an jeder noch so entlegenen Ecke der Welt begrüßen kann, schienen um Mount Abu einen großen Bogen zu machen. Selten habe ich mich so als Europäer gefühlt wie an diesem Ort, in den es mich als einzigen westlichen Reisenden verschlagen hatte und der mich nun ungefiltert mit den Exhalationen des indischen Tourismus konfrontierte.

Missmutig stand ich am Seeufer und ärgerte mich über die Plastikboote, in denen einheimische Familien über die Gewässer des Nakki-Lake ruderten. Es gab weder Pancake noch Müsli, und auch die leckeren Säfte Südindiens suchte ich in Mount Abu vergebens. Statt dessen musste ich mich abends in lange Schlangen einreihen und geduldig warten, bis mir im Restaurant „Gujarat" ein Stuhl an einem überfüllten Tisch zugewiesen wurde, an dem ich dann meinen Thali auf den gleichen Blechteller erhielt wie alle anderen auch.

Vielleicht waren es diese ungünstigen Eindrücke, die mich veranlassten, am nächsten Morgen ein wenig über Gebühr an der Hotelrezeption über mein Zimmer zu meckern, so dass ich mich, ehe ich mich versah, einfach ausquartiert fand, denn das Hotel war gut gebucht, und für mein Zimmer gab es dankbarere Kunden als den mäkeligen Gast aus Übersee, der den Wert einer stadtnahen Unterkunft viel zu wenig zu würdigen wusste.

Die folgenden Reisen durch den großen asiatischen Garten zwischen Delhi und Guilin, Rangun und Bali überdeckten die Erinnerung an die merkwürdige Vereinzelung, die mir in Mount Abu zuteil geworden war. Auf den Backpackerpfaden Südasiens und Indochinas war man immer in der Fremde und zugleich daheim, und die meisten Reisegefährten, die ich in diesen Regionen getroffen habe, durchreisten den asiatischen Tropengürtel, als stiegen sie in große Bilderbücher, in den sich die unerhörtesten Sehenswürdigkeiten und mit einer lustvollen Mischung aus Geborgenheit und Fremde erleben ließen. In den großen Travellerzentren in Hikkaduwa auf Sri Lanka, in Manali Goa und Diu, in Kathmandu-Thamel, in der Kao San Road von Bangkok, in Yogjakarta und Candi Dasa auf Bali traten dagegen die Einheimische vorwiegend als Dienstleister auf.

Einige Jahre vergingen, da führte mich eine Reise durch den Süden Vietnams. Das Delta des Roten Flusses lag hinter mir und meine Dollars hatten mir an den Stränden Nhatrangs ein königliches Leben erlaubt. Nun wollte ich nach Saigon, und ich entschied mich anstelle der Küstenroute für den Weg durch das Landesinnere. Und plötzlich war sie wieder da, die Kolonialstadt in den Bergen: Dalat, ein vermeintliches „Juwel" des Landes, das von den ehemaligen Kolonialherren der guten Luft halber in 1400 Höhenmetern gegründet und inzwischen von den einheimischen Eliten zum gehobenen Inlandsziel auserkoren worden war. Hatten sich die Briten einst in Mount Abu erholt, so war Dalat seit dem beginnenden 20. Jahrhundert der Fluchtpunkt heimwehkranker Kolonialfranzosen, die der Hitze des Mekong-Deltas entfliehen und bei mitteleuropäischen Temperaturen ein wenig von der Heimat träumen wollten. Als ich diese Informationen im „Lonely Planet Guide" las, beschlich mich ein trotziges Gefühl, denn was kann schwachsinniger sein, als beim Reisen durch tropische Länder ausgerechnet jene Regionen zu besuchen, die Europa am meisten ähneln? Andererseits waren die Verbindungen über die Küstenstraße schlechter, neun von zehn Bussen verließen Nhatrang in Richtung Dalat, und das visuelle Erlebnis einer Reise durch die Berge wurde von allen Reiseführern unisono als „spektakulär" gepriesen. So schlimm wird's schon nicht werden, dachte ich, und nahm den Inlandsbus.

Es kam aber noch viel schlimmer. Als ich den Bus in Dalat verließ, sah ich mich einem künstlichen See gegenüber, die Tretboote, hier mit Schwanenhälsen geschmückt, dümpelten über das Wasser, randvoll gefüllt mit Einheimischen, die schier aus dem Häuschen waren ob dieser Großartigkeit. Junge Vietnamesen mit Cowboyhüten preschten auf flinken Ponys die Ufer entlang, und ihre gut gekleideten Eltern aus Saigon saßen bei einer gepflegten Tasse vietnamesischen Kaffees im Thanh Thuy Restaurant.

Dalat war südostasiatische Variante Mount Abus – jünger, stürmischer und noch erheblich lauter. Wie eine melancholische Reminiszenz an vergangene Zeiten hielt der steinerne Christus von Dalat vor der Kathedrale sein Lämmchen im Arm, doch von der französischen Kultur waren nur das unvermeidliche Baguette und eine Vorliebe für Fahrradrennen geblieben. Statt dessen dominierte der japanische Einfluss; knatternde Hondas und übersteuerte Boxen aus dem Reich der aufgehenden Sonne trugen das ihre zum Geräuschpegel auf den Straßen bei – eine Misslichkeit, die die zahlreichen Hochzeitspaare, die in Dalat ihre Flitterwochen verlebten, keineswegs störte, erkannten sie doch in dieser fernöstlichen Kakophonie die akustische Verheißung einer konsumfreudigen Zukunft. Fast wehmütig dachte ich an Shivas Zeh in Mount Abu zurück, als ich die zahlreichen Bären und Hirsche aus Pappe sah, neben denen sich die Hochzeitspaare vor dem Hintergrund eines künstlichen Wasserfalls ablichten ließen.

Aber wo war die Exotik, das knallbunte Fremde, das meine Seele stimulieren konnte? Das Anlegen und sorgfältige Drapieren der Fantasiegewänder, mit denen die Hochzeitspaare fotografiert wurden, die Kirmesatrappen, Pferderitte und Geisterbahnen hat es auch einmal in unseren Breitengraden gegeben, und es kam mir ungerecht vor, dass ich, der ich schon als Kind für derartigen Rummel in meiner rheinischen Heimat nichts übrig gehabt hatte, achttausend Kilometer von zu Hause entfernt, den gleichen Torturen unterworfen wurde.

Sogar die vietnamesischen Touristen in Dalat, oft selbst erst vor kurzem infolge eisernen Fleißes aus den trüben Kanalstraßen Cholons in die besseren Viertel Saigons umgezogen, gaben sich mit Wildbret aus Pappe und kitschigen Rosengärten nicht mehr zufrieden. Es verlangte sie nach Tanz und Folklore, vielleicht auch danach, das wohltätige Gefühl des eigenen zivilisatorischen Aufstiegs durch die Besichtigung von Rückständigkeit ein wenig zu unterfüttern.

Und weil man den Gästen aus Hue, Hanoi oder Saigon selbstverständlich nicht zumuten konnte, anstrengende Touren in die nördlichen Berge zu den Dörfern der Lat-Minorität zu unternehmen, hatten sich einige der ärmsten Lat-und Koohon-Familien entlang der Nationalstraße niedergelassen, um die Außenansichten ihre bedauernswerten Existenz wie ein unfreiwillige Karikatur sogenannter „Stammesfolklore" zu präsentieren. Nackte Kinder mit geschwollenen Bäuchen hielten die Hände auf, und ihre Mütter stritten sich darum, wer den neugierigen Gästen aus den Komfortzonen des eigenen Landes die katastrophalsten Wohnverhältnisse zeigen durfte. Während kranke Kinder, apathische Großeltern, Schweine und Hunde auf dem nackten Boden herumlagen, tappten die Touristen laut schnatternd durch die dunklen Kammern. Ein Bräutigam nahm, ohne groß zu fragen, einer älteren Hüttenbewohnerin ein fleckiges Tuch von den Schultern und hängte es seiner Liebsten um, die mit einer deutlich sichtbaren Mischung aus Angeregtheit und Widerwillen den Schappschuss erwartete.

Zuerst wollte ich mich als Zeuge dieser Stippvisite im Menschenzoo in wohlfeile Empörung flüchten, doch als die Besuchergruppe begann, die junge Vietnamesin mit dem verschmutzten Tuch über der Schulter in einem wahren Blitzlichtgewitter zu fotografieren, begriff ich die volle Bedeutung der Szene. Die Einheimischen, im Tempel betend, im Sampan rudernd oder mit ihren Wasserbüffeln auf dem Feld arbeitend, gab es in Mount Abu oder Dalat nicht mehr zu besichtigen. Die einstigen Objekte der Exotik hatten begonnen, sich ihrerseits in Touristen zu verwandeln und hielten mir in ihrer zweifelhaften Selbstinszenierung exotischer Folklore unbeabsichtigt einen Spiegel vor.

LITERATURHINWEISE

Manche halten sich etwas darauf zugute, vor einer Reise in ein fremdes Land, nichts über dieses Land zu lesen, um sich einen unvoreingenommenen Zugang zu bewahren. Das mag jeder halten, wie er möchte. Meine Erfahrung ist eine andere. Lesen vorher, währenddessen und auch nachher ist die beste Methode, das zu vertiefen, was man sehen wird oder gesehen hat. Das Lesen gibt dem Erlebnis vorher seinen Rahmen und nachher die Kontur. Deswegen sind im folgenden einige Literaturhinweise für diejenigen aufgelistet, die sich mit dem „Garten der Welt" ein wenig intensiver beschäftigen wollen.

Geschichte

John Villiers (Hrg.): Fischer Weltgeschichte. Südostasien vor der Kolonialzeit, Band 18. Taschenbuch – Frankfurt a. M. 2001, ca. 300 Seiten – Die Darstellung dieses Buches umfasst nicht nur Indochina sondern auch Malaysia und die indonesische Inselwelt. Die Texte sind ist nicht unbedingt leserfreundlich geschrieben, sie machen die Wechselwirkungen zwischen der Geschichte ganz Südostasiens zwischen Java und dem Irrawaddy Delta deutlich. Und der Knüller: Dieses Buch ist bei amazon antiquarisch zur Zeit für drei oder vier Euro zu erwerben.

Politik

Peter Scholl Latour: Der Tod im Reisfeld, Taschenbuch, München, 2013 496 Seiten, 9,99 Euro - DER Klassiker im Bereich der politischen Reportage überhaupt, keinesfalls überholt sondern mit seinem neuen Vorwort aus dem Jahre 2013 die ideale Einführung in die Atmosphäre, die Schauplätze und die Geschichte Indochinas mit dem Schwerpunkt Vietnam. Ich kenne kein vergleichbares Sachbuch, in dem exzellente Kompetenz und poetische Sprachkraft eine solche Verbindung eingehen.

Reiseführer

Mit „South East Asia on a Shoesting" aus den frühen Siebziger Jahren begann der internationale Backpackertourismus und der Aufstieg des „Lonely Planet Verlages" in Melbourne zum angesagtesten Reisebuchverlag der Welt. Dieses Buch ist inzwischen nur noch antiquarisch als kostbares Sammlerstück erhältlich. Für die individuell organisierte Bereisung Indochinas empfehle ich deswegen im Wesentlichen die aktuellen Einzelausgaben der „Lonely Planet Guides" in der deutschen Übersetzung. Auch die Stefan Loose-Reihe bietet im deutschsprachigen Bereich eine tadellose Orientierung.

China Williams: Lonely Planet Reiseführer Thailand (Lonely Planet Reiseführer Deutsch) Taschenbuch – 4. Februar 2015, 892 Seiten, 26,99 Euro

Martin H. Petrich u.a.: Stefan Loose Reiseführer Myanmar (Birma) Taschenbuch – 4. Dezember 2015, 624 Seiten, 22,99 Euro

Nick Ray: Lonely Planet Reiseführer Kambodscha (Lonely Planet Reiseführer Deutsch) Taschenbuch – 2. Dezember 2014, 424 Seiten, 22,99 Euro

Nick Ray u.a.: Lonely Planet Reiseführer Laos (Lonely Planet Reiseführer Deutsch) Taschenbuch – 21. Mai 2014, 396 Seiten, 22,99 Euro

Ian Steward: Lonely Planet Reiseführer Vietnam (Lonely Planet Reiseführer Deutsch) Taschenbuch – 5. November 2014, 588 Seiten, 22,99 Euro

Belletristik

Wie im Kapitel über die Khao San Road in Bangkok beschrieben, existieren entlang der Backpackerouten jede Menge Bookshops, in denen man seine ausgelesenen Bücher gegen andere Schmöker austauschen kann. Dort kann man sich auch mit erzählender Literatur eindecken. Wer ein wenig Belletristisches über oder aus Indochina lesen möchte, dem empfehle ich:

Ces Nooteboom: Der Buddha hinterm Bretterzaun, Frankfurt a. M., 1993, 85 Seiten, antiquarisch für ein paar Cents (!) bei amazon erhältlich. Noch immer lesenswert wegen der Zeitenthobenheit der asiatischen Stimmungsbilder, die dieses Buch enthält.

George Orwell: Tage in Burma, Zürich, 2003, 396 Seiten, 10,90 Euro. Roman aus dem ersten Viertel des 20. Jahrhunderts, in dem sich Orwell kritisch mit der der britischen Herrschaft in Burma und der burmesischen Mentalität auseinandersetzt.

Alex Garland: Der Strand, Frankfurt, 1999, 448 Seiten, 9,99 Euro - Der Roman spielt im südchinesischen Meer vor der Küste Thailands, wo einige Backpacker an einem sogenannten „Traumstrand" mit Drogenhändlern aneinandergeraten und lernen, dass hinter der tropischen Idylle mitunter das Grauen lauert.

Patricia McCormick: Der Tiger in meinem Herzen, Frankfurt, 2015, 256 Seiten, 14,95 Euro. Entwicklungsroman über einen jugendlichen Kambodschaner, der die Herrschaft der Roten Khmer überlebt und dabei selbst zum Täter wird.

Graham Greene: Der stille Amerikaner, Frankfurt, 2003, 240 Seiten, 8,90 Euro. Geradezu prophetischer Vietnamroman über einen alternden Journalisten, der das Verhängnis Vietnams heraufziehen sieht, ohne es verhindern zu können.

Duong Thu Huong: Bitterer Reis, München, 279 Seiten, antiquarisch ab 14,98. Der Roman beschreibt das bittere Leben der einfachen Menschen nach dem Sieg der Kommunisten. Er war lange Zeit in Vietnam verboten. Pflichtlektüre für alle ehemaligen Vietkong-Fans zum Zwecke der geistigen Weiterentwicklung

Nachweise

S. 10 Peter Scholl-Latour: Der Tod im Reisfeld, München, 2013, S. 10

S. 22 Ces Nooteboom: Der Buddha hinterm Bretterzaun, Frankfurt a. M. ebenda. S. 33

S. 32: J. G. Herder. Werke in 10 Bänden, hrgg. v. ter Arnold. u.a.,Bd. 9/II,F.a. M. 1997, S.120.

S. 33: Hermann Hesse: Aus Indien, F.a.M., 1980, Kapitel „Palembang"

S. 56 Paul Theroux: Mosquito Coast, F.a.M.,1987, S. 87

S. 68. H. H. Gossen: Entwicklung der Gesetze des menschlichen Verkehrs, Berlin, 1854, Einleitung

S. 101 Kipling: The Road to Mandaly, zitiert nach From See to See, London, 1899

S. 104/110 Paul Theroux: Abenteuer Eisenbahn, 17 F.a.M. 1987, Kapitel. Kapitel 17

S. 116 George Orwell, Tage in Burma, Zürich, 1982, S. 71

S. 233 De Crescenzo: Also sprach Bellavista, Zürich 1988, S. 114

S. 238/9 Graham Greene: Der stille Amerikaner, München, 1995, S. 118

S. 243 Cormack McCarthy: Kein Land für alte Männer, Hamburg, 2008, S. 279

S. 258/ 268 Paul Theroux. Abenteuer Eisenbahn, beide Zitate in Kapitel 25

.

Printed in Poland
by Amazon Fulfillment
Poland Sp. z o.o., Wrocław

94457233R00184